方言漢字

笹原宏之

角川文庫
22308

目次

※第二～七章の各章扉には、都内の大学生がそれぞれの都道府県名からイメージした漢字を掲げた（大きい字は上位、小さい字は特徴的な字を表す）。

はじめに

古代中国で生まれた漢字は、周辺の諸言語をも表記するようになってから、さまざまな人々の手で育《はぐく》まれてきた。本書では中国の黄河流域に起こった原始の漢字の姿を眺めるだけでなく、その後、現在に至るまでの間に、中国大陸から海を隔てた日本列島の各地において、実際に使われる中で変化してきた現実の漢字の姿を確かめてみたい。

二〇一〇年に「常用漢字表」の改定が行われた。筆者も委員として関わる中で、「漢字は全国共通だ」という先入観が世上に根強いことを改めて実感した。都道府県名に含まれている「栃」「阜」「阪」などの字がやっと採用される、としきりに報道されたが、それはたとえば常識と考えられがちだった「栃」の字でも栃木県民以外はあまり正確に書けない、という事実の裏返しでもあった。隣県の茨城県の人でもしばしば字体を書き間違えるほどである。さらに、「とちぎ」を「茨城」と書き間違えた学生や、「媛木」と、遠く離れた愛媛の習わなかった字を混ぜて書いてしまった学生もいた。今般採用された「近畿」の二字目も、社会科で邪馬台国の「畿内《きない》説」などとして学習してはいるのだが、「幾何学」の「幾」などとしばしば混同されてきた。

一九八一年に公布された「常用漢字表」では、「新潟」の「潟」や「那覇」の「覇」が普通名詞を表記するためとして採用されていた。一九四六年の「当用漢字表」の時からすでに「京葉」などの「京」のケイという字音（数の単位としての用法は示されていない）なども認められていた。これも地域性を強く帯びていたものであり、漢字政策においても、地域性をある程度伴った漢字や用法は、実は少しずつ追認されてきたとみることができる。

人は、「ことば」には地理的な変異である「方言」が存在することを自明のこととし、何の疑問ももたない。あたかも県民性やローカルな料理が実在することと同様に理解し、そこに味わいや「方言萌《も》え」なる感覚までも抱くようになってきている。しかし、文字、ことに漢字においても同様の地域による差があること、つまり「地域漢字」や「地域音訓」が実在しているという現実には、ほとんど気付かないでいる。方言を表記するだけでなく、方言と同様に各地に存在する地域性をもつ文字は方言文字とよばれてきた。本書はそれらの漢字に「方言漢字」と名付け、それを書名とした。

中国の漢字と日本の漢字とを巨視的に比べた時に、それらの間に、漢字の形や発音、意味の差は歴然と存在している。近年の「漢字ブーム」の中で扱われるのはそこまでのようだが、実はそれは事象の表層にすぎない。日本国内においても、北海道から沖縄諸島まであらゆる地に、地域色豊かな漢字が生み出され、人々によって使われ、現にさまざまな形で残っているのである。たとえば、造字にまで至った実例は、「鰰」「魹」「轌」「圷」「圦」「杁」「垰」「椦」など枚挙にいとまがない（地域や読み、由来などは以下、各章に述べる）。

それは、それぞれの土地に住む人々が独自の地勢、風土、習俗やことばに合わせて漢字に工夫を加え、さらにその地域社会が必要に応じて淘汰を加えつつ育んできたものである。旧著『訓読みのはなし』、『日本の漢字』のほか、『国字の位相と展開』に記述したものもあるが、とくに後者は専門書であるので、本書ではそれらの中で触れたものであっても、別の角度から解き明かすことに努め、現地の写真や図表を加えた。

「方言は漢字では書けない」という思い込みもよく耳にする。文字が空気のように生活に溶け込んだ結果であるが、そこにとどまっていてはもったいない。そうした常識化した固定観念を一新してみよう。各地の人が、知っているのにその特異さにはっきりとは気付いていない。例えば「背負う」を「しょう」と読むのは方言による訓読みである。また、「谷」には、訓読みの東西差（や・たに）があるが、地名や姓の「渋谷」は「しぶや」か「しぶたに」かについて意識したこともなく、語呂によるのだろうという推測にとどまれば、そこに発展性はない。

そして一層理解を深められるように、地元の人でも忘れかけてしまっている小字名《こあざ》（『角川日本地名大辞典』などに収めないものも少なくない）の漢字や造字の実例まで、幅広く取り上げたい。地名だからいろいろな漢字や読み方がある、というだけではなく、そこに分布があり、さらにその存在理由も見いだせれば、効率的に覚えたり、読んだりすることにもつなげうるだろう。なによりも、地元の文化と歴史を知る手掛かりとなるはずである。本書に取り上げる内容は、姓、地名といった固有名詞における漢字の地域性だけでなく、普通名詞や方言を表記する際の地域色溢《あふ》れる漢字とする。そうした実例によって、その多様な地域文化を、初めて一冊のうちに一望できるようにしたい。

北海道から沖縄までの漢字を日本語学的な調査と記述に限らずに、伝統的な漢字学の観点なども加えつつ扱っていくために、エリアごとに章を分けた。その分け方は、方言区画と重なる点もあるが便宜的なものであり、実際には別のエリアとされた地でも、県境を自在に往来するような交流の中で、深いつながりをもつところもある。本書では、古今の各種の文献に探索された字について触れるとともに、実地を探訪する中で、現地の風に吹かれながら、土地の空気とともに出会えた字についても扱う。

「地方の時代」といわれて久しい。本書を通じて、実は身近なところに地域文化の「宝」があったことに、全国の人々が目を開き、思いを寄せるきっかけが生まれてほしい。そして個性溢れる漢字そのものへの関心は、文字を生み出し、使ってきた郷土の人々やその背景にある文化、生活、歴史や自然への興味につながっていくはずである。文字は私たちの生活とともにある。文字はすでに神のものではなく、人間が情報を伝えるために使いこなすための存在となった。もちろん、ことばの意味がただ視覚を通じて伝われば良いというだけの投げやりな道具でもない。本書から、文字とは何なのか、いくつでも読み取っていただければ幸いである。

このように本書には地域の漢字に関して多くのことを紙幅のゆるす限り記すが、まだまだ取り上げたい地域も文字もたくさんある。地元の方々には、そこで使われている文字に、ぜひ目を向けていただきたい。筆者もそれを教わりながらさらに採集を続け、そこから見えるものごとについて、より多く一緒に考えていきたい。そのためにまずは、各地の人々に支えられ、風土に根ざした漢字のさまざまな姿を、ご覧いただくことを願ってやまない。

第一章

漢字と風土

——漢字の使用地域とそこに暮らす人々

地球上の文字とその地理的分布

文字というと普遍性が意識される。その一方で、世界では数千種の言語に対して数百種の文字が使われている。本章では、まず漢字を含む文字の地域との関わりについて述べたい。

同一の文字が用いられる地域は、ときに使われている言語の差を超えて、種々の共通性をもつ文化圏を構成することがある。古くは、五〇〇〇年以上前の象形文字に端を発したメソポタミアの楔形《くさびがた》文字（シュメール文字）、エジプトの聖刻文字（ヒエログリフ）がそうであった。地中海世界で今から三〇〇〇年ほど前に使用されたフェニキア文字は、それらの古代文字の系譜の中で生じたともいわれる。フェニキア文字を祖先にもつ表音文字を使用する世界についてみてみよう。

現在、ローマ字圏（ラテン文字圏）は南北アメリカ大陸やヨーロッパなどに地理的な広がりを呈し、キリスト教を信仰する人々の多い国々がその中心をなしており、その布教の影響をうかがうことができる。ギリシャ文字圏はキリスト教の一派、ギリシャ正教の地域ともいえる。

アジアでは、大きく見るとアラビア文字圏はイスラム教、ヘブライ文字圏はユダヤ教、インド系文字圏はヒンズー教や小乗仏教などというように、やはり信仰が世俗的な文字使用と結びついた歴史が、文字の使用空間を作り上げている。文字そのものも文化や文明の一つとしてとらえることが可能であるが、文字によって表される諸文化や宗教、社会制度が伝播《でんぱ》した地帯で、何らかの文化の共通性を維持したという側面もある。キリル文字圏は、キリスト教のロシア正教、そして二〇世紀における共産主義の広まりと深く関わった。チベット系文字の影響も考えられているハングル圏は朝鮮語（韓国語）使用地域とほぼ一致する分布を呈している。

そして表意文字（表語文字）を維持してきた中国大陸、台湾島や朝鮮半島、インドシナ半島東部、日本列島などで構成される漢字圏は、儒教思想、漢訳された大乗仏教、道教のほか、漢文学、書道芸術を享受し、さらに冊封《さくほう》体制下で律令や科挙などの社会的制度を共有することもあった。これを単に漢字圏といわずに漢字文化圏ともよぶのは、そうした諸文化に着目したことにもよる。しかし、かつては非識字者も多く、現代では漢語さえも表音化されたローマ字やハングルに置き換わり、またときに仮名で代用され、さらに仮名が混用されるといった文字生活が営まれていることも事実である。

中国大陸での漢字の伝播と変異

漢字は、黄帝の代に四つ目をもつ倉頡《そうけつ》（蒼頡）という人物が造りだしたという伝承があるが、実際にはオリエントで生まれた楔形文字やヒエログリフと接触したことで刺激を受けて生み出されたという起源説も唱えられている。また、中国の複数の地で新石器時代に発生した半坡仰韶《はんぱぎょうしょう》文化（黄河中流）の中で今から六〇〇〇年以上も前に生まれた指事文字的な記号と、それに続いて大汶口《だいぶんこう》（だいもんこう）文化（山東周辺）の中で生まれた象形文字らしきものとが合流してできたとみる二元論などもある。後者は、漢字は広大な中国の大地で、二つの地の複数の要素が融合してできあがったとする考え方である。

それらは考古学的に十分な検証を経ておらず、古代の漢字の成立は杳《よう》として分からない。ただ、殷《いん》代後期になると、甲骨文字など漢字の祖型の使用が確認されるようになる。そのころ、漢字の使用域は河南省安陽県で発見された殷墟《いんきょ》を中心とした地域にすぎなかった。紀元前一四世紀にまでさかのぼれるそれは、漢語の祖先ないし修飾語に後置が起こるタイ系と一致する特徴をもつ言語を表記していたと考えられている。それを用いる人々は、亀の甲羅や牛の肩胛《けんこう》骨などに王や神の占いと政治のことばを文字にして刻み込んだり書き込んだりした者を除けば、幾人いたのであろう。巫によって字形に特色つまり個人差が認められ、また時代によって、すでにその書風は明確な変化を呈していることが知られている。

紀元前一一世紀に殷が西方の陝西《せんせい》の地からやってきた周に滅ぼされると、甲骨文字の使用は消えていく一方で、漢字はより広い使用者を獲得し使用地域を拡大した。青銅器に鋳込《いこ》まれた金文は前代よりあったが、文章は長文化していく。儒教や老荘思想、法家思想など、諸子百家の考えを紡ぐことばを竹簡などに書き留めたのは、曲線的な漢字であった。漢字は人間の話しことばを活《い》き活《い》きと記録し、さまざまな思考を書き留める文

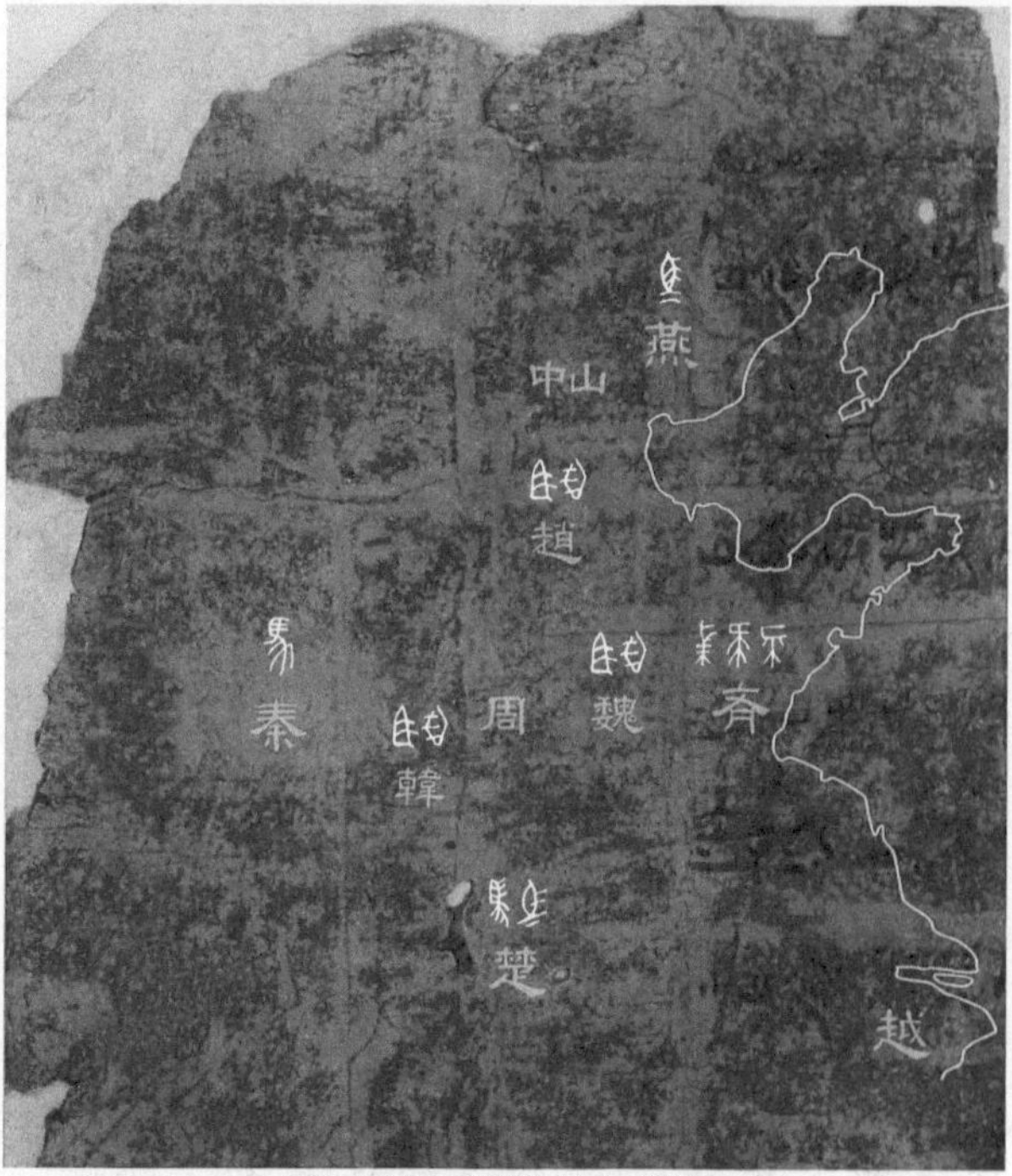

図　中国の戦国時代の「馬」
東京外国語大学アジア・アフリカ言語文化研究所「好奇字展」（東洋文字文化篇）に基づく。

字ともなったのである。

　春秋時代、周王室の衰えに乗じて諸侯が背き、「鼎《かなえ》の軽重を問う」ほどに力をもった王が各国に割拠する。そして合従連衡《がっしょうれんこう》など策略がはりめぐらされ、覇権を争う戦国時代になると、漢字も地域によって字種や形に差を呈し始める。清《しん》末・民国初の王国維の説（『観堂集林』）によると、西方（周の故地）の秦《しん》で用いられた書体が漢代の字書『説文解《せつもんかい》字《じ》』に収められている籀文《ちゅうぶん》（大篆《だいてん》）であり、他の六国《りっこく》で用いられた書体が同じく古文とされているものだという。当時の各地の金文や貨幣や印章などには書体や字形には確かに大きな差も見られ、現在まで出土した金石文などからの検証が続いている。

「雨」古文 

「雲」古文 

「雷」籀文 

　漢字を使用する地理的空間の中に、ある程度の広がりをもつ同一文字の使用社会が形成されていたのであろう。ただし、文字の使用層は人口からみれば少数派であった。

　南方の地は南蛮などと称され、もともと漢語とは異なる言語を用いていたことが記録されている。その一つである楚《そ》や呉《ご》、越《えつ》などの地では、鳥虫書とよばれる装飾性の高い書体も流行した。字の骨組みに関する概念を指す字体と、字の実際の形態を指す字形、さらに字のデザイン面の特徴を指す書体とはレベルを異にするものだが、当時は互いに深い関連をもっていた（字体は楷書になって初めて明確化される概念である）。巴蜀《はしょく》文字とよばれる異系統のものではなく、いずれも漢字の中にある。このように古くより漢字は地理的な変異と多様性をもっていた。

漢字の使用域の拡大にともなって、漢語ではないタイ系、チベット系、ウイグル系、アルタイ系などの言語が漢語と相互に影響し合い、その地を漢語使用地域に変え、また漢語の方言として取り込むといったことも起こる。そしてその地の漢語由来ではない言語を表記しよう、またその地の人自身が固有の語を表記しようとする気運も生じた。漢字は、文語・口語など時代による言語変化にも対応したため、超時間的な存在となった。さらに空間的な広がりに耐えうる表意性の高い文字でもある。読みは各地の方法でよいという超言語とよぶべき包容力をもち、それによって超空間的な存在ともなっていく。

その一方で、地域による種々の変異を生み出さざるを得なくなる。各地に異なる言語や方言がある以上、それをその文字によって表記しようと図ることは当然の帰結であり、また方言と同様にその文字の変異は生まれていく。こうして新しい漢字も生み出されていく。たとえある言語の中の標準語や共通語の単語を表記する際であっても、地域による変異は生じ、それが各々定着していくことも起こることがあるのは、漢字の複雑な形態、構造、運用法、使用社会とも関連している。

籀文を用いていたとされる秦は、遠交近攻の策などで全国を制覇する。始皇帝は、文字も統一を図り、籀文を元に簡素化した小篆（篆書）とよばれる書体を、法家の李斯《りし》に作らせた。世に言う書同文であり、車の轍《わだち》の幅も統一したので、同文同軌とも呼ばれる政策であった。法治国家では、文書行政が必須であり、文字の形が統一されていることは情報伝達の上で不可欠な要請である。巡遊した地に小篆を彫った石碑を建てた。さらに漢字の教科書も編纂《へんさん》された。そうした中で、各地で慣習化していたローカルな文字は、焚書坑儒《ふんしょこうじゅ》の中で焼き捨てられたり、壁の中に隠されて後に古文として再び世に出てきた文献などに残ったものもあったのだろう。

　漢字の地域差は、ここにいったんは収まったかに見える。しかし、集約期にすぎず、漢字は人々の日常の用により近づけられているために、変化を止めることはなかった。隷書や草書、行書という新たな書体が胚胎《はいたい》するのである。古文や籀文は使用者を失い、死んだ字となっていくが、それらは楷書体に直されるなどして後代まで辞書に載せられ、中には復活して使われていくものも現れた。

　統一王朝となった秦は、その国号の発音 chin からインドやヨーロッパなどでチーナ、シナ、チャイナの語を派生したとされるが、秦を滅亡させた劉邦《りゅうほう》は、漢という名をもつ長江の支流（漢の「氵」は川の名であることを示した）の一帯から世に出たために新たな国号として漢を称した。そのために「漢」という地域名称が中国を代表するようになっていく。その頃には、ベトナム北部の地や朝鮮半島北部辺りの支配も強化していき、東に浮かぶ小さな島にあった倭《わ》（委《わ》）にも、後漢の光武帝から金印が送られた。体系的な文字をもたない日本に、すでに一〇〇〇年の歴史を有する漢字の断続的な伝来が始まったのである。

漢代の『方言』という訓詁書《くんこしょ》（字義を記す意味文類型の辞書）には、すでに地域の言語や方言を表記するために造られたとしか考えがたい字がいくつも見られる。それよりも古い『爾雅《じが》』という辞書にも、「牛」に対して「犛」という別系統とみられる語を示す形声文字が載っていることも知られている。

三世紀以降の三国、六朝時代には、楷書《かいしょ》がついに隷書から脱化するが、再び国は乱れ、揺籃《ようらん》期の楷書には俗字が大量に生み出される。それは、北方にモンゴル系の鮮卑が北魏《ほくぎ》を建国し、彼らも次第に漢化し漢字を使う中で、分かりやすい字を希求したことが一因であったようだ。ヨミガエルには「蘇」よりも「更に生きる」で「甦」、「老」より「先人」を組み合わせて「牤」とするなど会意式の俗字が生み出され、実際に墓碑銘に刻され文書に記された。「國」も「国」に換えた俗字が漢代の印章より現れていたが、かなりの定着をみせた。

ほかにも、「氐」を「弖」と変えるなど、地域ごとに字体に差が現れていく。北碑南帖《ほくひなんじょう》は、書道の手本についていう語だが、これも南北の気質の差、また石に鑿《のみ》で点画を刻むか改良されたばかりの紙に毛筆で書くかというメディア・筆記用具（文房四宝）の差だけでなく、書風までもが異なっていた現実を表している。それらも渡来人や文献類とともに日本に伝播し、日本の漢字に多大な影響を与えた。朝鮮半島でも、高句麗、百済《くだら》、新羅《しらぎ》が鼎立《ていりつ》する三国時代になると漢字の字体に改造が加えられ、各国でさらに新たな造字が生み出され始める。

隋唐の代には、国家公務員登用のために科挙が実施され、漢字はまた「正字」に拠《よ》るべきとして字体の統一が図られる。この時点で、正しい字の基準は篆書なのか、より古い籀文なのか必ずしも明確化されてはおらず、篆書と比べても相当に変化（隷変）した字体も数多く追認せざるをえない状態となっていた。「開成石経」と『干禄字書《かんろくじしょ》』、さらに『五経文字《ごけいもんじ》』、『九経字様《きゅうけいじよう》』などの間では、「正」すなわち標準などとされる字体の判断に差も見られる。なお、殷代の甲骨文字は周代には土中深くに埋もれ、すでに忘れ去られていた。何を正しい字と定めるかというレッテル貼《は》りは、すでに学者間でも細部に異同を余儀なくされていた。この頃、硬筆で記された漢字も敦煌《とんこう》などに残っている。

唐代には、唐詩にも南方の蘇州《そしゅう》（現在の江蘇省）出身の顧況が閩《びん》方言の単語を「囝《ケン》」（子の意）と俗字によって表記した例が現れる。現在の福建語や広東語など中国南方の方言は、タイ語系、ことによるとベトナム語系など土着の言語に漢語が覆い被さってできたものではないかと考えられている。宋《そう》代に入る頃には、南方のそうした俗字は増加しており、その地に赴任した幾人もの文人たちの目を驚かしている。

浙江《せっこう》、江西から広西にかけての華南地方では、宋代には「閂《サン》」（かんぬき）、「閄《ワク》」（カク　門から飛び出して驚かす声）、「仦《ジョウ》」（小児）、「𡚸《タイ》」（ダイ　姉）など素朴な会意文字などが訴状などに使われていることが多数報告されている（当時の訴状の肉筆は数点しか現存せず、これらの使用例も見当たらない）。これらは、中国南部に居住するタイ系のチワン（漢字による現代の当て字は壮）族の語を表記するための壮文字の原形とも見られるが、それ自体は「畓」(na 田んぼ)などがすでに唐代の碑文に萌芽《ほうが》している(同じころ、雲南の大理などに住む白族も造字などによって白語を表記し始めた)。

これらの造字の方法と習慣は、さらに北部のベトナム人(京族《キン》)の一三世紀ごろからのチュノム(例えば田は⿰田竜《ズオン》・⿰田并《ズオン》など 畑は⿰目良《ヌオン》など ruộng・nương)、同じく隣接する広東の広東語話者による清代からの方言文字(方字 例えば彼は佢《コユ》、ゴキブリは曱甴《カツツアツ》)へとつながっていく。その間、中国の王朝はモンゴル人の支配する元、漢人の明《みん》、満州人の清《しん》と移り変わり、漢字も各地で漢民族以外の言語の影響を受けながら、さまざまな点で変容を続けた。

今でも中国語圏では、各地に地域独自の「方言文字」が残っており、文字だけでなく地元の日常のことばを活き活きと文章に表すことに貢献している。たとえば広東の「冇《モウ》」(有の反対、無いという意)は「モウ問題《マンタイ》」のモウであり、学校で習うことなどないそうだが、いつの間にか手紙や刊行物で目にして覚えるのだという。漢字は、学校教育などで作られた基礎のうえに、生活の中で必要な字を加えながら習得していくものである。広東省広州から来た留学生は、「滘《カウ》」という字も知っていた。地元の地名に用いられていて、倉庫になる洞穴の意味だと話してくれた。西安の「ビアンビアン麺《めん》」も字とともに知られてきた。繁体字を公用する台湾の「𨑨迌《チットー》」(⻌は辶とも書く)は遊ぶ意で歌謡曲などに見られる。シンガポールの華僑《かきょう》にも独自の略字がある。

𰻞𰻞《ビアンビアン》麺

中国では各地で現地の訛音《かおん》に即した形声文字による略字が造られ俗字として使われており、それらの中から簡体字に採用されて全国の標準的な文字に格上げされたものが「進」を「进」としたケースのようにいくつもある。対日戦争中に解放区で生じた略字も採用された。「衛」に対する「卫」は、中国の東北地区で日本兵が書いた略字が広まった結果ともいわれる。首都である北京にも方言（土話）はあり、それに対する造字も見られる。

また、美しいという意味をもつ「靚」という字は、北京などではjing《ジン》と読まれていたが、近年では広東語の発音の影響を受けてliang《リアン》にすっかり変わろうとしている。「癌《アイ》」も「炎《イエン》」との同音衝突を避け上海辺りの発音が普通話に取り込まれた。フランスを「仏」とする日・韓での略称は、清代に広東語の発音によった音訳の名残であり（千葉謙悟『中国語における東西言語文化交流』）、上海語で「法」とした略称が中・越で使われている。

このように種々のレベルの地域性を伴った漢字が一般化することが起こるのである。中国国内の少数民族（チワン族など）の自治区や朝鮮半島、ベトナムの地でも、他の言語の文字と影響を与えあうことがある。またそれぞれの言語の中であっても、造字や仮借など漢字系派生文字に方言の差などにより地域による差が生じていた。

広大な範囲にわたる土地を抱える漢字圏では、漢字には、字種、字体、字音、字義、熟語などのあらゆる面で、地域による個性を生み出す必然性があった。たとえば「門」

には、さまざまな言語や方言による字音が存在し、カタカナで示せば「マン　ミン　ムン　メン　モン」などと発音されており、さらに「かど」などの訓読みも行われている。字体にも「門」「门（簡体字）」「门（略字）」などが公私の場面で使われている。

日本での漢字の地域差

そして日本国内でも、漢字の種々のレベルでの地域差は確かにある。日本は、中国に比べれば決して広大ではない国土ではあるが、その歴史は長く、文字を日本のことばと人々の論理や感性に合うように変え続けてきた。いわゆる神代文字にさえ地域差があった。

日本では言語面における地域差は方言として一般に強く意識され、音韻、語彙《ごい》、文法などの諸面から学問的な考察も数多くなされている。一方、文字言語を構成するのに不可欠な要素である漢字に対しては、それが意識されることはほとんどなかった。江戸時代に西島長孫が『蘭渓先生漫筆』（東北大学図書館狩野文庫蔵稿本）に、「圸《ほき》」など美作《みまさか》地方の地名の特異な字に対して記述を行っていたのは珍しい。

南北に長く伸び、各地に多彩な独自性が存在している日本列島には地域色豊かな漢字も使われてきたのである。以下では、漢字における地域による違いが日本各地に存在していることを明らかにするとともに、その性質や実態、背景を検討していく。また、今後それらがもつ課題や間違ったものという意識を改めていけるようさまざまに考察をしていきたい。

日本への漢字の伝来後に、漢字を用いて文字資料がたくさん生みだされ、よく保存されてきたために豊富に伝存している。奈良時代頃の『風土記』の地名（「櫊《たな》」）や産物名（「⿰魚忍」「⿰馬麻」など）、戸籍をはじめとする肉筆の文書や木簡、土器などに記された漢字に、すでに地域色豊かな文字の萌芽が見られ、漢字の地域的な展開は八世紀には始まっていたといえる。中古、中世近世の書籍や辞書文書にも新たなものが現れ、受け継がれるものもあった。

海に囲まれた日本列島は、地形の起伏が大きく、四季の変化に富み、豊かな自然に恵まれている。中国文化の受容期を経て、平安時代に起こった国風文化の中で、漢字から派生したひらがな、カタカナも洗練され、多様化していく。これによって表音文字だけでも日本語は表記できるようになったのだが、それらの存在が、より複雑で難しく、複数の発音と意味をもつ漢字の地位をさらに押し上げる意識を強めていったようである。仮名よりも表情や情緒のようなものさえも感じ取れることも関係しているのだろう。

書道には日本らしい筆致をもつ和様が発展した。漢字の字音は断続的に伝わり、それぞれを日本語化するだけでなく、類推などによる慣用音まで生みだし、おのおのを温存することで、語やニュアンスを区別することにも役立った。

字義にも日本独自の国訓を生み、字体にも和製異体字、さらに国字を創り出すに至った。熟語では早くから和製漢語を産出し、近代に入る前後から漢字圏内で互いに伝播した。そうした漢字使用の複雑化、多様化、国際化に加え、日本人がことばや文字にまで託す細やかな情緒によって、その地域による文字の変異は、漢字圏でも群を抜くものとなっていったのである。

漢字は、殷の甲骨文字、周代の秦篆や六国古文から、現代日本の各地に見られる地域性のある文字まで、それぞれの地域の人に根ざして息づいてきた文字といえ、各地の要請に応えうる柔軟性をもつ文字でもあった。

日本の漢字の地域差には、どのようなものがあるのだろう。

まず、ある漢字の使用頻度が高かったり低かったり全くなかったりする土地がある。それ以前に、ある漢字を何かの用途でよく使う地域、あまり使わない地域というのもある。つまり頻度の差がまず挙げられる。たとえば、「藤」は姓としては訓読みの「ふじ」が藤原、藤田などとして西日本に多く、音読みの「トウ」が佐藤、斎藤などとして東日本に多い（『日本経済新聞』二〇一〇年一二月一〇日「裏読み wave」に取り上げられたように歴史的に見ると近畿の藤原氏が関東に来てそのように名乗ったことの名残である）。

地域ごとに得意な字、苦手な字もあるはずで、漢字の試験や検定などの採点結果の分析などが実現すればはっきりするだろう。たとえば常用漢字の「昨日」を「咋日」と誤って書いていた学生は石川県羽《は》咋《くい》郡の隣の地の出身だった。

そうした有無・多少のほかに、漢字、とくに特定の漢字への意識・思い入れの有無・強弱にも差がありうる。文化庁の「国語に関する世論調査」の数値などに、そうしたことが表れる。長野県では白文帳《はくぶん》による漢字の書き取り練習が宿題としてかなり普及し、また近年、福井県では白川静博士の字源説に基づく独自の漢字教育が試みられており、それらがどう影響を及ぼすか、注目される。そして、その地域らしいと感じられる漢字もある。新潟といえば「雪」「米」などの字が連想される。本書には、都内の大学に通う学生たちが思いついた主な例を各章の初めのページに示した。

この「ある地域をイメージさせる漢字一字について」では都道府県名、よく知られた地名、旧国名、都市名、通称、キャッチフレーズ、地域の特性、地勢、特産品などを反映した回答が大勢を占めた。たとえば埼玉県はキャッチフレーズ「彩《さい》の国さいたま」の知名度が高く、そこから「四季彩乃湯温泉」「彩の玉手箱」などが派生しているが、票はこの字に集中せず分散した。

漢字という文字に即した分類を、例を挙げながら行ってみよう。まず、表記法すなわちことばをどのような文字・記号で書き表すかという点で、地域差が生じることがあろう。漢字か仮名か、どの漢字を選ぶか、「イ」「ド」「ガ」「ざ」「づ」「ざ」など特別な仮名を用いるかどうか、などという違いである。

その表記される語がいかなる属性の語なのか、共通語であるのか、方言であるのか、後者であれば俚言《りげん》か、訛語《かご》かも重要な観点となる。「しばれる」「めんこい」「ほんま」「よか」など、語の意味や由来を理解することが表記との関係を明らかにするうえで必要となる。「載っける」「落っこちる」「膨らめる」「凄《すげ》え」「恐《こえ》え」など、語幹部分や語尾のみなどに変化が生じたものも、実は関東方言など各地の方言と関わるケースがある（『当て字・当て読み漢字表現辞典』にも、各種メディアから実例を引用しておいた）。語の品詞では、体言の名詞、固有名詞が表記の対象となるケースが目立つが、動詞、形容詞などの用言（とくに語幹）もある。副詞や助動詞などにも例はありうる。

言い回し、慣用句にも、文字・表記に関するものがある。部首という構成要素を例にとると「𡈽」を「あげつち（へん）」ということが佐賀県にある。「を」を「小さいオ」と呼ぶことが富山県に、「①」「(1)」を「いちまる」「いちかっこ」というように呼ぶことが山形県にある。

長野の白文帳、岐阜などで漢字ドリルをカド、カンドと略すといった教材や指導は話題になる一方で、こうした地域差が気付かれにくい現象の背景には、政治や教育上の区分はもちろん、土地の形状など自然の差、人的交流や方言など言語の差などさまざまな要因が存在している。もしかしたら形質や気質の差も関係する可能性がある。気候はどうだろう。過ぎ去った歴史は、残されている膨大な文献を追えば、それらがタイムマシーンの役割を果たしてくれることがある。現在の状況については、現地を訪ねて観察し、そこの人たちと話すならば、知らなかった文字の実情に直面することがいくらでもある。こうした視点をもとに、各地の特色ある漢字について見つめていきたい。

各地の特色ある方言漢字

まず、各地の漢字の特色について分類を示したい。

字種

【⿰田通】あぜ　静岡県の小字に。当地では「ふる」とも読む。

【⿰田高】あぜ　鳥取県の小字に。

水田の多い日本で「あぜ」は生活に密着しているため、他にも姓で「⿰田坴」のように「畦」を「陸」と混ぜたような分かりやすい会意風の字も使われていた。「⿰土谷《さこ》」も同類。

字体

【泻】潟　江戸時代には全国的に書かれた略字だった。新潟、秋田の大潟、千葉の干潟（篤志家が調べている）、島根の白潟など「潟」を地名に使う地で地域文字として残る。熊本の駐車場では「軽」を「圣」と略すとの報道があったが、他の地にもあるにはある。

字音

【鯱】コ「しゃち（ほこ）」に対する国字の名古屋における地域的類推音。「金鮍」。

「幌」のコウは辞書にある伝統的な字音だが、日本では北海道の札幌で多用される音となっている。岡山で「来岡」など「岡」をコウと読ませる熟語があるのも同様である。

【七】ヒチ　シチの訛語であり、西日本を中心に根強い。「質」も同様。京都の七条は地元の人々は「ひちじょう・ひっちょう」と読み、岐阜県加茂郡七宗町は「ひちそうちょう」が正式名称となっている。大阪の製薬会社七ふくのURLは http://www.hitifuku.co.jp/ である。なお「シチ」は関東では無声化が起きやすい。音韻上の対立はないが、東北などで「すぃち」、さらに「すっ」などの訛《なま》った音声も観察される。文字・表記には、「雨」「飴」「あめ」「アメ」のように現在、通常、アクセントが捨象されることは、共通語であっても同様である。

なお、漢字の読みの語種つまり語の出自は、漢語でも和語でもときに外来語であっても、こうした地域差を確かめることができる。

【浴】エキ　島根、広島、山口など中国地方で、谷、小さい谷を指し、姓や地名に用いられる。音読みはヨク。「溢」(字音はイツだが、旁《つくり》からはエキと読める)も用いられ、これと混じたものともいわれる。なお、これは「鎰」が「鑰《かぎ》」の代用として用いられた朝鮮半島や日本での慣用とともに、「益」という字体のもつ不安定さを物語る。

【沼】トゥ アイヌ語でヌマの意で、北海道で地名に見られる。音読みはショウ。「浴」とともに固有名詞に生じた地域的な字訓ともいえる。

字訓

【谷】や 「たに」に対する東日本一帯の方言による地域訓である（後述）。

【畦】ぼた 長野、岐阜、滋賀の小地名に見られる「あぜ」の方言による地域訓の一つ。

【凧】いか・はた 国字であるが「たこ」だけでなく、各地で祭りなどの名に見られる地域的な訓。

【硲】さこ（など）「はざま」は辞書にも載る全国的といえる訓だが、静岡など地域によって地名や姓で地域的な訓が行われている（詳細は『国字の位相と展開』参照）。

【―崎】さき・ざき 「山崎」など姓では、おおむね東日本は連濁を起こす傾向がある。姓の「中島」などの「島」の「しま・じま」も同様に頻度差が認められる。

字義・用法

【泗】　三重県では四日市の意で、「三泗―」「名泗―」と固有名詞として多用される。

熟語・文字列

【豆富】「腐」の字を避け、松江や東京で行われた表記が現在、全国的に広まっている。

【離合】九州や京都辺りで車などが行き違うことをいう。一般には「離合集散」という語もあり、漢字で書ける漢語なので、方言と認識されにくい。愛知の「放課」（授業と授業の間の休み時間のこと）も同様で、他にも「大儀」「破損」「舎弟」「笑止」「正座」など漢語がとくに地方の方言に入ったケースは少なくない。関西弁には「難儀」「別品（嬪）」「不細工」「散髪」「卑怯《ひきょう》」「殺生」「薄情」「けったい」（卦体《ケタイ》ないし希代から）など、口頭でも多用される漢語の類が目立つ。

このように、漢字の地域性は各種、各レベルで存在している。これらは、その文字や表記を造ったのが当地なのか別の地なのかという違いも考慮する必要がある。読みが共通語か俚言・訛語かなどというほかに、出自や頻度を観点に加味すると次のような項目に分けられる。

・地域産の漢字 【鯳《スケソウダラ》】（北海道など）

スケトウダラともいい、「介党鱈」などとも書く。『大漢和辞典』になく、北大で作られたとの説があるが、江戸時代の使用がスケトと呼ぶ佐渡に見つかっている。

・地域産の漢字で、その地だけで使用 【墹《まま》】（静岡）【壗《まま》】（神奈川）【圸《まま》】（山形）

崖や畦など傾斜している地を指す方言「ママ」に対する近世以降の造字。

・他の地域産だが、その地でだけで使用 【垰《たお》】（中国地方に残る）

「垰」は「峠」とほぼ同じ用法で中世に中央の文献などに現れるが、今日では小さな峠「たお」「たわ」等、主に地名や姓を表記するために中国地方を中心に定着している。電話帳では姓で広島に半数が集中する。この辺りの出身学生はこの字を読める。「叹」（鳥取）、「⿰山定」（兵庫）、「坳」（京都）、「辿」（奈良）、「岫」（和歌山）、「乢」（愛知）なども同義（柳田国男『地名の研究』一九一〇年など）。「屾」（岡山〈美作《みまさか》〉、静岡）は旁を象形文字のように用いたものである。備前の岡山市嵶《たお》、備中の倉敷市扇《おぎ》の嵶《たわ》では、高年齢層の使用と共通字化を確認した（柳田は静岡の地名にも当てた）。「垰」は千葉の地名では「びょう」と読ませるものがある。

・他の地域産だが、その地で多く使用 【蛯《えび》】（主に北海道、東北、関東と宮崎に残る）

・他の地域産だが、その地のイメージが付着　【竜】（名古屋→中日）

全国紙のスポーツ欄にも「五二年ぶり　竜か」といった見出しが躍る。

地域性が強い文字・表記は、他の地区では可読性が保証されない恐れがある。便利な方法としてはふりがなを付すだけで、漢字の表意性、表現力とあいまって注釈を省くことにつながる。

用途別の漢字の地域差

続けて、漢字の主な地域差について、用途別に分類し、地域や語ごとに概要を記す。ここでは、各種のレベルの漢字の地域差をできる限り広く扱うために、主だった視点から、ある地での使用頻度が高い字は〈　〉、ある地に特徴的な字種つまり字の種類は【　】、同じく字体つまり字の形（骨組み）については〔　〕、使い方つまり字の音訓や字義（字の意味）や用法は《　》、文字による地域性をもつ表記は「　」と、符号で区別して表示する。個々の漢字の一般性と地域性との区別に際しては、辞書、新聞や雑誌、WEBなどの各種の文字使用媒体の漢字調査、使用実態をふまえて総合的に判断する。例として実際に出現したものを中心に示す。

文字に関する意識については、文化庁国語課『国語に関する世論調査』の一九九九年一月の調査では、文字に対する関心が北海道・関東で高く、北陸で低いという地域ブロックごとの差が現れている。他にも例えば異体字に関する印象では、「酒樽」の「樽」にいわゆる康熙字典《こうきじてん》体を選ぶ割合が北海道で突出している。これは地名「小樽」の存在が要因であろう。

■地名

地名は、元をたどれば現地での呼称に端を発したものであり、地区に密接した存在である。多くの場合、呼称がその土地を指す名称としてその地で定着し、さらに文書に書き付ける必要に迫られ、仮名や漢字を当てた。「仮名」は、その名に込められた通り正式な文字ではない、仮の文字だという意識が日本人の中に根強くあり、相応《ふさわ》しいとその時代に考えられた漢字が各地で当てられた。

奈良時代頃（七一三年ほか）に相次いで二字の好字・佳字からなる中国めいた地名表記に、従来の地名表記を変えることを命ずる政策が示された。そうした詔勅によっても、日本の地名の基層部分には決定的な影響が及んだわけではなく、各地の人々は土地の実状に即した漢字を宛《あて》がっていく。つまり、日常語としてのやまとことばに対して行われた漢字の訓読みという日本に根をおろした方法が、漢字圏の中でもきわめて特異な地名の漢字の状況と一層の個別化、そしてそれぞれへの愛着を生み出すこととなったのである。

日本列島は、〔歯〕《はぼ》舞《まい》、〔択捉〕《えとろふ》など北方領土はもちろんのこと、北海道の【珸】《ご》瑶瑁《ようまい》水道、青森のJR東日本の五能線【驫《とどろ》】木《き》駅（略して【〓】も）から、鹿児島の吐《と》【噶《か》】喇《ら》列島（「吐噶喇列島」のような誤植も見られる）、沖縄県与那国島の《西崎《いりざき（さき）》》に至るまで、地域色豊かな漢字の地名に彩られている。姓は、ある土地にゆかりのある人がその地名を転用したものが多数を占めており、地域文字の一つの豊かな源泉としてとらえることができる。

北海道のアイヌ語にまで、〔神《かむ》〕威《い》、古《こ》【潭《たん》】など音訳などの方法により、江戸期以来、漢字が当てられている。地名のほか旭川市立神居古潭小・中学校もある。ラーメン店の「古潭」はそれに因《ちな》み、大阪などに広まっている。

沖縄の波照間島では、《北《にし》》浜《はま》は民俗方位で読む。この類は風の名として日本各地に見られる。青森《東風《やませ》》、岩手《西風《ならい》》、山形《東風《だし》》、愛知《南風《まぜ》》、沖縄《南風《はえ・ふぇー》》、千葉《北風《ならい》》などもある。沖縄では地名や姓に《東《あがり》》江《え》があり、『沖縄タイムス』では自明なためか読み仮名が振られていなかった。日が昇るところからと語源が意識されている。石垣出身《東《あい》》里《ざと》姓の歌手も沖縄でテレビに出演していた。

動物名でも、秋田の潟上市に《牛《べこ》》坂《ざか》バス停があるほか、「牛石《べこいし》」は北海道、岩手、宮城、栃木にある。東北弁の文字化に際して、この地域訓は今なお生産的で、民謡、小説、歌謡曲、祭り、民芸品、メニュー、バス、ローカル放送のドラマの名、WEBなどに見られる。近世の菅江真澄《すがえますみ》『かすむこまがた』の〔牛子《べこ》〕、宮沢賢治作品の「牛《べご》」にまで遡《さかのぼ》ることができる。これに対し、南の沖縄では【翆《ぐし》】宮城《みやぎ》（ぐしなーぐしく）という地名がある（摩文仁《まぶに》の丘の平和の《礎《いしじ》》に犠牲者の姓としても見られた）。このような地名の漢字の特色は日本中に存在する。

地域に根ざした独特な漢字には、その地域で普通名詞など普段のことばを文書などに記すという文字生活の中で生まれたものが地名表記に転用されたものと、その地名表記だけのために造られたものとがある。例えば、名古屋市内の【杁《いり》】中《なか》など尾張地方を中心に分布する「杁」は、水門を意味する普通名詞「いり」の表記において、江戸時代の初めから地域差が生じたものであり（小著『日本の漢字』参照）、前者に属するものである。宮崎の三《み》【椪《はえ》】小学校という学校名に残っていた「椪」は、近世以来、林業の分野において全国的に通用する用字が残ったものであった（椪柑《ポンカン》とたまたま一致した。『謎の漢字』）。一方、岡山の小地名に残る【嵶《たお》】（前述）や京都に伝わっている【椥《なぎ》】などは、後者のようである。

こうした地名を表す漢字には、会意の手法によるものが多く、日本人の生活実感や風習にかかわる意識に根ざした造字すなわち国字も多数見いだせる。また、沖縄県の中《なか》《城《ぐすく》》村《そん》のように、読みに方言が残るものもある。

首都東京の世田谷区にある【砧《きぬた》】は、地名約六〇万件の中で、全国で一か所しかない地名である。また、作ヶ〔畚《あらく》〕（畬）のように辞書にない字体や勝《かち》【閧《どき》】橋《ばし》（重要文化財。町名は「勝どき」）、︷人里《へんぼり》︸などの地名も使われている。愛知県の名古屋でも、前記の【杁《いり》】中《なか》、大阪でも四條《しじょう》【畷《なわて》】市、京都でも《化《あだし》》野《の》、《先《ぽん》》斗町《とちょう》など、地元住民以外には読みにくいものが数千か所は採取される。小字《こあざ》や通称地名などの小地名は、それらの一大源泉であった。しかし京都でも、東《ひがし》・西《にし》【錺《かざり》】屋町《やちょう》が隣町の人にさえ存在が知られなくなっているのも現実である。

東北から関東にかけ各地で見られる【轌《そり》】【艝《そり》】【樰《そり》】という国字を用いた小地名や、新潟県田上町《たがみまち》の「中轌《なかずり》」は、「橇《そり》」などの漢字より分かりやすさや親しみを求めた結果、中国では構成要素としてほとんど使用されない「雪」を選択したものであろう。国字には日本人の生活に根ざした発想を映し出すものが多い。熟字訓「山刀《なた》」の合字【屶】も東北各県で確認された。

日本列島に自生する植物は、その自然の豊かさを反映した地名となり、漢字や国字が当てられてきた。京都の【椥《なぎ》】辻《つじ》は、木名への当て字「那木《なぎ》」を合字化した「梛《なぎ》」が「和《なぎ》」による形声式の国字「⿰木和」の影響もあってか、道を知るための木などと会意に解されて「椥」へと変化したかと考えられる。コンビニエンスストアなどが進出しているが、室町時代『言継卿記《ときつぐきょうき》』以来のこの地名は人々の生活の中に溶け込んでいた。今熊野「椥の森」は、神社の方によると明治からの「当て字」である。

二〇〇六年に行った調査（當山日出夫氏がご協力くださった）では、立命館大学、花園大学など京都の学生五三人と五九人でもそれぞれ一人と三人、つまり二～五％程度しか読むことができなかった。高知には、ユスの木から名付けられた健康長寿の里の【梼《ゆす》】原《はら》（正式には檮原だが、地方ではよく略される）町《ちょう》があり、坂本龍馬が脱藩を決意したゆかりの地としてテレビでもしばしば取り上げられる。

本州南部から沖縄に自生する「タブ」には、【椨】という辞書にも載る国字が当てられ、九州の地名、姓（電話帳やソフト「写録宝夢巣」などによると、人口は鹿児島に半数）に使われる。同じ「タブ」に対して「杻」などさらに狭い範囲で用いられる地域文字も小地名に見られた。

茨城県は、イバラギでなくイバラキが正しいという発音の規範意識ばかりが語られるが、この〈茨〉は、「いばら」すなわち「薔薇《ばら》」と語源が等しい語を訓としており、類義であることが広く知られればイメージも変わるであろうが、そのことを知らない住民が多い。茨城大学は《茨》大と略すと発音は「いば」と部分訓となる。都内では「とちぎ」を「茨城」と書く学生さえ現れた。札幌市北区東《ひがし》《茨》《ばら》戸《と》在住の女性から、「アイヌ語の当て字らしいのですが、薔薇の扉と同義と聞くと何だか素敵な地名ですね。愛着が湧いてきました」という感想をうかがった。

政府の主導による平成の大合併により、千葉で古代からの地名【匝《そう》】瑳《さ》が市に昇格するなど、常用漢字表外字や表外音訓を用いた自治体名の出現と消滅が起こった。ここは、平安時代の辞書『和名抄』などに下総国匝瑳郡や匝瑳郷として現れ、一九五四年まで村名として残っていたものであり、古代発祥の二字地名である。姓にもなっているが、この市名でこの漢字を初めて知る者が多い。

鹿児島に〈薩〉摩川内《せんだい》市（【祁《け》】答院町《どういんちょう》・上《かみ》【甑《こしき》】村《むら》等から）、富山に南《なん》【砺《と》】市が新設された。富山県警南砺署なども印刷標準字体「礪」ではない。砺波市は先に「礪波郡」の「礪」を略した字体を採用していた。「薩摩」は、世界貿易機関協定に基づく地理的表示の保護対象に指定された。

鹿児島は【栫《かこい》】が原は熊本などにもあるが、【姶《あい》】良《ら》など特色ある字種に富む。「姶」は音がアフ（オウ）、女性の美しいさまを表す。宮崎の【飫《お》】肥《び》も『和名抄』からの古名が残り、名物の「飫肥天」などでルビを欠くことも多い。飛驒は全国的な知名度が高いが、郵便局のパンフレットで「飛騨牛」と「岐阜県飛驒市」とが使い分けられていた。前者は字体の分かりやすさやパソコンなど電子機器への打ち込みやすさによった結果であろう。岐阜の飛【驒】市も旧名の復活であるが、地域の通称名が採用された。鳥取県伯耆町《ほうきちょう》の【耆】は、年長の字義をもつ二字を当てた旧国名に由来するやはり古代からのものである。

「海老」を一字にした「蝫」は、この字を翁《おきな》の意と知っていたために造られたもので、江戸時代には「蛯」へと簡易化された。この種の旧国名の利用は、各地に残っている。〈讃〉は「土讃《どさん》線」などとして香川で多用され、新聞では「讃岐《さぬき》うどん」はそのまま振り仮名を添えて使われるが、「讃美歌」等は「賛」への書き換えが原則とされた。こうした地名の漢字は三〇〇〇字種を遥かに超え（常用漢字が現在二一三六字）、地域を卓立させる個性豊かな文字も数多く使われている。

岩手の【靈靇《ほうりょう》】は地価公示にも見える。こうした難読地名は、ときに新聞やテレビ番組など全国向けのマスコミでも取り上げられ、知名度を上げる。山形の《左》《あてら》沢《ざわ》はテレビで現地取材が放送され、クイズ番組では〈諫《いさ》〉早《はや》市の読みが出題され、「ちんはや」等の珍答が出た。

そもそも〈茨〉〈栃〉〈媛〉〈阜〉などは県名で目にすることが多く、地域性が高い。二〇一〇年にこれらは「岡」「熊」「鹿」「奈」「梨」「畿」などとまとめて常用漢字表に「特に公共性の高い都道府県名に用いる漢字及びそれに準じる漢字」の類として追加された。「阜」は住所を電話等で伝えようとして相手が書けない場合、字を説明しようとしても岐阜のフとしか言いようがなく、分解もしづらい。

「埼《さき》」は「犬《いぬ》《吠》《ぼう》埼《さき》」などでも使われるが、《埼》玉では「さい」と読み、「埼京線」「埼英スクール」などとも使用されている。その地では「さい」という読みが一般化していることは、埼玉大学（埼大《さいだい》）の学生たちにも確かめられた。

「阪急阪神ホールディングス」「帰阪」のように大阪を表す〈阪〉は、「土に反《かえ》（返）る」ことを嫌って定着したなどと意識されるものの「大坂」と並んで江戸期には見られ、東大阪市上小阪などの地名にも波及している。三重県松阪《まつさか》市もあるが、関東で「松坂《まつざか》市」としばしば誤られる。姓でも大阪周辺では「坂」より「阪」（現在、「ざか」と濁りにくい）が多い。阪田三吉（坂田三吉とも）、阪口善雄（元吹田市長）のほか、電話帳では坂本は東京が五九二八軒と大阪の四九二九軒より多いのに対し、阪本は大阪が二〇二三軒と東京の二六八軒より断然多く割合が逆転する。「坂」と「阪」には地域性が歴然とある。

岡山では、看板に《岡》南大橋、《岡》南店などが見られ、地元では「岡」を「こう」と音読みする。「栃」には、常用漢字表に先に入っていた「潟」などと同様に正確に手書きできるか否かに地域差が認められる。都内ではスーパー等でも「栃」「潟」に誤字体が散見される。

新潟、大潟村などでは「潟」に略字が〔泻〕〔泻〕〔潟〕などの形で定着していた。「泻」は近世には芭蕉も用い、国語辞典の『大全早引節用集』等に載るなど全国的に行われていた略し方である。常用漢字へ採用され共通字化が進展したが、手書きの手紙や看板などから暮らしの中で覚えていた高年齢層は特に「泻」を用いる。若年層から、発達段階に合わせ使用字体を「泻」〔潟〕「潟」と身につけさせられたとの話も聞いた。こうした三段階を使い分ける人もいる。「泻」が「高校の制服に縫いつけてあったが違和感はなかった」という学生もいた。地元ではこのように字体を便利になるように故意に大胆に略すが、東京、京都など他の地では、正しく書こうとして右下を「勿」とするなど誤字が多い。新潟出身の諸橋轍次博士も「泻」を知っていたはずだが『大漢和辞典』にはない。

千葉出身の秋葉姓の女性は、結婚されてから「葉」を手書きする頻度が高まり、〔葉〕と書くようになっていた。茅ヶ崎市民の多くは、「辻」〔辻〕堂や「鵠」〔鵠〕沼《ぬま》と拡張新字体で書き、いわゆる康熙字典体は少数派である。こうしたゆれに気付いていない市民もおり、字体のもつ意味について考える素材を提供してくれる。「和歌山」を和《可》山、和【哥】山と略記することが近畿で行われたが、次第に減少してきている。さらに崩して〔す〕と続けて書くこともある。

〈函〉館の一、二画目を続けて〔函〕と書く人は、地元では当たり前のようにいる一方で、都内では（この字をそれらしく書けた中でも）少数派である。これは学校の国語で習わない字で、多くは生活の中で自然に習得するため環境によって生じた差である。

〔广〕は、関東の多摩地区や山梨の南巨摩《こま》郡では「摩」、都内の三鷹市では「鷹」、神戸市須磨区では「磨」など、中世の抄物《しょうもの》の如く部首を超え各地で活用されている。住民は私的場面の手書きで使うのである。「三广方面にのみ出る様に」（www.city.chofu.tokyo.jp/download/1631050186 75.pdf）など、WEB上にも使用が及ぶ。都内の「鷹の台」を「广の台」と家のケーキ屋の注文書で住所欄に使っていた、三鷹高校では皆が「广」と書いていたのでメモや友達への手紙の住所などに使ったと証言する学生がいる。「小学生の時、まだれの中を書くと大きくなりすぎるから「三广」と書き始めた」という筆記の経済とは異なる理由も背景にある。山形県西置賜《にしおきたま》郡の白鷹町《しらたかまち》を「白广町」と「地元の人たちは書く」、「何回も書くのはとても面倒な漢字で両親も祖父母もこのように書いていたので、当たり前になってた」という応用もなされている。多摩地区の人に抵抗されたが高校生活を送る中で「庅」と書くようになったという学生もいたが、〔庅〕（摩）は多摩地区などでよく用いられる（漫画では「魔」の略字として登場する）。

道路公団が設置した道路標識には高速でも見やすくしようと作られた略字が残る。札幌ではマンホールに「札」に増画した〔朼〕がある（八六ページ）。「落」には「落」という誤字体が各地で現れるが、〈洛〉北、〈洛〉西タカシマヤなどと日常で使う京都でも、基礎的な漢字の力や主体的な分析意識がないばあいに構成に異分析を生じてしまう。

中世以来、富山の立山《たてやま》の北アルプスにある芦《あし》【峅】《くら》寺《じ》などの「くら」は、神の座という意味とされ、地域文字で書かれた。〔⿱山辨〕と書く威厳ある字体も生み出された。立山信仰の地として知られ、中世以降、岩峅寺、岩峅野（両峅）、赤峅、船峅寺なども現れ、岩峅小学校、芦峅寺スキー場などもある。立山市の広告に「芦峅寺や岩峅寺」とあったが、読み仮名を欠いていて伝達効果が薄い。「岩峅」姓は富山に半数近くが集まる。その「くら」は、日光や奈良の小地名では、「岩（巖・巖）」の異体字【嵒】となる。

これらは、国土の地形を表すものであり、いかにも地名らしいものの一つである。山梨の【垈】《ぬた》は低湿地のヌタに対する造字であり、高知では【汢】という字を造って使っている。

漢字そのものは、全国で一般性をもつものでも、その読み方に地域差の認められるものがある。頻度の高いものとして《谷》は、常用漢字表ではコクという音と「たに」という訓しか認められない（「谷《きわ》まる」は表外訓）。しかし、「渋谷」という地名は、東京の「しぶや」に対して、大阪では「しぶたに」（府立高校名にもなっている）、京都では「しるたに」となる（この分布の傾向は駅名等にも現れる。後述）。東京近郊の人であれば、

「世田谷」「谷中」など、「谷」は「や」と読むことが地名や姓では当然と感じられる。この「や」は、東国で使われてきた方言であり、それが特に地名や姓に多く残っている（熊谷《くまがや・くまがい》も）。「やつ」「やち」「やと」も同系の語であり、奈良時代の『常陸国風土記』や正倉院文書以来の歴史をもつ俚言であった。

　個々の地名や姓のもつ経緯により例外も生じ、また局地的には地域訓《さく》なども存し、そこに暮らす人々の記憶（心の中にある辞書）にすり込まれている。「大谷」姓を見て浮かぶ読みは大学生では関東で「や」が関西より二・七倍も多かった（先述の二〇〇六年調査）。大谷《おおたに》派のある京都では、二三歳の学生は「たに以外に思いつかない」という。「熊谷」姓も、花園大学では最多が「たに」で二九・一％（一六／五五人）、一方、都内の短大では「がや」が最多で五三・七％（二二／四一人）と、近隣地名の影響を受けることが明らかである。しかし、新聞、広告などでは、「《谷《やつ》》の田植ゑ」（短歌）「鹿《しし》ヶ《が》谷《たに》かぼちゃ」「小《お》《谷《たり》》村」などは振り仮名が付けられているが、「宗谷」「扇谷上杉家」「谷野」（姓）など読みを付さないことが多い。

　弘前出身の学生は津軽で江戸時代からある会意の【萢】を「やち」と読めた。芸能人の「かまやつひろし」も本名は「釜萢」であり、「つ」「ち」は、ズーズー弁の優勢な東北地方ではよく混同された。地名・姓とも青森に遍在している。《谷》を「はざま」と読む例もあるが、《迫》を当てる東北、それを「さこ・さく」に用いる九州・中国地方、《廻》と変える島根など複雑な分布も見られる。地名では、〈沢〉は東北に偏り、姓では長野にとくに集中する。地形が起伏に富む日本列島には、東北の【萢《やち・やつ》】をはじめとして、東京に《峡《はけ》》、静岡に【壗《まま》】、中国地方に【垰《たわ・たお・とう》】【乢】【嵶】（先述）、鹿児島には【窟《ほっ》】などが分布する。

九州、沖縄などに《原《はる》》を含む田原坂《たばるざか》（熊本）、西原《にしばる》中学校、新田原《にゅうたばる》基地（宮崎）、山《やん》原《ばる》（沖縄）などがある。西原《にしはら》（元は「にしばる」沖縄）のように共通字訓化も起こる（静岡のデートスポットは山原《やんばら》）。宮崎の元県知事の東国原《ひがしこくばる》氏は有名になったため、二〇〇七年三月に『読売新聞』では読み仮名がなくなった。「茨城」「白金台」「軽井沢」などは清濁で、地元民か否かが見分けられるともいう（例外もある）。

都市名でも地域に遍在する字がある。「幌」は、「札〈幌〉」「士幌」「上野幌《かみのっぽろ》」「美幌駅」「幌加内そば」と北海道の地名に現れ（コウと音読みされるケースもある）、都内の大学生の大半も同様の意識を有していた。

地方自治体の市区町村の「町・村」の個々の読みは、一定しておらず、放送の場でも問題となる。新聞でも、「千葉県《鋸《きょ》》南《なん》町」と「町」には読みを入れず、また沖縄の「座間味村《ざまみそん》」「読谷村《よみたんそん》」などで《そん》まで入れるかどうか揺れている。

一九九九年三月末に三二三二を数えた自治体の市町村は、平成の大合併によって二〇〇六年三月末には一八二一にまで減少し、ここで一段落したが、二〇一二年一〇月一日現在一七一九、うち町が七四七、村が一八四ととくに村が珍しくなった。それらの名称は読み方を含めて各自治体が規定しているため、地域差が明確に出る。西日本は、中国由来の音読みが優位という地理的、文化的影響を感じさせる結果となっている（小著『訓読みのはなし』に示した二〇〇六年三月末現在の分布と変わりはない）。

中国大陸や朝鮮半島に近い西や南の地域で、字音語の使用が目立つことがうかがえ（鹿児島は同数）、そうした地では一字でもチョウ・ソンと言うことが多く、さらに「ちょうやくば・そんやくば」という言い方も聞かれる。徳島県三好市西祖谷《にしいや》山村《やまむら》（旧三好郡西祖谷山村《そん》）のように、二〇〇六年に読みを「そん」から「むら」に変更したケースもあるほか、愛知、千葉、新潟にもかつてはソンがあった。地元などで読みに揺れを呈する地区もある。

こうした西日本が音読みを好む傾向に例外はいくつもあるが、江戸時代に西は庄屋（ショウが音読み）、東は名主（な・ぬしは訓読み）、東北の肝煎（きも・いりも訓読み）、あるいは江戸以降の「粋」が上方ではスイと音読み、東京では訓読みで「いき」（別表記では音読みで意気とも）となることなどと合わせて考えうる。「町」は中国では字面のとおりあぜや田の一区画などを指すもので、それが日本で「まち」という国訓をもった（「街」も同じ訓をもつ）。それと同音で簡易な「丁」も通じて用いられるようになった（丁目とも関連しよう）。高松市内では旧地名は「まち」「ちょう」が隣同士で違い、読み方で地元の人かどうか分かるそうである。

「まち」優勢の東日本では例外として東北の岩手に「チョウ」が目立つが、宮城県も「チョウ」（九）が「まち」（一二）に迫る。なお、市町村以下の地名では、さらに個別性が高まり、とくに「町」は漢字だけでは読みを特定しにくい。そうした中で、仙台市、和歌山市などは、かねてより町人町は「○○町《まち》」、武家の町は「○○丁《チョウ》」と表記し分ける工夫がなされている（しかし仙台では「丁」が「町」に変えられてきた。江戸では必ずしも明確ではない。東西線等の駅名もゆれている）。

山名の「山」も、東北の月山《がっさん》、山陰の大《だい》《山《せん》》など、漢音や呉音によって音読みする地があるが、新聞などでは読み仮名を振らないことがある。

人名用漢字を大幅に追加する契機となった「曽」の使用の可否に関する二〇〇三年一二月二五日の最高裁決定では、「氏や地名」での使用の多さが、この字の人名での使用を認める一つの根拠とされた。札幌高等裁判所の判決では「郵便番号簿」での使用箇所数が引用された。「曾」に限らず、地域ごとによく使われる字は略される。北九州市の学生は手書きの年賀状の半数以上で宛名の「州」が〔卅〕になっていたというように、九州では若年層でもよく見られる。九州では「大人が書く字だと幼いながらに認識し」、覚えたという学生もいた。WEB上で「九卅大学」、官報に「九卅勧業（株）」という入力もあるが、正式にはいずれも「州」である。長野で、「信卅」、山梨で「甲卅」などのほか、兵庫では〔洲〕（洲《す》）本《もと》市も見られた。

岡山市内には【穝《さい》】という地名がある。戦国武将の穝所元常《さいしょもとつね》の出身地で、この名字（苗字）にちなむ地名である。「税」の旁を読みに合わせて置き換えたものであろう。漢

小字限地図(明治45年)より

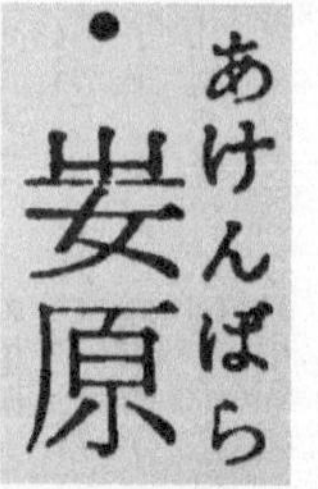

国土地理協会『国土行政区画総覧』(1972年現在)より

消えかけた「あけんばら」2005.3

和辞典に載らなかったこともあり、JIS第2水準には偏が誤って木偏となってしまい、「樶」で採用されたため、今日では「最」「さい」などと入力されることもあるが、新しく建てられたマンションやアパートの名にも付けられ、住民は増え続け、子供たちも日常でこれを手書きしている。現地では、「木最」と二字にしてまで表そうとするものまで目にした。印字された「樶」に「ノ」を書き加えることもある。都内の大学で知っている人は岡山市出身者を含め三〇〇人中〇人であったが、旁からの類推(いわゆる百姓読み)でサイと読めた者は現れた。

JIS漢字は、地名から字を選ぶ際に、こうした事故を何件も起こしていた。幽霊文字の「岦《あけび》」については、二四二ページのほか、小著『日本の漢字』と『謎の漢字』に細かく記したが同じ滋賀県内の山東町「小田《やないだ》」は、その元の「梁田《やないだ》」という地名が書かれた紙の「梁」の上部を鼠がかじったため、残った点画によって「小」となったものと伝えられる。JIS第2水準には【芫】も小地名から採用された。「芝」が「こうげ」（草地の意）という中国地方の訓で、この字へと変形して採用されたものであった。第2水準〈嫐〉も、実は熊本の字嫐迫《わら(な)んざこ》が存在したことだけにより採用され、結果として歌舞伎十八番の「うわなり」なども入力可能とした。青森の【垊《ごみ》】渡《わたり》（小学校名にもなっている）は近世に現れた地域文字である。「塵《ちり》」の崩しが「垄」と似るため、それがバランスをとって偏と旁に配置されたものであろう。岩手では「ぐみ」と読ませる小地名に使われていて、それも入力できる。

《城》は沖縄では古くから「ぐすく」と読む。中《なか》《城《ぐすく》》城跡《じょうあと》は、玉《たま》《陵《うどうん》》《斎場御嶽《せーふぁうたき》》《園比屋武御嶽《そのひやんうたき》》石門などとともに世界遺産に指定された。ただ、二〇〇二年に村から市になった豊見城《とみぐすく》市では、高校や小学校は「とみしろ」と読みを本土風に変えたままとなっている。姓にも多い大城《おおしろ》もかつてはウフグスクであり、南米移住者の姓に残る。調査に訪れた時に手に取った『沖縄タイムス』では、大城、宮城などに読み仮名が振られていなかった。沖縄では、万葉仮名式に一字一音のように記される地名・姓も〈金武《きん》〉〈保栄茂《びん》〉〈喜屋武《きゃん》〉など少なからずある。

【渭《い》】津城《つじょう》・渭山《いざん》城（徳島城　中国渭水の景勝に似るところから）により渭北地区、渭東児童館のように地区を漢字一字で中国めかす表現は、各地に根付いている。東京に隅田川からの【濹】(由来について詳しくは『国字の位相と展開』参照)、三重に三《さん》【泗《し》】地区や泗商のほか、松江に【淞《しょう》】北台《ほくだい》(松江も中国淞江《しょうこう》からとも)、淞南学園、淞風祭などがある。漢学者たちが漢字を造ってでも中国風に称したいと願った成果であり、その雅称が生活上のことばとなり、そして地区を代表させるようになったが、由来や原義は忘れられる傾向がある。能代には古代の地名表記「渟代《のしろ》」から転用された【渟《てい》】城《じょう》第三小学校などの使用がある。

青森の【哘《さそう》】、茨城の【圷《あくつ》】などは、地元で姓にもなっており、神奈川の「酒《さか》《匂》《わ》川《がわ》」は、鹿児島で酒匂姓を生んだ(川崎大十『「さつま」の姓氏』ほか)。神奈川の【狖《いたち》】川《がわ》(小狖橋なども架かっている)は、『吾妻鏡』に出て、今日でも地元で記されている(「いたちかわらばん」、三浦勝男『鎌倉の地名由来辞典』ほか)。この字は一般の漢和辞典にないが、中国の仏典に使われていた。都内の《狸《まみ》》穴《あな》は、「別れても好きな人」という歌謡曲では難解として使用が避けられたが、サザンオールスターズの「愛と欲望の日々」では採り入れられた。

■姓

姓にも漢字に地域差が見られる。地名との関わりも強く、前述のように西日本の「大《おお》谷《たに》」氏は東日本へ引っ越せば「おおや」氏と呼ばれがちである。姓に用いられる「小は東北では「お」、西では「こ」という話がある。確かに岐阜に《小《こ》》野《の》という姓・地名があるなど個別のケースはあるが、姓で「小」が「お」である率を出してみると東西差の傾向は見いだせず、その意識は正確ではないことが判明する。《畔《くろ》》柳《やなぎ》、畔田《くろだ》は、「あぜ」の東日本での方言形である。

「藤」は、雑誌などで九九％以上が固有名詞で使われ、藤原氏の歴史を反映して姓では東で「トウ」、西で「ふじ」と分かれる傾向が強い。学校単位では、福島に四二人全員トウ、愛媛に七人全員ふじの学年があり、芸能人（本名・芸名）でも藤原紀香、藤井フミヤなどは西、須藤理彩、加藤茶などは東の出身である。ほかにも例えば高校野球の出場選手でも「藤」は、野球留学などのために移住者がいるにもかかわらず、やはり同様の相補的な分布を呈する。

日本人の姓は、長野の【樰《たら》】沢《さわ》、東海の【纐纈《こうけつ》】、淡路島の【標《べんど・べんと》】、鹿児島の【栫《かこい》】などを含め十万種をはるかに超え、植物、地形、自然、産物にとどまらず世界随一の多様性を誇る。むろん、これらの姓は明治初期に付けられた新しいものばかりではない。静岡・千葉などの「月見里《やまなし》」、和歌山の「小鳥遊《たかなし》」といった遊戯性のある熟字訓は、近世、さらには中世にまで遡りうる。姓にこの類がいくつかあったとされる「十八女《さかり》」も、徳島の地名に残っている。国内の多様な姓名の実態に関する統計調査を国がこれまでに実施したことがないのが惜しまれる。

また、移住も当然行われており、たとえば先の「標」は千葉にも、「樰沢」などは東京にも居住地が広がっている。【犾《いず》】守《もり》（東京）、【哘《さそ》】崎《ざき》（神奈川）、【蓜《はい》】島《じま》（埼玉）、【貂《てん》】革《のかわ》（神奈川）、中《なか》【岫《じま》】（愛知）、【泙《なぎ》】野《の》（同）、【垰】（神奈川）、【硴《かき》】原《はら》（東京）なども確認できる。染め物の名前から生じた姓「纐纈」は、古代中国で「夾纈」から生じた「纐纈」と同様に偏などを揃えた造字であり、電話帳ソフトによると愛知四七三軒、岐阜三九九軒で全国一二二一軒の過半数を占める（東京は六〇軒、大阪も三三軒と少ない）。白樺高原には、《纐纈《はなぶさ》》と読ませる姓もあった。

地名から転じたものであろうが【圷《あくつ》】姓は、八八一軒のうち茨城が五八七軒と約三分の二を占める。《匂《さき(ぎ)》》坂《さか》、興《こう》《梠《ろぎ(き)》》、哘（崎）、栫、《塰《あま》》河《かわ》は、それぞれ半数以上が静岡、宮崎、青森、鹿児島、同じく鹿児島と特定の県に集中的に分布している。仲《なか》《村渠《んだかり》》は沖縄に九四%が集中し、県外では読みにくいこともあり改姓する事例が複数報告されている。《鮴《ごり》》谷《や(たに)》は石川、《楜《くるみ》》沢《さわ》も長野が半数近くを占める。

【鰰《いな》】田《だ》は兵庫と大阪のみで、ボラの幼魚を指し、秋田のハタハタ（後述）と衝突するが、地域の差もあって実際には問題はなさそうである。都内にも【褜《ほろ》】岩《いわ》姓があるが、弘化四年に岩手郡篠木村の手習師匠の村上与次郎兵衛が東北弁で記した『俗言集』にも「子共《（ママ）》之褜綿《ボロワタ》」と当て字に使われた。方言詩で有名な高木恭造は津軽の褜月尋常高等小学校で教鞭をとった。アイヌ語への当て字とされる褜岩姓は岩手（地名にも）に、胞衣《えな》（褜）の意による褜川《いやがわ》（やんかわ）姓は鹿児島に各々過半数が集まる。

北海道から沖縄までの生徒や大学生らに対する姓・名調査を行ったところ、一字姓は岐阜に一〇%、大阪に九%を占める学級があるなど近畿辺に多く、三字姓は那覇に二一%に達する例があった。沖縄知事となった《仲》井真弘多のように、沖縄では「中」よりも「仲」が姓に用いられる。副知事も仲里全輝だったほか、紅白歌合戦で司会を務めるなど全国メディアでの活躍が続く仲間由紀恵、国仲涼子らも同じである。地名が仲里などとなっていたことによる（中曽根も仲宗根と表記されている）。

「そね」は石が多くやせた土地を意味する古語で、各地で山の背などを意味する方言となった。【埣《そね》】浦《うら》は宮城に多く、小地名（旁が「卆」とも略される）と共通し、【埆《そね》】田《だ》は高知にまとまっており、その字義に沿っている。同地の地名の大《おお》【埇《そね》】（地価公示などにも現れる）はこれによる。「みね」も沖縄では「峰」（峯）ではなく、伊志嶺、大嶺など《嶺》だが、これは地名の分布とは必ずしも一致しない。

地名同様「本」より「元」が用いられる鹿児島の姓は、「東京に来てからは松本と書かれる」という大学生がいた。幕末の志士、坂本龍馬は、逆に薩摩藩では「坂元」と文書に記された。「園」は鹿児島では〔薗〕が多く、呼び方は《ぞん》となる。「当」は、沖縄では〔當〕眞・當山など姓で旧字体が多く保たれ、街中の石敢當《いしがんとう》（石厳當）という魔除《まよ》けもある。沖縄には【翠《ぐし》】宮城《みやぎ》、【樺《でーご》】姓もあった。

姓でも、清濁が地域によって分かれる傾向がある。前述のとおり「山崎」「中島」などは清濁が西と東で分かれる。著名人だけでも、分布の縮図のようになっており、《中《なか》島《しま》》美嘉は鹿児島出身であり、北海道出身の中島《なかじま》みゆきと清濁の分布が符合する（この指摘は『日本経済新聞』二〇一〇年一二月二日「裏読み wave」に取り上げられた)。

細かくは個別的な例外もある。《五十嵐》は新潟で「いからし」(五十嵐川なども同様)が優勢であり、東京に出てからもそう読み続ける新潟出身者もいる。岐阜の「棚《たな》橋《ばし》」が名古屋で「たなはし」と呼ばれ、読みを変えたという人もいる。戸籍には振り仮名がないので、読みを変えることは役所・役場で容易にできる。「坂野」は愛知で「ばんの」、東京で「さかの」、「菅野」は関東で「すがの」、東北で「かんの」が多く、「円《つぶ》谷《らや》」は福島で「つむらや」と読まれる。

【橲】は、国字だが山橲《やまき》と音読みする姓が東京と群馬に数軒ある(由来は不明という)。「橲」は、「地名コード」にあったためかJISの試案では第1水準だったが、読みがわかりにくく用途も限定されているので、第2水準に移された。『大漢和辞典』でも用例は大字「橲原」であった。地元の福島の発音により《じさばら　じさぱら　じさはら　ずさはら》と仮名表記は揺れる。エゴノキないしチシャの方言と考えられ、早春の喜びを好字で表現したものともいわれる。その地は大震災に伴う原発事故の前、渓流沿いの緑の木々が確かに美しく映えていた。

草《くさ》【薙《なぎ》】姓は、SMAPがメディアで活動する以前、秋田特有のものだった。『新田沢湖町史』(一九九七年)や江戸時代の「前九年の役安倍合戦之次第」に、前九年の役で「弓」を持つ八幡太郎義家の「前」の草を「刀」でなぎ払いながら道案内した和泉小太郎と田口左衛門九郎甚内の兄弟がこの名字を貰《もら》ったとの伝承がある。こういう話が地元の人々の間で伝承されていることは地方での文字意識として興味深い。

東北には「黒脛巾《くろはばき》」の「脛巾」を「〓」などと合字にした姓や神社名もあり、国立国語研究所が調査を行った（『朝日新聞』二〇〇七年二月一日など）。また御《お》〔鱗〕《いら》、小《お》〔鱗〕《いら》、大《おお》〔鱗〕《ひら》はもと大分の姓で、『日本言語地図』等によれば鱗《うろこ》をイラという地点も大分に集中する。新潟では地名に棚《たな》〔鱗〕《ひれ》があり、現存の資料では九州や東北にしかないとされる方言ヒレの「化石」とみなすことができよう。「文字禍」（著者の中島敦は東京出身）では「眼《め》から《鱗《こけら》》の落ちた」とあるように、「うろこ」ももとは西日本の方言であった。

【隘《えき》】田《た》姓は島根にある。狭隘のアイを転用しているのは、先述のエキを含む同県の字《あざ》小《お》の溢《えき》など中国地方の小字に見られる《溢》による。「溢」がイツでなく「益」の部分により、谷を意味する方言「えき」（『中国地方五県言語地図』など）を表した地域的な類推読みといえる。《谷》も同様の読みで姓や地名に使用されるのは、「益」と「谷」の字体の類似と「谷」の字義によるものである。

■人の下の名前

下の名前の漢字にも、地域ごとに好みなどによる傾向が現れている。女性名に現在でも〈子〉を付ける割合は東日本に比較的高いようである。また、ベネッセの新生児五万人のデータなどでは九州・沖縄地方でとくに女児の命名に〈海〉が好まれている。北陸、甲信越地方は一位が男女とも他と異なる。

「もり」に「森」ではなく表外字〈杜〉（国訓）を当てる慣習が「早稲田の杜」などの幾つかの地で根付いているが、殊に仙台は戦後、「杜の都」と呼ばれ、さとう宗幸「青葉城恋唄」にも歌われた。仙台の出身、そこにゆかりの深い人たちによって筆名や芸名（北杜夫、杜けあきなど）のほか杜人《もりと》など子の名によく選ばれてきた。「杜」は「社《やしろ》」の部首を日本ですげ替えたもので、今でも神が祭られているモリというイメージを抱く人が多い。仙台出身者はこの字のほうが「森より都会的」ともいう。杜の都駅伝、北杜《ほくと》学園、杜の都保育園など地元では多用されていた。ある漫画の舞台に設定された杜王町《もりおうちょう》は著者の故郷仙台がモデルである。

紀伊の人々は、南方《みなかた》〈熊楠《くまぐす》〉、ヤマハ創業者の山葉《やまは》寅《とら》〈楠《くす》〉のように子に熊野の「熊」や「楠」「藤」を入れた名を付ける慣習があった。人名用漢字「奈」は、奈良と神奈川で女子の名に使用される比率が高い。神奈川・奈良で生まれたから春奈、晴奈、紗奈とした例もうかがった。

金偏の字を用いる命名習慣のあった愛知からは、近年にも【錵】が要望された。人名用漢字を追加する法制審議会人名用漢字部会で、全国から役所・役場に寄せられた命名への追加要望（各地の法務局で集約）に関する資料を集計、調査する過程で見つけた。刀剣のニエではなかろう。金（の）鯱（後述）や県民性とも関連しよう。『読売新聞』にも【釼】（豊田市七四歳）氏の投書が掲載されていた。金田一春彦『日本語の特質』（一九九一年　NHKブックス）には「名古屋に昔からある習慣として、庚《かのえ》の年あるいは庚の日に生まれた男の子が泥棒になるという俗信があり、それを防ぐためには名前にカネ偏をつければいい」として父親が造った字を用いた「鑓夫《とみお》」氏が紹介されている。

こうした縁起担ぎはかつては各地にあったようで、夏目漱石も庚申《かのえさる》の日の生まれで、泥棒になると言われていたので「金」を用いて金之助となったとされる。陰陽五行説では、十干の庚は陽の金、十二支の申も陽の金で、それ自体は金性が重なっている。干支の庚申の年は幕末の一八六〇年、一九二〇年、一九八〇年だったので、この頃に要望が多かったのかもしれない。次は二〇四〇年、そういう風習は名古屋にまだ残っているだろうか。

「琉球」の〈琉〉は、全国的には常用平易な文字ではないとして人名用漢字への採用が却《しりぞ》けられ、再度沖縄で請求が出て裁判を経て法務大臣の裁量によって採用されたものであった。今や全国で男子の名前の使用漢字の第一七位にまで食い込み、地域性を感じさせなくなった。沖縄を中心に〈琉舞　琉装　琉金　全琉　琉宮城　琉生病院〉など多用されている。「和・洋・中・琉のカジュアルメニュー」は、ちゃんぷるー文化を反映する。沖縄県民には「琉」を「人名に使っていいと思う。この文字に憧れる」、「身近で神聖なイメージの字なので、常用漢字にしても良いと思う」と述べる者がいた。新聞でもルビを付さない例がある。沖縄出身力士にも「琉鵬」があり、今なお沖縄を象徴する字であり、沖縄ブームの余波もあり全国的に使用頻度が高まった。歴史的、地理的な背景

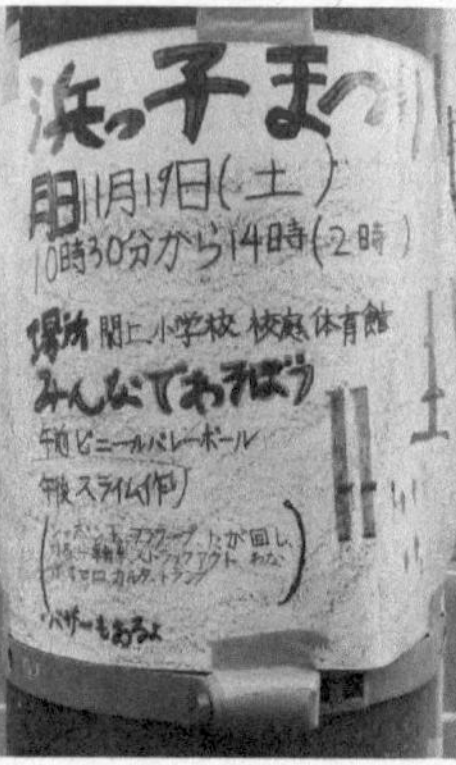

閖上にて

により比嘉栄昇《ひがえいしょう》、知念常光《ちねんじょうこう》のように名にも字音が多い。

東北から北関東では、母音の発音が「一《いち》」と通うため信悦、悦太郎など〈悦《えつ》〉を含む名が少なくなかった（日高貢一郎「方言によるネーミング」など参照）。『読売新聞』二〇〇六年一二月一四日夕刊に載った「仙悦《せんえつ》さん（五五）」も青森の人だった。

北アルプスの劔岳《つるぎだけ》を擁する富山からは〈劔〉の要望があった。この類の字体はつるぎ岳の表記に上市町等により荘厳だとして選ばれた地域性の濃い字体であり、国土地理院も採用した（『富山県史』、『読売新聞』二〇〇七年一月九日夕刊、二〇〇六年九月九日 NHKテレビ一〇：三四放送ほか）。富山の銘酒にもこの字体が記されている。

〈湘〉は、神奈川などから要望があった字で、名への使用が認められた。もとは中国長沙での雅称だった。『読売新聞』では「ジリジリ湘南」（見出し）、「湘南の自宅」と読み仮名なしで使われている。特に藤沢や大船の辺りでは「湘南藤沢キャンパス・西湘バイパス」などの看板、標識が散見される。相模が字形の類似から「相撲」と揶揄《やゆ》されることがある一方、そのイメージの良さから、「湘北《うち》」（漫画『スラムダンク』）、湘北《しょうほく》短期大学など派生形を生んだ。グループ名に湘南乃風も登場している。「湘南」は神奈川で広がってついに東京湾岸でもマンション名として使われ、問題化した。

【閖】は、追加要望元は当初、閖上《ゆりあげ》漁港を擁する宮城のみであった。この字は日本では仙台藩主がこの地名のために造ったとされ（『閖上風土記』、菊地勝之助『宮城県地名考』（一九七〇）ほか）、津本陽『独眼流政宗』などにも現れ、名取市（人口約七万人）や仙台市において日常的に使用と接触が行われている。二〇一一年の震災の前、閖上漁港で水揚げされた海の幸をふんだんに盛った閖上御膳と名付けられた逸品も忘れることができない。南部藩内では鉱山で「閖鉢」などと用いるなど転用もされた。

閖上ブランド（『現代』二〇〇六年一一月号）がかつてあり、全国紙に登場することもあった。『朝日新聞』（『聞蔵』による）では「閖」は全三二一件中、「閖上」以外ではペンネームが一件あるのみであった（辞書からヒントを得たものであろうか）。後に、千葉から「閖海《ゆりあ》」という要望が法務局に届いたが、「閖」を子の名に使いたいという者は都内ではほとんどいない。閖上小学校には、戦後間もなく生まれた閖を用いた名の人がいたが、小学校の先生がよく「あなたの閖は本当の漢字ではないのよ」と言っていたそうである。このような指摘が教育現場でなされたという話はときどき耳にする。ことに教える立場にある人には、個人の誇りやアイデンティティに対する十分な配慮が必要である。むしろこの字の特別さについて説明したほうが良かった。

琵琶湖を擁する滋賀などから要望のあった「琵」は二〇〇四年に人名用漢字として採

用された。NHKでは地元でひらがな表記が多いとして、「びわ湖」と表記することにしている。九州で戦前生まれの人に散見される造字で、「畩ヶ山《けさがやま》」（鹿児島の地名、姓）としても使用される【畩《けさ》】は、地名からJIS第2水準に採用された。この字は、福田衣《ふくでんね》などともよばれた袈裟《けさ》の意をもつ。出生時に胎盤をまとっている状態を指すようで、「畩市」など薩隅地方では近世より見られた。

朝日新聞社では西部ローカル文字だったもので、起業家の稲森和夫氏の父畩市氏も鹿児島出身で、活字不足からか仮名表記とされることもあった。一九五〇年には、宮崎県の提案を受け全国連合戸籍事務協議会が人名用漢字に追加要望決議をしたが採用には至らなかった。他の地では難読とされ、その六年後に神戸家裁で藤畩を藤天に変えた二四歳男性がいた。『日本経済新聞』と『朝日新聞』のデータベースでは、人名での使用が一〇〇件以上あり、うち九州の人の名が九割を超え、宮崎、鹿児島から北上するにつれ薄まる（電話帳でも同様である）。

「苺」は、新生児の名前に用いたいと多くの都道府県から要望が挙がったが、名産地の栃木、福岡も含まれていた。北海道などからは、その地名字【淕】（北海道の旧地名からJIS漢字に採用されていた）や【珸】（前述）が要望されていた。要望の寄せられた「腥《せい・なまぐさい》」は、愛知の他は、福島、岩手、高知、三重、群馬と人口が多くはない地方に偏っており、「瑷」も、札幌、長野、岐阜、鳥取のみであった。

■その他の固有名詞、普通名詞、動詞、形容詞など

当用漢字表や常用漢字表では、多くの動植物名は仮名表記が原則とされたが、暮らしの中ではなお漢字表記が残っている。四方を海に囲まれ、雨雪が多く河川や湖沼など水源に富む日本では、北海道で【𩸽《ほっけ》】、秋田で【鰰《はたはた》】、琵琶湖で【鰉《ひがい》】など各地で魚介に恵まれている。

北海道では「海老」は【蛯】と書かれ（四一ページ）、蛯名姓などのほか、蛯原友里は日本レコード大賞の司会も務めて二〇〇六年の〝顔〟となり、競馬では蛯名正義騎手が新聞などを賑《にぎ》わせた。ゆうパックのチラシにも「北海ぼたん蛯　北海の蛯」とあるが、ルビがない。全国的には「海老」や「えび」「エビ」だが、房総では「ここの伊勢エビは美しくて美味しいから伊勢海美と書く！」という商標もある。

北海道沖合いでは、《鮭《けい》》児《じ》、｛時鮭《ときしらず》｝も獲れる。清流に棲《す》む【鮴《ごり》】は「ごり押し」に使われることは稀となったが、今でも石川、兵庫や琵琶湖、四万十川《しまんとがわ》辺で種類は違ってもこの字が使われる（広島では地名で「鮴崎《めばるざき》」として使われている）。名古屋辺では、天守閣の想像上の金鯱《きんのしゃちほこ》（きんしゃち・きんこ）にちなみ【鯱】が多用され、「金《鯱》」と熟合して国字ながらコと音読みされ、地域音を形成している。名古屋金鯱《きんこ》軍、鯱《しゃち》の里、金鯱《きんこ》叢書《そうしょ》のほか、金鯱《きんこ》賞、金鯱《きんこ》イワシ、金鯱《きんこ》座、金鯱《きんこ》号、名古屋金鯱定食、清水義範『金鯱《きんこ》の夢』などで使用されてきた。店名に「鯱」を含む店は東京九軒、大阪一軒に対し愛知では金鯱山《きんこざん》ほか九一軒に達する。

『秋田音頭』にも登場する【鰰《はたはた》】（【鱩】）は、秋田県民はなじみ深くよく読め、「鰰すし」「吉田寿し鰰店」もあるが、関西では「いな」として姓になっている（前述）。海のタコは漢字では「蛸」か「鮹」だが、奈良を中心に【鱆《たこ》】焼きという看板が見られる。九州では【椨《たぶ》】（前述）、沖縄では県花〈梯梧《でいーぐ・でーご》〉が自生する。後者は歌にも見え、沖縄で顕著な表記である。ひめゆりの塔の隣や読谷村《よみたんそん》に「梯梧の塔」が建つ。前述の造字【樺】は廃姓である。ブナの北限である北海道黒松内町《くろまつないちょう》では、マイナスイメージの浮かぶ「橅《ぶな》」を、町おこしに役立つ価値を表現するため地元の発案で【樻】とし、レストラン「樻《き》里《り》花《か》」など転用もしている。「鯡《にしん》」を魚に非《あら》ず、「佛」を人に弗《あら》ずと解するのと同様の字解である。クヌギは全国で三〇以上の漢字表記で表されてきた。そのうち、新潟の三《み》ツ【椢《くぬぎ》】については、地元の『新潟日報』二〇〇九年三月一九日で、現地の状況と声を盛り込んだ記事にしてくださった。

「たまご」には「卵三個」「玉子とじ」（『読売新聞』二〇〇七年二月一一日）とするように生や生々しいものと食品とで使い分けることが「卵」に統一すると決めている新聞でさえも見られる。一般には食べ物は「玉子」と婉曲《えんきょく》的な表記になる傾向があるが、高知ではもっぱら〈卵〉が使用されるという。「玉子焼き」もあるが、主に縁日で人気を博すベビーカステラを指している（これについては、NHKの方々が調べてくださった）。

高知の大学生たちには、「玉子焼きとは絶対に書かない」、「玉子は王子にしか見えない」という意見さえあった。明石焼きに馴染んだ兵庫出身の学生も「玉子焼き」は「明石焼き」のことを指すので、「卵焼き」と書くと述べた。地元で別の物の表記として多用されるばあいに衝突を起こし、この種の差を生み出す。土佐ジローの卵丼なども、表記意識を固定化させるのに寄与している。高知では店名にも卵屋《らんや》のように「卵」しか見当たらない。なお、土佐では《鶏《けい》》一《いち》など名に動物名を入れる慣習もあった。

豆腐は、鹿児島（やかつての新湊《しんみなと》）に〔豆腐《おかべ》〕姓があるほか、「とうふ」に積極的な意味を示す〔豆富〕表記が商品名・メニューで全国的に広まった。松江の業界団体から広まった当て字だが、地域性と社会性を兼ね備えた表記となった。島根では看板となる店名にまで用いるものが四七・八％（残りは豆腐）、松江市内では半数を超えている。今では近県の店名にも拡散し、また異体字を用いた〔豆冨〕は石川に多い。

「ゆば」は〔湯葉〕〔湯波〕と名産地の京都などと栃木で異なる。『読売新聞』二〇〇七年二月九日夕刊広告で、日光は「「湯波」も有名です。京都の「湯葉」よりも厚め」とある（『ジパング倶楽部』などにも見られる）。日光出身者のサイトには、「湯波は小さい頃から食べている」と自然に使ったようなケースもある。江戸時代にすでに両表記が現れており、京都でも老舗の湯波半、湯波吉、福ろく寿では「湯波」としている。『日本経済新聞』の記事データベースでは、「湯波」は京都でそれらに限定的に使用されていて、他は栃木の記事であった。店名などでも上記の老舗を除けば傾向差が生じている。

九州では熊本を中心に「饅頭《まんじゅう》」が万十蒸し、かるかん万十など〔万十〕となる。九州では万十と書くもので、縁起がいいとも意識され、普通名詞としても書かれる。福岡の焼肉店「万十屋」も元は饅頭店であった。略字でなければ大陸に近いだけに中身を入れない中華饅頭《マントウ》と区別したものか。長野などにも若干見られる。石川では饅頭店名の九二・三%を〔万頭〕が占める。

長崎県壱岐《いき》市特産の古酒に【迣《しめ》】尾《のお》がある。この国字は『文明本節用集』に現れ、壱岐では姓や小地名（草野正一『長崎県の小字地名総覧』ほか）にも使われ、島根でも小地名に見られた。土佐の《皿鉢《さはち・さわち》》料理、雲仙の《好《すいちよる》》鍋《なべ》は読みに地域色が出ている。熊本では中華風の料理の太《タイ》《平《ピー》》燕《エン》、八代特産の晩《バン》《白《ペイ》》柚《ユ》といった中国語系の読み方が行われている。地名を含む徳島名物「祖《い》《谷《や》》そば」は、「谷」が「や」に対応するとみられるならば西日本では珍しい例となる（前述）。

茨城ではすでに触れた【圷《あくつ》】を普通名詞のようにメモに「圷行ってる」と使っている家庭もある。「墹」が明治期には地図でママという普通名詞も表したように、固有名詞とくに大字での定着は、周辺の小字や普通名詞の表記に影響を与えることがある。

「凍《しば》れる」は北海道、東北で北国独特の厳しい寒さを表す。「寒い！ 冷たい 凍（しば）れる」（『小樽ジャーナル』）などと使われ、北海道の菓子に「凍焼《しばれやき》」、秋田出身の西木正明に『凍《しば》れる瞳』などがある。「こおれる」と区別するために読み仮名が不可欠である。東北や信越地方ではこの字を使った「凍《しみ》豆腐」もある。

鹿児島の奄美・沖縄の琉球方言への漢字表記が全国に広まった。沖縄ではハ行音に奈良時代の中央のP音という古い発音が残存するとされる。《花《ばな》》はガーデン花という店名（石垣島）のほか、曲名、方言詩にも用いられる。「《命《ぬち》》どぅ宝」というフレーズはこの表記とともに沖縄で使われ、全国に伝わった。

こうした表意的な漢字に表音的な振り仮名を並べる表記法は、字義と語義とに意味のずれが生じたり、イメージを硬くし、発音を軽視させることもある一方、語義の注釈が不要となり、《獅子《しーきー》》、三《さん》《線《しん》》（三母音のため。読み仮名を省くメディアもある）など語源まで示す機能をもっている。『風楽風遊《ふらーふゆー》』（琉球方言で、馬鹿・怠ける意）は字義を利用した当て字である。海《うみ》《人《んちゅ》》とプリントされたTシャツは観光客や若者に人気を呼び、当地では「海人ディナー」など読み仮名なしでの使用も見られる。

沖縄では泡盛「海人《うみんちゅ》」「島人《しまんちゅ》」、国立・国定公園の奄美では「島人《しまんちゅ》」力士、都内でも「巣鴨人《がもんちゅ》」Tシャツなどが人気を集める。《美《ちゅ》》らは、前世紀からの使用を経て『読売新聞』二〇〇七年三月一二日夕刊社会面に「美ら島」と見出しにまでなった。この「美ら」は、二〇〇六年の時点で、都内の短大生はテレビドラマ、水族館・酒・飲み屋の名で覚えたと言い、四分の三を超える七六％が読めた。「美ら花」（店名）、「美らさん」、「美食《ちゅらしょく》」「美ら貝《がい》」（御菓子御殿）、「美らクーポン」、「美ら時間」（飛行機内の番組名）、（『るるぶFREE沖縄』）、「美ら地球《ぼし》」などと使用が拡大している。『美《ちゅ》ら島清《ちゅ》ら心《ぐくる》』（平良とみ著）、「花織工房　清《ちゅ》ら美《じゅ》ら」、「清ら島」、「清ら布」と語源と本土の定訓との関係からみれば本来的で整合するともいえる《清《きよら》》の使用もある。こうした「ウチナー読み」をあまり増やさないようにという提案もなされた。宮古島市誕生に伴うキャッチフレーズは「美《か》ぎ島《すま》 宮古島」で、石垣島でも「島ぬ美《かい》しゃ 心美《きむかい》しゃ」、夏川りみ「月ぬ美《かい》しゃ」と波及した。

大ヒット曲「《涙《なだ》》そうそう」は、ドラマ化、さらに映画化され（観客動員公開二六日間で一八〇万人）、文庫もベストセラーとなり、読み仮名なしで記されることが多い。都内の短大生は沖縄の方言と認識し、三三人中三〇人（九一％）が「なだ」と読めた。読みを間違えた三人も「なら・なな・らら」という「み」の脱落した類似の語形を回答していた。都内のカルチャーセンターに通う社会人（二三人）でも八三％が読めた。

染物には《紅《びん》》型《がた》という表記が普及し、全国的に見られるようになった。「てんさぐの花」には《群星《むりぶし》》が使われているが、この類は那覇市内のCDショップで、おびただしく見られた。宗教施設《御嶽《うたき》》に、『大辞林』等の示す常用漢字の「岳」はまず使われない。岐阜、長野では「おんたけ」、青梅《おうめ》、兵庫では「みたけ」、重要無形民俗文化財指定を受ける「御嶽神楽《かぐら》」（大分）は「おんだけ」と区別があるが、読み仮名を示さない新聞記事などもある。沖縄方言の接尾語「ぐわー・ぐゎー」には、「かみやき小」（石垣島の屋号）のように《小》が定着している。WEB上では「心電図の電極の跡小（ぐわー）」「ゆっくり小（ぐゎー）」などの応用もなされ生産性がある。

質屋で《質《ひち》》と読みを付けたり「ひち」と書いたりする例が京都、大阪や名古屋などで見かけられるのは前述の京都市「七条」と同様の発音に基づいたものである。

名古屋弁では、母音が八種あるとされ、居酒屋に「居来瀬《いりゃーせ》」（いらっしゃい）がある。

大阪では、〔凸珍《でこちん》〕（おでこの大阪弁）〔居古奈《いこな》〕〔舞堂《まいど》〕のような店名がある（札埜和男一九九九年など）。映画「舞妓《まいこ》 Haaan《ハーン》!!!」のように《妓》を「こ」と読むことは京都と結びついているが（「祇園発 ちゅら海から来た舞妓どす」『女性自身』二〇〇六年四月一七日）、地元でさえ「舞姑」という誤記が見られる。酒田市では「舞娘」と書く。

関西弁の名詞「ほんま」（ホンマ 本当）には〔本間〕が当てられる。江戸時代に「本間」〔真《ほん》ま〕などが現れ、WEB上では大阪などから「本間」〔本真〕（『和英語林集成』『言海』にあった）も用いられる。パソコンや携帯電話の変換機能で姓として本間を準備していると思われるが、それをもっともらしい、面白いと選ぶ人たちも少なくない。岡山でも、メールで「多くの友人が本間と変換していたため当たり前と感じられる」という大学生がいた。

共通語の「本当」も、「本統」など古くは別の表記があり、現在、ニュアンス、語形に合わせて「ほんと」「ホント」「本と」「本ト」など工夫されている。また、同じように認知度が全国的に高まり、使用範囲も広がりつつある「しんど」（辛労からといわれる）も〔辛ど〕、一人称の「うち」も〔自分《うち》〕などと小説や歌詞、テレビ字幕などで漢字を主に据えて意味を伝えることがある。

鹿児島枕崎からの「鰹《かつお》《頭《びんた》》DHA」（『はいからエスト』二〇〇六年八月二一日）、「かごしまのカンパチを食《た》もいやんせ！」（『リビングむさしの』二〇〇六年九月九日）も方言形と意味が同時に分かる。口語を漢字の表語文字的な性質により表記することは、各国の固有語を訓読みしてきた漢字の歴史の中にとらえうる。

送り仮名に変化を加えることで、方言形を特定する方法も行われる。送り仮名は面倒との感想が聞かれるが、漢字の読みの特定に役立つことが多い。前述したもののほか、テレビではテロップで、関西弁「はよ」に〈早よ〉（二〇〇六年八月一四日　フジテレビ二〇時「HEY!HEY!HEY!」）、「こうて」に〈買うて〉（二〇〇六年二月一三日　TBS一七時ニュース）、「おうた」に〈会うた〉（二〇〇六年一〇月八日　テレビ東京二二時四五分）、メールでも「ねろてる」に〈狙てる〉（京都出身者）などと使われる。これらは概して入力に手間がかかり、かつ臨時的な手法だが、使用頻度が高く（これらも『当て字・当て読み漢字表現辞典』に例を収めた）、表現力や必要性が感じられるようになれば一般化へ向かうこともありうる。多様な文字による表現は活力を生み出す。

「島原の子守唄」に《蟹《かね》》《何処《どけ》》（二〇〇六年二月一七日　NHKテレビ　一一時五〇分「みんなの童謡」）とある。文芸や漫画の方面でも、清水義範の名古屋弁に「先程《来《りゃ》》、《会《きゃあ》》長《ちょう》さん」、織田作之助「大阪論」に「出《で》《来《け》》まへん」、月島薫『《華《はん》》なりと』、中沢新一「無人島のミミ」に「あの穴に《入《へえ》》ったずらか」（山梨弁）といった方言の漢字・ルビ表記が活用されている。

文学作品には、そうした技巧を凝らした表記が積極的に行われ、金沢の室生犀星は特産のこうばこ（香箱）蟹に〈紅波甲〉と当てて句を詠んだ。民話、方言小説でも表記が創作され、井上ひさしの『吉里吉里人《きりきりじん》』（新潮社　一九八一年）は、《畑《はんだけ》》など方言への漢字表記によって注釈を一切設けることなく全八三四ページが記された。語中で鼻音や濁音などが生じるケースは、送り仮名などの表記法では対応しにくい。そうした中には地名表記と共通するものもある。同じく『國語元年』（新潮社　一九八六年）も語義を束ねうる漢字の特性を活かした同様の方法が利用され、名古屋弁《様》《ソン》、米沢弁・遠野弁《様》《サー》、長州弁〔本当〕《ホンマ》など多彩な地域の方言を活写する。〔題名〕《デェアメエア》は、近似音の仮名書きだけでは意味不明となっただろう。《頭》《ビンタ》（鹿児島弁　前述した商標と一致）、〔強盗〕《オドリコミ》（河内弁）は漢字がなければ誤解される。

　同様の表記は、江戸時代の『物類称呼』、『浮世風呂』から、夏目漱石、宮沢賢治、柳田国男、島崎藤村、三島由紀夫、長塚節《たかし》、太宰治、中里介山、谷崎潤一郎、山本有三、松本清張、田辺聖子、浅田次郎ほかの数多くの作品、さらに教科書、漫画、雑誌、落語筆記、『万葉集』東歌《あずま》・防人歌《さきもり》の翻字、民話、民謡・童謡、歌謡曲、WEBなど幅広く見られた（古くは東歌などで訛音に対する万葉仮名表記が行われていた）。稲田和子は《倒》《こ》ける、田辺聖子は《転倒》《こけ》ると書く。学生も《転》けると書いた。上方落語の文字起こしなどには、《嬢》《いと》はん、《嬢》《とう》はんが出る。近世以降の雑俳などでは「幼女」《いと》「娑」《とう》も当てられた。

　青森市に生まれた高木恭造による、〔凶作〕《ケガズ》（語源は飢渇であろう）などを含む方言詩が『読売新聞』二〇〇六年一〇月三一日に紹介された。『まるめろ』（一九三一年　津軽書房版）には、《光》《シカリ》《畑》《ハダゲ》《峠》《トンケ》《蛙》《ゲロ》《東風》《ヤマヘ》や《俺》《ワ》《匂》《カマリ》《蝗》《トラボ》《砧》《ジョバ》《愛》《メゴ》い、といった弘前弁・在郷《ざいご》弁が親しみやすく伝えられている。こうした臨時の技法には、中世の真名本の漢字表記とも共通性が見いだせそうである。《蛙》は文芸に限らず他にも「かいろ」「げいろ」「つくど」「びっき」「どんく」など各地の俚言で読まれてきた。

川崎洋編『日本方言詩集』（一九九八年　思潮社）には、各地の俚言、訛語が漢字表記を伴って用いられた。この本には、「注すると方言の味が死にました」とあり、「試みにこの詩の全文をカナ、或《（あるい）》はローマ字記《（ママ）》すると、地元の話し手でも理解し難い」、「難解と感ずる方言もその語源、又は意訳とも言うべき漢字に置き換えると、殆《（ほとん）》ど日本国全ての人人に理解されて「こころ」を伝え得る」と述べられている。

津軽《何歳《ナンボ》》、田《たの》《畔《くろ》》、秋田《氷柱《しがこ》》、上州《南風《したけ》》、金沢《動《いの》》かん、大阪姉《あね》《嬢《いと》》はん、《嬢《とう》》ちゃん、《嫉妬《へんねし》》、《先生《せんせ》》、和歌山《本当《ほ》》に、《温《ぬっ》》く、《酷《えら》》かろ、心《しん》《労《ど》》い、《帰《い》》んで《終《も》》て、出雲《出雲《えずも》》人、《恐《おそ》》い、岡山《恐《きょう》》てぇ、豊後《白《しれ》》え、沖縄《太陽《てだ》》《肝《ちむ》》《頭《ちぶる》》など、日本中の方言が俚言か訛語かを問わず、漢字を伴うことで注釈を要さずに文字化されている。

浜本純逸『現代若者方言詩集』（大修館書店　二〇〇五年）にも、秋田《入《へ》》れ、福島お《茶《ちゃ》》、鹿児島《灰《へ》》など、同様の手法が受け継がれている。宮坂静生が採取した各地の細やかな地貌《ちぼう》季語にも、津軽《泥炭《さるけ》》、金沢《紅《べん》》鯛《だい》（泉鏡花も使用）、五箇山赤《あか》《雪《いき》》、熱田神宮花《はな》の《撓《とう》》、沖縄《爬龍《ハーリー》》船《せん》など同じ類が見られ（『語りかける季語　ゆるやかな日本』岩波書店　二〇〇六年）、信州で霧氷等を指す「木花《なご（きばな）》」は、国字の「椛《なぎ・なぐさめ》」

との関わりを示唆するかのようである。

さらに方言文学には、宮城《可愛》《めんこ》い、栃木《何》《あ》んでも、東京《人》《しと》、新潟《駄羅》《だら》くさい、三重《真個》《ほん》に、飛騨《怠惰》《なまかわ》、大阪《恚々》《むかむか》して、其《様》《そない》な、京都《女》《をなご》、《阿呆》《あほ》らしい、鳥取《恐》《きょうと》い、佐賀《可愛》《むぞう》がり（無慚から）などが用いられた。ことに長音・撥音《はつおん》・促音が関わる訛語形には、《道》《ど》産子《さんこ》、長崎の地《じ》《元者》《げもん》、京の大《だい》《根》《こ》だき、《大》《お》原女《はらめ》、宮崎の地《じ》《頭鶏》《とっこ》など、漢字で本来的な表記を示すと語義の理解に効果的につなげることができる。千秋《先》《しぇん》輩《ぱい》は漫画『のだめカンタービレ』に出た九州弁の表記である。《関》西学院大学は校歌の歌詞などで「くゎんせい」と発音している。

地方では、東京よりも手書き看板が多く残っており、旧字体などが総じて残存している。逆に旧表記とされる「月極」は、地方の駐車場では常用漢字による「月決（め）」が特に高知（ジャストシステムにも調査がある）、北海道に顕著である。横浜などの地ではマンホールの蓋《ふた》などに「粍《ミリメートル》」「粁《キロメートル》」の類の明治期に気象台によって生み出された国字が残っている。

四季の豊かな日本では風物詩のようにさまざまな行事が催され、一部がマスコミを通して全国に伝えられる。祭りでは春に岡山で《宝》《しん》木《ぎ》、初夏に中部で【𨏍】《やま》（『読売新聞』二〇〇六年三月二二日に「垂井曳【𨏍】まつり」等。『朝日新聞』では読み仮名を欠く記事も地元では出ている。『朝日新聞』で二〇〇五年七月三日に記事になったほか、WEBの有料の「観字紀行」に詳しい追跡記事がある）、秋に長崎くんちの《龍《じゃ》》踊り（一九五五年までは「蛇踊り」）が現れる。青森では〈佞〉《武》《ねぶた・ねぷた》多祭り、《来《か》》さまい祭りも開かれる。青森の【佞（佞）】武多は青森「nebuta」、弘前、黒石、五所川原は「neputa」と発音に違いがある。「倭武多」と誤植されることがある。岸和田などの「だんじり」にも檀【輾】という表記も見られた（『倭訓栞《わくんのしおり》』中編）。

【輓】曳と書かれた北海道帯広の「ばんえい」競馬は廃止の危機を乗り越えた。「輓曳《ばんえい》に白馬の騎手が橇《そり》を押す」（『読売新聞』二〇〇六年二月二三日）という川柳も見られる。国字「凧」は「たこ」として漢和辞典にも収められる。『守貞漫稿』自筆本、『物類称呼』にいうように地域独自の訓が見られる。新潟などでは《凧《いか》》、長崎では《凧《はた》》とも読まれる。『長崎の凧《ハタ》図録』（二〇〇六年）は『長崎新聞』二〇〇六年一〇月一八日にも載る。「凧《ハタ》揚げ図」（川原慶賀筆）、「三条凧《いか》合戦」（三条市）「凧《いか》あげ」（村上市）は蕪村、一茶らの「凧《いかのぼり》」に遡る上方式の字訓である。

〝来《か》さまい〟下北はポスターにあるが、読み仮名のないHPなどもある。「来る」は共通語でもカ行変格活用であるが、方言となるとさまざまに活用し読みが一層分かりにくい。サイトにある「来ねすか横手」は「こねすか」である。

穴が多くあいた黒い溶岩の「ぼく石《いし》」を伊豆の旧山川家文書では【𥐥】を当て、「並大𥐥」「中𥐥」「並𥐥」と書く（『日本の漢字』に江戸時代の石碑に用いられた写真を載せてある）。石材で「単に「ボク石」としたのでは、却《かえ》って読者を惑わせてしまうから」と、

『砎石の里』(城ヶ崎文化資料館一九九六年)はこの字を使う。藩政時代、山陰地方では草刈場を【壗】草山とし、この造字で「こやし」を表した(農林省『日本林制史資料』ほか)。東北でも個人文字で方言を記した安藤昌益がこの字を用いたのは暗合であろう。

文書、式目、地方文献などでは、秋田で【凮】《ふぶき》(中世の連歌の使用字に由来するか)、山形で【𩹉】《いさば》(魚市場)、広島で【纉】《つなぐ》、熊本では国字「〆」に手偏を加えた「苆藁壱【𢪸】《しまり》三尺縄」「見𢪸《しまり・しめ》」(森田誠一『原典による近世農政語彙集』ほか)といった地域文字などが使用された。

漢字の地域差の効果

人と人とのコミュニケーションや文化の伝承のためには、文字を用いるすべての人は、読む人のことを思いやることが大切である。読みにくそうだと思えば、ルビを振るのも一つの方法となる。ルビを付けるのは面倒で、小さい字が目に悪い、さらに字面も安っぽくなるという意識もある。電子メディアやルビでは読み取れないといった恐れに対しては、「( )」など別の形式で読みを振り、伝えようとする語の形を明確にする必要がある。もし意味の注を同様の形式で書き込むならば、それとはっきりするように記述するとよい。ルビであれば、異なる音に誤解されないよう「sya」は「しや」ではなく「しゃ」、「itta」は「いつた」ではなく「いった」とするなど、拗音《ようおん》・促音の小書き化を可能な限り推進すべきである。

実際に、奈良時代の古『風土記』や南北朝期の『神鳳抄《じんぽうしょう》（鈔）』等に、諸国の産物の類で【⿰能鳥】【⿰馬麻】【⿰魚忍】【⿰魚聿】など、字書にもなく読みが確定できない字が生じてしまった。江戸時代の各地の文書にも、【魟】など部首から魚名と判断される造字が書かれているものがあったが、読み仮名を欠き何を指すのか分からない。伝えようとする内容を地域的な漢字によって表す際には、私たちはその事実を自覚して知識とし、ことばを読み仮名という目に見える形で示そうと意識しないといけない。二一世紀の現在も、同様の禍根を未来に残しかねない。読み仮名という日本独特の表記方法を適切に駆使できれば、漢字のもつ情報の凝縮力、視覚的な印象の強さを伴いながら、多くの人々に受け入れられるだろう。

文字に対するメディアの力の大きさは、【渥《あつ》】美《み》清、近年では、タレントの草【彅】剛や、モデルの【蛯】原友里の名によって、地域性の高かった漢字や国字が一気に全国規模で理解字になったことで実証された。後者は、WEB上では、普通名詞のエビの表記にも転用されるに至った。こうした漢字を用いた情報を社会全体に確実に届けるためにはやはり読み仮名が求められる。マスメディアでさえも地域的な漢字を全国的に読めると誤認してしまうことがあり、読み仮名を示さないことが少なくない。

漢字のもつ豊かな地域性に気付くためには、学校での国語や地理の科目のほか、各種の地域に密着したさまざまな教育において、漢字に対する自覚を促し、応用力を養う必要がある。それは職場でも家庭でも構わない。生活の中のことばを表す漢字を見つめ直すことから始めるとよい。大田区蒲田に生まれ育った学生は住所の「蒲」を〔蒲〕と書き続けていた。当人にとっては当たり前すぎて見れども見えずの状態となっていた。祖父が堺に住む京都の学生が日本の東西の「境」のことを〈堺〉と書いたのも同様である。逆に静岡出身者が大阪の「堺」という地名を「坂井」と思い込んでメールで打ち誤ったことも、大阪では考えがたい。国土交通省はご当地ナンバーで〈堺〉なども解禁したため、接触機会は各地で増すことと思われる。

漢字に反映するのは、ことばそのものの違いだけではない。日本人は細やかなニュアンスを漢字の上に託そうとさえする。「思い」よりも「想い」、「会う」よりも「逢う」など、例は尽きない。近年、グローバル化の流れにも限界が現れ、政府も地方分権に傾斜しつつある。道州制の議論も見直されている。ローカルを加えた「グローカル」が提唱される時代である。多くの事柄が画一化に向かう現在、方言が日常生活で心の豊かさを表現するものとして脚光を浴びている。

北海道、東北から九州、沖縄に至るまで全国各地で多彩な地域文化がそこに住む人々の手で育まれてきた。自然の中で養われた情緒は文字にも向けられていた。文字は書き取り試験のための固定化されたものではない。各地の人々が変化する世の中で磨き上げてきたものといえ、漢字を選んだ人々にとって創意工夫を捨て去ることは表現にとって損失となりうる。

漢字には、絶対的に正しいものが古代中国にあったわけではないことは初めに記した。

それは日本でも同様であり、常に種々のレベルでの変化の中にあった。漢字は、ことばとともに動態として認識すべきである。社会言語学や方言学の方面で注目される言語景観に関する論も、この見方を学問的に支えるものであろう。政策面でも、国土交通省もICタグから携帯端末で観光ガイドなどを得られるようにしているが、「活字文化振興法」等を含めてこうした点から具体的な工夫が望まれる。

　国土地理院の地図も、ネット利用を実現するために測量法が改正された。特許庁「地域団体商標」制度もスタートし、「間人《たいざ》」ガニ（丹後町）などの地域ブランドが認められた。観光立国推進基本法も施行され、また沖縄県議会は二〇〇六年九月一八日を「しまくとぅばの日」とした。地元に目を向けたご当地検定も各地で盛んになり、地産地消など地域を意識したスローガンも叫ばれている。

仮名表記は、意味の理解を妨げることがある。手塚治虫の漫画『ザ・クレーター』には、御殿場で子どもが「かんじた」と方言で発言する場面があるが、「寒《かん》じた」であればまだ誤解は少なかった。北海道の菓子「き花」は、凍《しば》れる日のダイヤモンドダストを指すが、《霧》花だった時と比べるとどちらが情景まで浮かびあがらせるだろう。

地域独自の地名も仮名を欠くために読めなくなっている例が多数ある。観光目的地の宣伝なのに北海道尾《お》【岱《だい》】《沼《とう》》や伊豆の河津《かわづ》七《なな》《滝《だる》》に読みを付けない旅行広告も複数あり、せっかくのエキゾチックさが消えてしまっていた。また、福島の奇岩怪岩の景勝地、塔のへつりは塔の【岪《へつり》】、岩手のげいび渓も【猊《げい》】鼻《び》渓《けい》と、いずれが旅行チラシなどで表現効果が高いだろう。新聞やWEBサイトで見かけた尾瀬の俎《まないた》【嵓《ぐら》】、奈良の大蛇《だいじゃ》【嵓《ぐら》】のように読み仮名を用いれば良い。

「崖」の定訓化は中世以降と遅れた（常用漢字表への採用も二〇一〇年）こともあって地名では、福島【坿《がけ》】、埼玉【垳《がけ》】、鳥取【𡶌《ほき》】（江戸時代から当地などの文献に現れ、山のすぐ隣が川になっているところからという）、徳島などの「歩危《ほき・ぼけ》」（すでに『平安遺文』に「歩危上」「歩危下」）のほか、「じゃく・びゃく・まま」などに各地で表記が工夫された。「垳」は「八潮市民なので読めます」、「読めない人の方が少ないと思っていた」という人がいる一方で、市内でも知らない学生もいた。住民たちによる保全運動が高まる中、行政主導で大半の地を「青葉」に変えるかどうかで注目されている。

関東では、崖と類義の「はけ」は「すなわち、《峡《はけ》》にほかならず―斜面深く喰《く》い込んだ、一つの窪地《くぼち》を指す」（大岡昇平の小説『武蔵野夫人』）。これには、【𡋶《はけ》】下・《赫》下（バス停にも）や荒川区第五峡《はけ》田小学校、峡の山古墳（埼玉）などそれらしい漢字が選ばれ、少し変えられたり新たに造られたりして用いられてきた。JIS第2水準にない【峐《はげ》】の湯（熊本）は、テレビ字幕で見かけた「はげの湯」では語義を誤解されかねない。秋田に点在する小地名【掵《はば》】は、安藤昌益関連文書を含め近世期から当地に現れている。思想に関する研究書では未解読とされたが、やはり崖や幅の意であった。

地方独特のことばは、メディアでも日常会話などでも方言としてよく話題となるが、こうした地方独特の漢字については一般に知る機会すら乏しかった。しかし、地域による漢字の差異は、探索を進める中で見つかるものだけでなく、人々の間で当たり前の存在となっていて気付かれていなかったものが豊富に採取される。

京都新聞社では、京都の文化、伝統などを考慮し、常用漢字やその音訓から外れた「塔頭《たっちゅう》」、「僧侶」、「老舗」、「提灯《ちょうちん》」等の熟語を、新聞協会の全国的な取り決めとは別に読み仮名なしで使っていた。これも地域での使用・接触頻度の高さのもたらした帰結であり、各地方紙・ブロック紙でのこうした実情も調査をしていただいた。

地名を安易に仮名や数字に置き換えていこうとする行政の姿勢には、かつてヨーロッパで普遍言語や真正文字と称して数字や記号を組み合わせただけで概念を表示しようとし、表現力や余剰性を失って記憶にも表現にも何ら寄与することのなかった失敗を想起させる。世は漢字ブームといわれて久しいが、「正しい」とされる漢字の一覧表や辞書の見出しを単に覚えるという段階にとどまりがちで、現実にある漢字の状況に対する探究には結びつきにくく、その解明はなかなか進展しない。歴史的文献に残る漢字使用とその背景にあった生活や意識の痕跡《こんせき》と現代人のそれをつなぐ確かな実例として、漢字の地域差に対する実証的な調査研究を、研究者だけでなく多くの地元の人たちと連携しながら進めていきたい。

漢字は全国共通である、方言は漢字で書けないといった常識は正しいか。よく観察すれば、漢字も人々の手により人に合うように変えられてきていた。ここまで示したのは今なお例にすぎない。こうした種々のレベルの方言漢字が現れたり消えたりすることは今なお続いているのである。

　ここからは、風土に根ざして変容する各地の柔軟な漢字について、ときに重点を定めつつ書き記していきたい。本書で、その多彩な面の一端に気付いていただけると幸いである。そして、各地に住む皆さんが、私のまだ知らない漢字の味わい深い様子を教えてくださる日を心より楽しみにしている。

第二章

北海道・東北の漢字から

札幌の「札」の異体字

集中講義のために北海道大学を訪ねた。普通、「北大」と略すが、実は公文書では「北大」は東北大を指す。先に創設された東京大学が「東大」であるためだ。そして、こちらはやはり一つずれて「海大」となっている。「道大」でもない。同大学に入るのは二度目だが、旧帝大は、どこもほかの国立大とは何かが違う。まして私立大学とはまるで違う。先日、ある質問を受けて、「教授」「助教授」「講師」「助手」という職位を表す語の歴史を調べたのだが、分かったことは当時の帝大でこれらが採用されたことばかりで、すべて出尽くした後に、私立もやっと大学として国から認められたという史実だった。

北大では、朝から夕方まで講義を続ける。二講時（東京の二限）が終わり、昼休みになると、学生たちはお昼を食べに行くのであろう、教室を離れる。しかし、机の上に鞄《かばん》や荷物を置きっぱなしにしている。席を離れる時に、これは不用心ではないか。都会では考えたくないが手荷物の盗難が起き、注意を喚起する貼り紙があるほど物騒だ。あまりののどかさに、「大丈夫ですか？」と尋ねると「大丈夫です」と女子学生が言い切った。札幌ではさすがに家の鍵はかけるだろうが、都内の大学で女子学生が泣きじゃくりながら、さっき鞄をひったくられたので教科書も何もないと告げに来たことを思い出した。

北大では、成績評価は成績報告表によって提出するのだが、五段階評価の「評語」は、「秀」「優」「良」「可」「不可」が残っていた。一〇〇〜九〇点が「秀」で、五九点以下が「不可」だ。平成一七年度入学生から、「秀」評価が加わったのだそうだ。同じ国立大でも例えば埼玉大学は八〇点以上には「優」しかない。今でも、「ABC」ではなく、確かにこのほうが何か重みが感じられる。事務所も「…係」ではなく「…掛」と表示されている。こちらは今は正式には「…担当」に代わったという。

広大な構内には、川が流れ学内循環バスが走る。有名なクラーク像も立っていた。そして、成吉思汗《ジンギスカン》鍋の残り物を入れるように指示する看板とごみ箱が設置されている。キャンパス内では一時期、鍋を禁止していたが、今では生協で、そのセットを売っているのだという。まさに所変われば、だ。散歩する人も多く、夜も校門は開放しているとのこと。ポプラ並木と東京よりは早い秋の広い空が心に残る。お世話になった先生によると、とくに理系の学部が広い土地を占めるそうで、優雅に一周などはできそうにない。

小樽市にもゆっくりと寄ってみたかったが、北海道はやはり広く、小樽駅まではとても電車で往復などできないと知る。それでも「小樽」はしばしば見かける地名だ。「樽」の右上の部分を「ソ」ではなく「ハ」とわざわざ作字している印刷物や看板の類《たぐい》も見受けられる。このいわゆる康熙字典《こうきじてん》体は、中心部に行くほど公的な施設が集中しているためもっとたくさん使われているのだろう。ここではビールの「樽（樽）生」ももちろん見受けられた。地元の北海道新聞社でも、この字体については解決することなく、また同様の悩みは尽きないそうだ。

道路上のマンホールにも蒐集家《しゅうしゅうか》の方がおいでだ。ご労作の本を開くと、さすがと思わせるコレクションに目を瞠《みは》る。私も路上でマンホールも見てはいるが、これも明らかに景観の一角をなしている。札幌では、凍《い》てつくマンホールで「札」の字の旁《つくり》が「ヒ」のように記されているものが目立つ（**写真**）。以前から目には入っていた。書道でいう補空では、と思いもした。

大阪の阪急電鉄の「梅田」駅の切符でのゴシック体風の特異な「田」の字体「図」のような、他の何か、たとえば「礼《レイ》」との区別はここでは必要なかろう。この字体に関しては、実は木簡においても解釈を巡ってかつて議論があった。「箆」「枇」の異体字とも重なるが、結論として「札」の異体字と見てよいようだ。それは北大の学生食堂で売っていた土産物の包み紙にもヒントが隠れていた。その隷書《れいしょ》風書体では、旁の最初の部分が筆の入りのようにも見える。それが楷書《かいしょ》化されるときに字画として独立したものだろう。

札幌の「幌」の音読み

当然のことだが、札幌市内では、「幌」という字もよく目に入る。二〇一〇年の常用漢字表改正時の議論では、地名の漢字も入れた方がよい、それに当たっては都道府県名だけでは不十分で、県庁・道庁所在地や市町村名まで入れるべきだといった意見もあった。そうすると「砺」「匝」「粟」など結構見慣れない字も含まれ、さらに合併などで常用漢字表改定を思わぬタイミングで再発させるきっかけともなりそうだ。

アイヌ語に対する当て字として、道内では「幌加内」など他の地名にも見受けられる。「内幌《ないほろ》」のようにかつては樺太《からふと》でも使われていた。本州でも東北では、中世・近世の武具「ほろ」の熟字訓「母衣」や合字「袰」を用いた地名が散見されるが、語としては同源と考えられている。「袰岩」という固有名詞を知っているという岩手出身の学生は、その字が全国的なものだと思っていた。なお、この現代における明白な方言漢字（地域文字）の「袰」は、実は九州にも分布している。そこでは方言でイヤなどと読み、「胞《え》衣《な》」（これにも合字「褜」がある）の意であり、「袰」と発想や語源、異表記に共通性が認められ、柳田国男がカタツムリの語に見いだした周圏分布を思わせる。

「幌」は、道内の地名に江戸から明治にかけて多用されたため、使用頻度数が顕著に高く、地域文字性を帯びるくらいここでは一般化している。

むろん、地名の認知度は全国的に高く、さらに「札幌ラーメン」などでもこの地名が普及している。「幌馬車」は昔の曲名として印象深いが、私鉄車両内の客車同士をつなぐところで「幌」という字も見掛けはする。「幌」の「ほろ」は訓読みだが、音読みはパッと浮かぶだろうか。街中で、「幌西」と書かれた歯科やクリニックの看板を見つけた。「こうさい」と読み仮名が付されている（**前ページ写真**）。

ふと乗ってみた路線バスの車窓からは、札幌市立「幌西小学校」も見かけた。小学生も「幌」をしかも音読みで用いていたのだ。「晃」や「光」から「コウ」という字音も類推は可能だが、東京などでは音読みの存在など普段考えもしないため、学生たちに聞いても正解が出てきにくい。北海道を除けば、日常生活でこの字音が意識されることはまずなく、その意味からは漢和辞典に載っていても現代の日本では地域音とも呼べそうだ。

北大の院生は「幌北」で「こうほく」ということもあるという。札幌市北区の略として使われていた。「大きい」を意味するアイヌ語「ポロ」に近い訓読みの発音をもつ漢字がかつて当てられ、それが定着すると漢字はいわゆる表意文字だけに、読みは二の次となり、その字が今度は便利なことに音読みされ、もとのアイヌ語の面影を失う。「旭」という字もこの地ではよく見かける。人名としては「あきら」、しこ名としては「キョク」などの読みで全国で目にするものの、この辺りでは「旭ヶ丘（旭丘）」「旭川」「旭山動物園」など確かに日々の接触頻度がより高そうだ。「あさひ」は常用漢字では「朝日」となる。

講義へ向かうバスの窓から、一瞬、時計台が見えたが、そうした観光よりも文字の観察の方が面白くなってくる。東京では独占状態の「月極」だけではなく、平易で新しい

「月決」「月決め」も、ここでは駐車場などの看板によく記されていた。

北大の恵迪寮《けいてきりょう》では、今でも「寮」を「宀R」と略すことがある、と男子受講生が話してくれた。「確認」を「石K言N」、「層」を「尸フ」と書くことも会議のレジュメで、この地では受け継がれているという。昭和らしい字体だ。層雲峡にも現れる「層」はほかの地でもまだ見受けられるが、「寮」は時間が止まっているかの錯覚に陥った。筆記経済の追求や物理的制約に端を発したこうした略字は、次第に学生運動の中で思想性を強め、再び筆記経済のために使われ、そして習慣化し連帯感の強化にもつながっているのだろう。古いものは周辺に残る現象とも見られる。

なお、地方では「金鳥」「アース」などのブリキ看板の残存も顕著だ。古い字は辺境に残るという命題も成り立ちうることは、学部生時代に、則天文字が武后の没後に中国では詔勅によって使用が禁止された一方、周辺の漢字圏で使用が続いた点で示してみた。

新千歳空港　ほっけ

ここでは学生運動のころの位相文字が別の集団内の位相文字に移り、さらに地域文字化している。北海道教育大学の寮で過ごしたロシア人留学生はそこでも「宀R」が使われていたと話した。

北大で、かつて「鯳」で「すけそうだら（すけとうだら）」と読ませる字が造られた、と古い新聞に記されていた。「底」としたのは海の深いところに暮らすためで、かつ「すけ」と「そこ」とで子音が揃ったためか。さらに、「魠」でタラを表す漢字があったことを踏まえた可能性も考えられ、他の地でより古くから用いられていた。

「鱈」はおそらく宮中で女房詞《ことば》にもとづいて造られてから数百年を経ていた国字だが、「介党鱈《すけとうだら》」「助惣鱈《すけそうだら》」などでは他の魚名とのバランスがとれず、頻用にも耐えなかったのだろう。美々《びび》という地に建つ新千歳空港では、土産物店で「𩸽《ほっけ》」が売られていた（**前ページ写真**）。花のよう、法華（法花）という連想による国字だろう。今では辞書にも載り、各地でときどき使われるものだが、必要性が高い土地にはこういう文字が息づいている。

「函」の形

北海道出身の学生、とくに函館で生まれ育った学生は、「函館」の「函」という字の最初の二画を「了」にした「函」という字体で手書きする傾向がある。何年か前から、北海道の人々の筆跡を見るにつけ、気になることであった。

北大で二〇名弱の受講生に、「函館」と「投函」を書いてもらった。この二語で字体が分かれることはなかった。北海道に住み続けている学生・院生、それ以外の学生・院生ともに「了」形も「函」も出現した。改まってふだんと違うように書いた者もいたことであろうが、函館出身の人は「了」形で記した。

道外の学生も同様に書く者があるのだが、似た構成要素を有する「極」も合わせて書いてもらうと、道外の者には、「極」を「極」と「了」形に書く者がかなりいた（「極」

は常用漢字であるので、筆記経済以前に教育効果が働く。「極」と「函」には、相互に影響があることも見て取れ、どちらかからの類推が働いたと見られるものもある。なお、北海道新聞社の校閲関係の方々も、そういえば「了」形の「函」をやはり見るとのことだった)。

函館を地元とする方に聞いてみると、印刷物でも見るが、小学生の頃から年賀状などで皆がそう書くようになっていて、自分もその字体を書き慣れているとの貴重な証言を得られた。地元では、地名に用いられており使用頻度が高く、手書きする機会も多い。「了」など他の字からの類推も起こしつつ筆記経済が働き習慣的な字体が生じる。あるいは後述するように伝統的な字体が簡易な字体として選択され、それがまた目慣れにつながり、使用に一層抵抗感がなくなるという文字生活上での循環が絶え間なく続いてきたのであろう。

活字やそれに沿ったフォントでは、現在、「函」という形が一般に流通している。JIS漢字では第1水準にあり、「了」形を包摂するという規準は設けられていない。第2水準には「凾」という「了」形でかつ中身の画数が増えている異体字が採用されている。これも俗字とされるものだが、やはりしばしば見掛ける。中身が「口」「又」となっているのは、「極」の影響を受け、「下水《したみず》」(氺)のような部分がもたらす点の筆捌《ふでさば》きの単調さを回避した結果であろう。北大の先生もノートに書誌情報を記す際にこれを手書きされていた。「了」形で手書きすると、画数は減少しないものの筆を紙から離す回数は一回減る。これは筆記経済につながる。また、見た目にも、「朽《キュウ》」(くちる)の類ではなく、「了」「子」「丞《ジョウ》」などの（部分）字体と近づき、若干すっきりと感じられるかもしれない。

この「了」形は、『大漢和辞典』には収められていないが、たとえば『全訳漢辞海』には「函」とともに掲載され、『大字典』や『漢語林』では俗字と注記がなされている。実は、唐代の『干禄字書』、宋本『玉篇』などは、「了」形を正字と扱ってきた。しかし、明代の『字彙《じい》』では、見出し字として「函」の字体が掲げられ、さらに『正字通』では字源説からそれが勧められるようになり、俗字の代表としての「凾」との差別化が進められた。

ただし、著名な『康熙字典』ですら、注文の中では「了」形が用いられており、また部首として「三水《さんずい》」が付された「涵」という字では、「了」形（中身の点の角度も変わっている）を採るといったように、その字体を徹底することは難しかったのである。「了」形は、古くは活字にも見られ、今でも「涵」などの部分に残っていることがあるが気にされにくい。歴代の書家などの筆跡を辿ると、楷書でも行書でも、「函」「凾」ともに「了」形がほとんどであり、明確な「函」という字体はむしろ見つけにくい。

そもそも篆書体《てんしょたい》などの古代文字にまで遡《さかのぼ》れば、『説文解字』の望文生義《ぼうぶんせいぎ》による字解はそれとして、藤堂明保、白川静両博士の説によると、矢を入れた箱や袋の象形といわれ、落とし穴に人が落ちたところを表す字（陥穽《かんせい》の陥（陷））の旁《つくり》「臽」にすり替わったとも解されており、成り立ちからみれば、字形の細部にはさほどこだわる必要がなさそうだ。

「下水(したみず)」のような部分の右側の点々は、離して書くのか接触させるのかと気にする人もあったが、歴代の辞書でもその形態は点が四つあるいは何かそれらしい形が記されているだけなど実にさまざまである。

札幌で、午前中に集中講義を入れず、休むために時間を空けておいた日に思い立つ。「函」をよく用いる地域では、きっと「了」形が多く用いられていて、たくさん見られるはずだという仮説を抱き、それを確認しに出よう、と。北海道の街中では、「函」という字の形はどのようになっているのだろう。

デジタルカメラと裏紙のようなメモ用紙を携え、ふらりと駅へ出てみる。荷物が重いのは、ぎりぎりになっても遅刻せずにそのまま講義に向かえるためでやむをえない。函館は思いのほか遠い。片道だけで八五〇〇円以上とあり、往復するだけで六時間以上、三講（東京でいう三限）までに戻れなくなる。北海道だけの地図では錯覚しそうになるが、さすがに広い。そこで、札幌駅にあるJR北海道の路線図を改めて眺めたところ、「銭函」という駅名が目に入った。縁起がいい名前として聞いたことがあった。函館ほどではなかろうが、そこでも必ずや「函」があちこちで使われているはずで、生活の中で人々が用い、目にしている字体を確かめられそうだ。

実際に銭函駅に着くと、「銭函」の名をPRする看板やパンフレットなどもある。後で、その地はかつて海岸に打ち寄せる波でゴミが流れ着いていたため「ごみバコ」とも

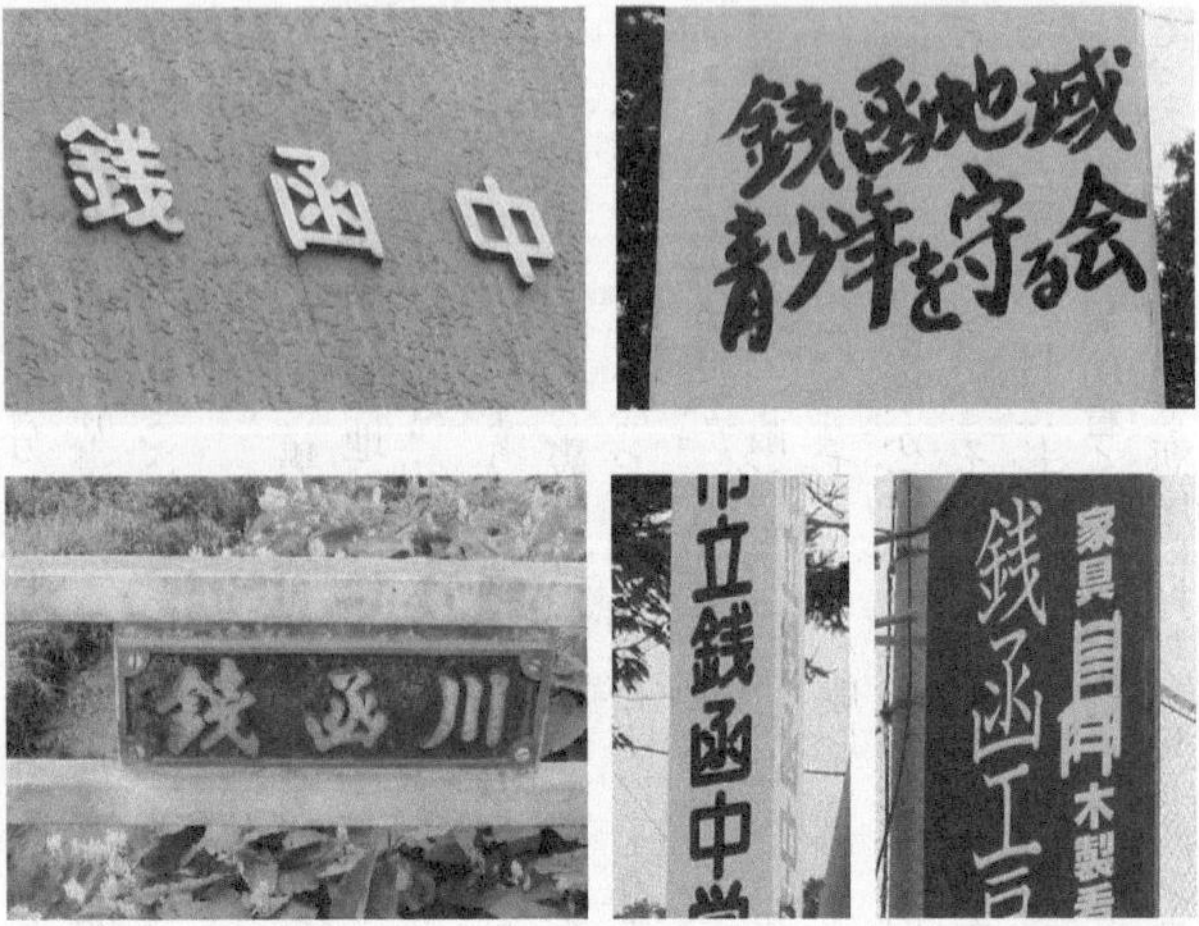

呼ばれたと聞いた。海沿いを歩くかぎり文字は少ないが、山側に登っていくと学校もあり、「函」が多数目に入るようになった。概して看板や貼り紙の活字書体は、デザイナーが描いたフォントの通りで、その土地の生活の息吹に乏しく、今ひとつ味気ない。きれいなのだろうが、どこか人間味や個性が感じにくく、誰が打ち出しても拡大してそこへ飾りを付けても、同じように出力される出来合いのつまらなさから脱しきれない。

一方、手書きやデザインを施してレタリングしたような字では、「函」は「了」形ばかりである（写真）。繰り返し書かれる文字は、サインと同じく流れるように簡易化するのだ。多くは正誤と別に無意識のうちに生じる。使い込めば何でも角が取れ、手にもなじむ。やはり字はよく使う人ほど略して書き、さらに自分のものとして使いこなせるものである。手書きの味わいは個性の表出にだけあるわけではない。

　このような「了」形の「函」の使用の状況は、函館も同様なのであろう。次第に「略字」の「了形」に変わったというそこ出身の学生もいた。その字の使用頻度の高い道産《どさん》子《こ》、とくに函館や銭函の人々と道外の人々とでは傾向に違いがあるだろう。東京では「投函」は見られるが、「当用漢字表」の公布以降、「投かん」という交ぜ書きも増加した。「函館」「銭函」という文字列への接触頻度も使用頻度も現地には遠く及ばない。無論、「はこ」の表記としては、当用漢字以来、「箱」でほぼ統一され一般化している。「函」という字を見ることはあっても手書きする機会は少ないので、「函館」や「投函」を自信をもって書ける人は少なかろう。

　中国の函谷関《かんこくかん》になぞらえた「函嶺《かんれい》」という表現は、駅伝でも見かける神奈川の箱根の雅称であったが、日常生活の中で多用されるものではない。京都の「函谷鉾町《かんこぼこちょう》」などでは、同様の変化が見られるのかもしれない。また、「関数」を嫌い、「函数」という意訳を兼ねた音訳とされる表記に愛着をいだきつづける数学者もあり、その手書きでも同様のことが見られそうだ。

　上記の諸点を踏まえて言うと、この「函」は字体の細部について目くじらを立てるほどこだわる必要性は薄い。「正誤」の基準を何かから設けて、そういうことだけを気にするよりも、もっと考えるべきことが漢字には数多く残されている。

字体は変化し、その結果として地域差まで生まれるのはなぜか。それは、漢字が文字である以上、人間へとあたかも近づいていこうとするような性質をもつためだ。字画が煩瑣《はんさ》でかつ必要度の高い字は、自然と書きやすく分かりやすいように、人々によって簡易化されていく。それは、京都の「都」という字（一六六ページ）と類似するかもしれず、沖縄の那覇の「覇」という字（二五九ページ）とも、来歴や字体差の大きさに違いを有してはいるものの、根底の通じる現象である。それらと異なり、学校できちんと教育されない「函」のような字であっても、むしろそれはそれであればこそ地域文字のようになり、民間で受け継がれていくのである。北海道新聞社の方から、明治から昭和初期にかけて、「函館（箱館）」や「銭函」の「函」にすでに「了形」も用いられていたことを示す各種の史料の実例をいただいた。この簡易な字体は早くから用いられており、やはり人々の間で脈々と受け継がれてきたことが定着の一因のようだ。

そうした変化を妨げる字体や構成上のさまざまな条件もクリアできて、字音、字義などの面でも問題がなければ、全く無秩序になることなく、類推の作用など何らかの規則性に基づきながら、変容は起こるのである。「俗字」は実用性を求めて生み出された通俗性に富む生活上の文字であり、その真髄は今なお人知れず受け継がれているのである。

東北町の「偪」

青森県上北郡にある東北町《とうほくまち》は、JR東北本線の乙供《おっとも》駅周辺である。恐山《おそれざん》のある下北半島の根っこにあるその地では見知らぬ余所者《よそもの》に、ヘルメットをかぶり自転車をこぐ少年が「どおも〜」と挨拶してくれる。旅館までの道に迷っていれば、ついでと自家用車に乗せて連れて行ってくれた。南部のこの地では、お昼の番組「笑っていいとも!」が夕暮れ時に放送されていた。

「⿰亻⿱西国」という字は、「佛（仏）」の異体字である。学生時代に私を中国語学から日本語学の世界へと導いてくれた魅力あふれる字だった。地名としては日本全国でここの字「⿰亻⿱西国《ほとけ》沢《ざわ》」としてしか使用されておらず、漢和辞典にも掲載されなかったために「国字」とされることがある。しかし、中国側における古い収録例を求めると、韓道昭ほかの道士が編纂した『五音類聚四声篇海』の内閣文庫蔵萬暦十七年（己丑）重刊本巻一五―二五ウに、その原形「⿰亻⿱西國」（「音佛俗用」）が現れている（ただし成化版には書き込みはあっても、版刻部分にされたものでないことから一五世紀末以降に追加されたと分かる）。

この旁は、「西」の古体の変形と「國」の異体字からなる。中国で、「仙」に「僊」の字体があり、この旁を俗解して「西大山」として「⿰亻⿱西⿱大山」とする異体字が下地になっている。この対として「佛」には、仏教を取り込もうとする道教の分野などで宋のころから字面の対称性を求めて「⿰亻⿱西男」という異体字が生じており、明代には主に南方で「⿰亻⿱西國」となっていたことが現存資料からうかがえる。つまり「⿰亻⿱西国」は日本製漢字ではなく中国でいわゆる俗字として仏教、道教といった宗教に関わる一部の社会で使われ続けていたものである。

しかし、現在では中国でこの使用例を見いだすことは容易ではない。一般の字書、例えば『漢語大字典』にも採録されておらず、死字、廃字のようになっている。そのため、たいていの中国の人は、「𠑊」がすでに読めなくなっており、この字を「僊」の異体字と誤認した刊行物さえ現れた。なお、「𠑊」は「〓」とも書かれるが、ここでは前者で代表させて表示する。他にある社会や場面に現れる位相文字であった類として、「癌」や「熕」が日本製漢字つまり国字として認識されてきたことについて、宋代以降の漢籍を軽視し看過してきたことによる誤解であったことがすでに先人たちによって明らかにされている（詳しくは『国字の位相と展開』参照）。

それに対して、日本では、東北町の字名《あざ》として地元で現在も使用されている。これは、中国における位相文字が、日本で地域文字として残った例として注目できる。つまり局所的ではあるものの、中国で辞書類に記録がほとんどなされないまま忘れられ、むしろ日本に残った文字、いわば佚存《いつぞん》文字のようになったものでもある。

この字は早く杉本つとむ氏が着目された。上島鬼貫編『大悟物狂』（『西鶴』〈一九六五年、天理図書館〉所収写真）に使われているほか、山梨の四尾連《しびれ》湖近くに建てられている石碑「大念𠑊供養塔」などにも現れ、松浦成之編『斉東俗談』に「近代中土ノ造字ナリ」との記述がある。江戸時代の間に国語辞書に収められた。漢和辞典などに載らなくとも、一部の仏者や滝沢馬琴なども実際に使っており、各地で細々と使われ続けていた。

この東北町𠑊沢の地は広く、山、林や沢もある。この字《あざ》と別の町名とが二重に錯綜する地区であったが、多くの民家で表札や郵便ポストに使用されていた。町民に書き方を尋ねると、八〇代の男性は、「にんべん」「にし」（手のひらに書いたのは中が二本とも垂直）「くに」で「ほとけで、死んだ人が西の国へ行くということらしい」と言う。「死んだ人のほとけと違い、西の国、天国、釈迦のイメージか」と話してくれる人もいた。東北町役場や法務局では、「字切図」「地籍簿」「地籍図」「土地台帳」「課税台帳」「住民基本台帳」「改正原戸籍」「戸籍」など、行政でも公簿において現実に使われているとのことで、字体の揺れは「国」の「玉」が「王」となっているものが散見される程度にすぎず、電算化が進められていた。

この字が地名に用いられた由来はすでに定かではない。「⿰亻⿱西国」が「人にあらず」と否定的に解しうる構成であるためとも思われるが、『甲地村史』（一九五一年）には、「西国人の三字を集めてホトケと訓ませたのは正しく新作字だが、古く此地《このち》に佛寺があってそれに因《ちな》んだ沢だったのか。或《あるい》はアイヌ語のオオホケ（深き所）ナイ（沢）で、深沢のオオホケナイからホトケサワと充てたのか」としかなく、『東北町史』下I（一九九四年）にも、「⿰亻⿱西国の字は、新たに作り上げた字で、人が西の彼方《かなた》の国（西方浄土）にある極楽に往生するという意味から「⿰亻⿱西国（ほとけ）」と呼んでおり、その沢であることを指している」といい、「したがって、仏教にゆ

ほとけ沢

かりのある地であることが分かる」とする。

四国の讃岐がアイヌ語による地名だなどという話は論外だが、この辺りまでくると地名のアイヌ語起源説にもやや説得力を感じてしまう。「仏像を安置する寺塔が立っていたことに由来する」「塔《とう》ノ沢《さわ》」と関連する可能性がある。また「保戸沢」という地は、そこからは三キロメートルほど離れていて、現在の住民の意識では互いに関係はないと感じられていたが、こちらは江戸時代から存在している。「ホトコ沢前谷地」は野辺地《のへじ》町とさらに離れているが、やはり語源としては関連するのではないか。ともあれ字は、明《みん》から「𠐝」が江戸時代に伝わり、「𠐝」と何らかの思いによって変わって定着を見たものであり、中国の僻字《へきじ》が日本の辺境に残るという現象である。

この東北町には、小地名として「向簱屋《むかいはたや》」など「簱」という字も見られる。戸籍では人により違っていたものを電子化に際してこれに統一したという。「課税台帳」や街中ではなお「旗」も使われている。この「簱」も国字とされることが多いが、実際には宋代に用いられた例を何華珍氏が突き止められた。役場では、ほかにも珍しい字はないかという話になり、「萠出《もだし》」（普通は萌だが、ここは昔から「月」二つ）、「水喰《みずはみ》」（「くらう」ではない）、「数牛《かぞし》」を挙げてくれた。

ついでに「蛯《えび》」という国字を取り上げてみたが、役場の方はそうかなと、むしろ当たり前の字と認識されていた。確かに当地では江戸時代から地名に使われており、名字でも極めて多く用いられていて、ありふれている。とくに蛯沢の地では、最近外から人が入って来るまで、八割が蛯沢姓だったという。蛯は「まだこれは（よそにも）ある」というが、全国的には「海老」が広まっている。地名や姓のほか町立の蛯沢小学校・幼稚園まであり、地元では珍しいという意識がもたれないのだ。隣の上北町にも「蛯名」姓が大変多かった。

市町村合併の余波で、小地名も一般的な漢字や平仮名表記への変更が起きた。東北町はその後、二〇〇五年三月末に上北町と統合され新たな東北町になるが、小地名はそのまま残った。

戦後、一九四六年には当用漢字による漢字制限が行われ、そこでは固有名詞は対象外だったのだが、それに伴って人名も制限が法制化され、各地で地名の漢字にまで表内字や仮名に変える動きが相次いだ。そうして電子情報化時代、そして地方の時代を迎え、地名の漢字は新たな展開を見せている。この「蛯」は、地名や姓での使用が漢和辞典への掲載や活字の鋳造という結果を招き、それらを受けてJIS漢字の第2水準に採用された。そのため蛯原姓のモデルが突如大ブレイクしたときにも、問題なくこの字もネット上に流布できたのである。

「籏」もまた同様に、当地の地名などからJISの第2水準に採用されたため、さまざまな用途に供されている。逆に、JIS漢字第3、第4水準策定の委員として、自治体に地名の漢字の字体や読み、資料などの確認をしていた時に、JIS漢字にないため地名の漢字を仮名に改めることになったという話を聞き、作業が間に合わなかったことに愕然《がくぜん》としたこともあった。

「〓」は、NEC・IBM等の「メーカー外字」、「補助漢字」や「ユニコード」にも収められていなかった。それがJIS第4水準に、まさにここに存続していた地名を唯一の根拠として採用できた。しかし、なおもインターネット上では使用が安定せず、まだ「仏沢」と一般的な常用漢字にしたり、形が似ている全くの別字（価の旧字体）で「價ノ《ママ》沢」とする代用表記や、「ほとけ沢」「ホトケ沢」と仮名にする「交ぜ書き」が散見される。「さくら市」「たつの市」や、「さいたま市」「さぬき市」など仮名表記を採用した自治体の増加と合わせて、今後の地名表記全般のあり方を示唆するようである。活字がないためか、ゼンリン「道路地図」やNTTなどの電話帳でも「ほとけ沢」となっていた。役場でも、転入してくる人の書類では平仮名の場合もあり、住民基本台帳でも外字扱いであるとのことだった。法務局が電算化したいと言ってきた際、「ほとけ沢」という平仮名表記もあったが、この漢字の方で統一されたという。

町役場の方々は、これに対するいわゆる康熙字典体「〓」は「三十何年やっているが、見たことがない」など、口をそろえて知らないという。地名では、使用する字体に拡張新字体が採られた例は少なくないが、「〓」という字書にない字にも同様の変化があった。明治期の公図は、法定外となったもののコンピューターに入力するために業者に貸し出されていて、訪問した時には確認できなかったが、明治期には「〓沢」とする資料もあった（「青森県字小名調」一八八二—一八八四年ごろ。佐賀にも当時見られた）。

それが少なくとも戦後には今の形のように画数が減少し、現在地元では公的に「僵沢」といわゆる拡張新字体とされ、町民もほとんどがそのように書いていた。日々の生活の中でこの字がそれだけ使われてきたという証拠であろう。住民も「免許証もこの字だけ（手で）書いてもらったり」していると話してくださった。地域に暮らす人々にとって、日常の存在である住所が「ワープロで出ない」ことの歯がゆさは、想像するに余りある。

その地の唯一の旅館、珍しいヒバ風呂をもつ木造の東龍館で、女将さんに「ほとけさわを正確に書いて」と頼むと、「僵」と書いてくれた。領収書に押された判子も同じようだ。「「仏」でもいいですよ」という。「私も最初書けなかった」し、知らない人には「言っても通じない」。「子供も書くが、低学年では「仏」、高学年になると受験で正確に住所を書くようにといわれて「僵」と書けるようになる」、そして「よく見ると簡単」とのことで、発達段階に合わせ、必要な時期が訪れたら自然とこの字を身につけるようだ。たくさんの漢字を覚えている大人はすごい、と小さいころ思っていた。漢字を覚えていくことが成長の証《あかし》だったと語る女子学生もいた。

宿の精算を済ますと、調べごとに来て大変そうだと思ってくださったようで、そこにあったドリンク剤をくれた。今日の祭りを見ていかないか、自分は仮装してお姫様かお化けをやるとのこと、名残惜しかった。地元では、学校の卒業文集などに住所の表示としても使われている。「パソコンでは出ない」とも地元の人は言っていたが、その後、この「𠍱」を含む第4水準までを標準的に実装するウィンドウズヴィスタなどのOSが発売された。

岩手の「鵢《みさ》」には「うずがある」

岩手県では、その日ごとにバスツアーを予約して、平泉や宮沢賢治ゆかりの地など、あちこちを回ることにした。行き当たりばったりで予約が取れるのかと心配していたが、どこも全く問題がなく、大丈夫とのこと。実際に観光バスに乗ってみれば、まるで貸し切りのようだ。大型バスに、運転士と決まって年若いバスガイドさんと、私たち家族だけだった。客が三件まとまって乗っていた時には、こんなに多いのは久しぶりと感激されてしまった。

柳田国男の『遠野物語』で有名となった遠野の地では、民話の故郷を回る。かっぱ渕《ぶち》は、思ったよりも小さいが、確かに何か出て来てもおかしくなさそうにも感じる。綾織町と聞いて思い出したので「鵢崎《みさざき》」という地がどこにあるか、尋ねてみた。この鳥は各地の地名の中に残っていて、「みさご」「びしゃご」など語形も揺れ、字体もさまざまに変化している。JIS第2水準に採用された福島の「鵢沢《みさござわ》」(元は鵃)の一字めもその一つだった。若いガイドさんは知らないと言い、年配の運転士さんに聞いてくれた。「うずがある」「渦?・」笑ってガイドさんが「分かりますか?・」と私の顔を見て聞き、訳して言う。「うち」。「家」がある、家しかないということだった。「ち」が曖昧母音となって「つ」に近づくと同時に濁音となっていたのだ。そういう所を何で知っているんですか、知り合いでもいるのですかと逆にガイドさんに問われた。涼しげな平泉の達谷《たつこくの》窟《いわや》では、その三字に「たがや」とルビがついた姓を工事現場で見かけた。

第三章 関東の漢字から

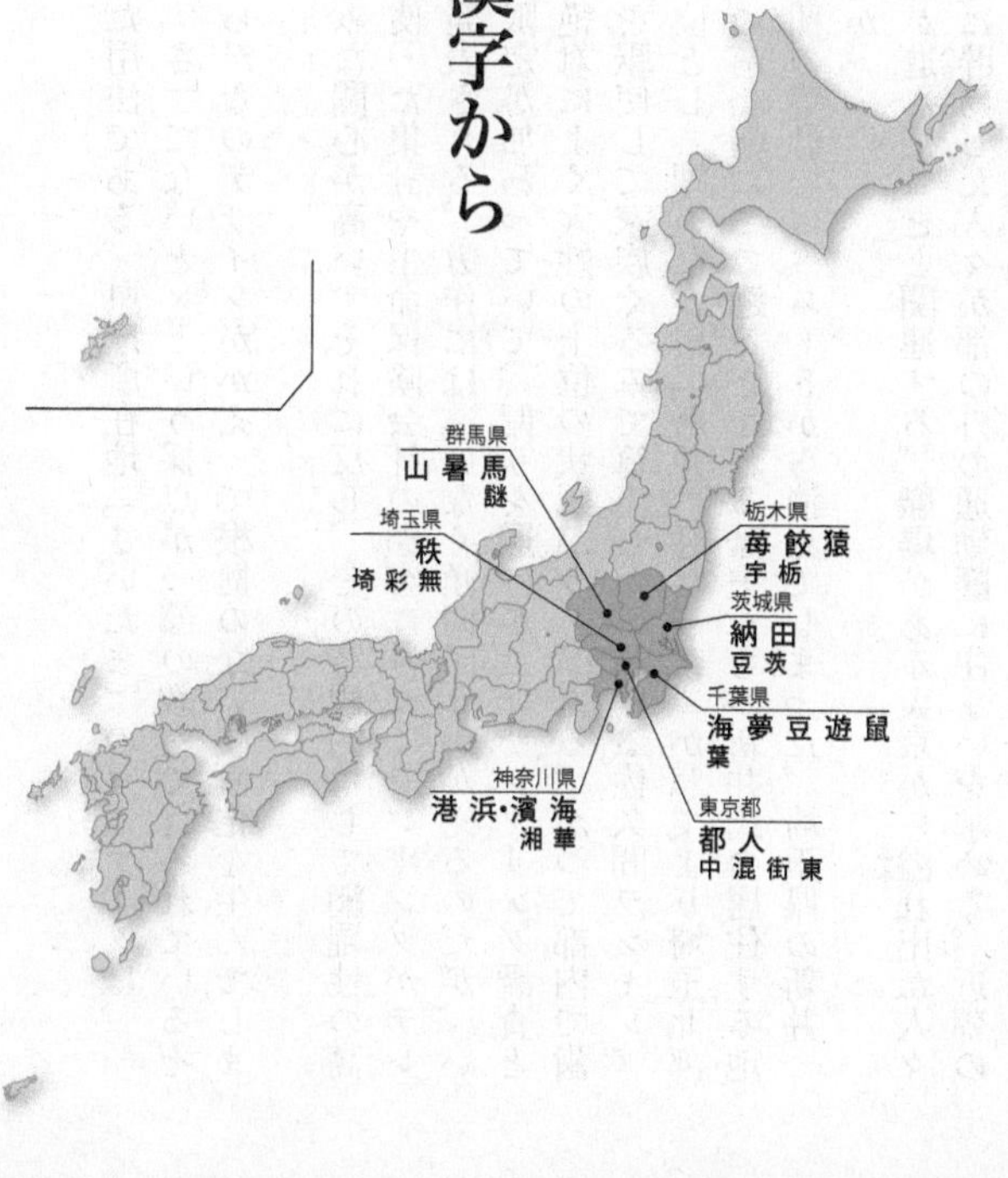
群馬県
山 暑 馬
謎
埼玉県
秩
埼 彩 無
栃木県
苺 餃 猿
宇 栃
茨城県
納 田
豆 茨
千葉県
海 夢 豆 遊 鼠
葉
神奈川県
港 浜・濱 海
湘 華
東京都
都 人
中 混 街 東

埼玉の地域文字「岾《はけ》」

「埼《さい》」は埼玉県に限定された用法である。県庁所在地「さいたま」のロゴマークは、一人歩きして、この「さ」は「さ」でないと×という採点が一部の教室で行われているそうだ。柔らかさを求めたひらがなのデザインがかえって根拠のない硬直化を生んでしまった。

地名よりも姓名に関してみな関心が高い。それに反し、その客観的にして網羅性の高い調査は乏しい。電話帳を使った集計や生命保険会社の顧客に基づくランキングがテレビや書籍、雑誌、WEBで発表される。労作には違いなく傾向がうかがえるのだが、いかんせん母集団に何らかの限定が加わっていて、偏りを避けがたいサンプリング調査となる。しかし、無いよりは絶対によく大姓の上位の状況がうかがえる。かつて都内で歯科医をされていた方が名簿を駆使して家族ぐるみで算出したいわゆる佐久間ランキングでは、埼玉県内の人口第一位として輝いたのが「新井」姓だった。かねてより埼玉北部から群馬にかけて、その地で南北朝にまで遡《さかのぼ》るとされる歴史をもつ新井氏の居住する地であった。それが近年の各種の集計ではベスト5から消えてしまった。埼玉県の新井一族に何が起こったのだろうか。

それは、ベッドタウン化が進んだことと関連する。職場がある東京から溢《あふ》れ出た人々、家賃や地価など物価の高さに辟易《へきえき》した人々が都の外の通勤圏に住まいを求める。近郊の自然も魅力であろう。都内や近県の鈴木、佐藤、高橋、田中、石井などの姓をもった人々が埼玉県にたくさん入ってくる。その結果、土着の姓の密度が薄まった。今でも秩父など北部ではこの生粋の新井姓が高い割合で残っている。

こういう文字列や熟語単位の地域の特性も面白いが、個々の文字にもまた見どころがある。関東にも、そうした地域文字が各種見受けられるのである。武蔵野台地の北部にある所沢に行くのは、三回目だ。西武球場（現、西武ドーム）にはもっと前に行ったことがある。夜風の中、23―4という当時のパ・リーグらしいスコアを目の当たりにできた。暫くは行けなくなるだろうし、職員の方々から地名などに関する資料を頂いたので、これを機にフィールドにも出なくてはと思う。出不精だが知りたい。同じ日に予定が重なり始めて、不義理もせざるをえなくなってきた。せめて、お断りせざるをえなかった仕事に別の形であっても報いなければと、雑事でくたびれた体を鼓舞してみた。

お待ちいただいている方々の前に出るよりも先の時間に現地調査をするのは危ない。電車やバス、タクシーなど足や体力の問題もあるが、何よりももっと調べたいという誘惑に負ける危うさがあるためだ。講義の合間に図書館に寄ることがあった。もっと知りたいという衝動に駆られる。いけない、本業ということで自制するが危険な心境だ。しかし、今回はもう冬なので明るい内に行かないと、使用の実例を見つけられず写真も撮れなくなりかねない。夕闇迫る道中では、看板の文字や石碑の文字などは、まさに黄昏《たそがれ》の中となる。複数の仕事をそれぞれ進めるためには、うまく気持ちを切り替えることが肝要だ。

駅に着く。時刻表なしで来たためいろいろあったものの予定よりも順調だ。近くで昼を済ませないと道中フラフラになってしまうので、腹ごしらえのために豚カツ屋に。これは選択がまずかった。時間がかかり、出てきた後も猫舌にはつらい。残すのももったいない。ラーメンを注文した時も、ある開始時刻に遅刻しそうになった。約束のある時には懲りていないといけない。思わぬ痛いロスタイムができてしまい、タクシーもこういう時に限ってつかまらない。

「大岾」に行きたかった。「おおはけ」と読む。八潮市の「垳《がけ》」（二一六ページ）と同様に崖という意味をもつ方言が、埼玉では地域文字によって表記されているのだ。タクシー乗り場まで戻り、やっと来た一台目の運転士は知らないそうだ。幸い、二台目が着くと「後ろの人が詳しいから」と勧めてくれる。一時間のうちに、「大岾」をいくつか回って写真を撮らせてもらい、会場まで着けるか？　大丈夫とのこと。不思議に思えるであろう乗客の目的など余計なことを聞かずにプロがプロの仕事をし、忠実に急いでくれる。さすがプロだ。循環バスの中の案内板も見たかったが、三時間に一本のバスに首尾良く乗れたとしても、そんなことをしている猶予などなかった。

タクシーの中で尋ねてみる。「「おおはけ」の「はけ」って、漢字ではどう書きますか？」

指で、「帖」と書いて「ちょうめん（帖〈帳〉面）のちょう」と教えてくれる。後で現地の教育委員会の方も、文化財などの関係でその字を見て「帖」と覚えていたと教えてくださった。場所は離れているが、『国土行政区画総覧』に対する調査で懐かしい京都の「広岾町《ひろやまちょう》」「広帖町《こうちょうちょう》」と一緒の揺れだ。この地名のお陰で、JIS第2水準に入ったのがこの「岾」だ（京都のその地の探訪調査を私がしたという誤伝による記述を読んだため、岩波新書にそれを解くための記述をした）。所沢周辺の「はけ」は、京都の恩恵を被ったわけだ。しかもこちらには住民もいる。

車内のカーナビでも「大帖」と出た。あちこちで、既知の字に引っ張られてしまっている。ネットではやはり「帖」とも入力されている。カーナビに地名を入れてくれる。「おう」と打って、出ないというので、「おお」と打ってもらうと工場も出てきた。そこはきちんと「大岾」と表示された。さすがJIS第2水準漢字だ。運転士さんの頼る道路地図でもナール体で「大岾」とあった。

稲荷（神）社、自治会館、バス停と、大岾の実際に生きて使われている用例を写真に撮る。断崖を意味するハケの語だが、その地名の由来とともにすでに運転士さんもご存じなかった。崖らしきものも、その辺りにはないとのことだ。まだ会話でハケを使っている方もいるが、方言（俚言）のまま死語となりつつある。化石化して地名に残っても字義も字源も明確でないため、一般性の高い「帖」に変わる。常用漢字ではないが共通字化する現象に準ずるものであり、地元の人々の認識の移ろいによる自然の成り行きな

おおはけ

のであろう。寂しさは隠せないが、これも一般的な変化というものだと、音声言語の例では私もいつも学生たちに話している。

そののどかな風景の先にその名を負う会社があったので、行って看板を撮った。Googleマップで見ておいたものだが、やはりこの目で見たかった。社名の書かれた事務室の扉を開けて入る。突然の訪問者に、筆字風の「大岾」を胸に刺繍した作業着を着た一人が訝《いぶか》らずに教えてくれた。ここは元は「南永井村」で、（「岾野」と書いて）「はけの」と言ったらしいとのこと、土地に詳しいあの運転士さんも知らない話で、この方は地元の娘さんなのだろう。「大岾」自体が昔の地名だそうだ。それから社名が付いたのかは古いことなので分からないと奥の女性が言う。

「岾」は、実は朝鮮半島の古書に出る朝鮮の国字でもある。「チョム（岾）」を表す形声文字だ。しかし、日本の「はけ」の字は、漢字の「岵《コ》」が変化したものでは、と推測している（『日本の漢字』参照）。『詩経』の「陟岵《チョクコ》」で有名なこの字には「はげやま」という字義がある。後日、中国人留学生たちに聞いてみたら、この語も字も知らないとのことで、手持ちの中国語の電子辞書を引くと、草木が茂った山という、一つの解釈しか載っていないという。

その「はげ」や「やま」を、かつて埼玉や京都の人々がそれぞれ利用したのではないか。「はげ」でなく「はけ」なので「古」を削った、いわゆる削意文字のような行為もあったのでは、と頭をよぎる。私も地名の漢字を地域別に分類して秩序付け、字体の部首・画数や読み方の順に分けて体系化を目指すのだが、すると分厚いカード集や一見綺麗な表、データベースに仕上がる。しかし、表が大きくなるほど、逆に個々の重みや間接的な連関を見失わせる結果になりかねない。脈絡付けは、意外と風呂の中や寝入り際のふとんの中でできることがある。

関東平野ほどの広大な地が平坦ではありえない。その高台に滝の城《じょう》があったという話も聞いていたが、その下と接する崖などは、少し聞いて昔の写真を見ることができただけで回るゆとりはもうなかった。山のように木の茂ったところはいくつもあったが、平地を断ち切る崖線《がいせん》がいくつも走る武蔵野台地にある「ハケ」の一つとしての地形も見ておきたかった。

今回は手順をふんで、文献に加えてネットでもあらあら下調べをしていた。その時には、とある寺が存在することになっていた。地元の方々はないと断言する。墓だけしかなかった。ほかのところにも墓石を見かけた。この地では市川姓が多いようで、実際にそうなのだそうだ。

この後、講演会場に間に合った。準備をしてくださっている職員の方々に頭が下がる。控え室で、いただいた新たな資料と、先ほど得たばかりの写真との照合ができた。「岾野」という地名も狭いが確かにあった。そして江戸時代末期の万延二年（一八六一）の石碑に「岾の神」とあるというので、先程神社で取り急ぎ撮った写真を見直す。写ってくれていた。ただ、「岾の神」と崩し字ではっきりと彫り込まれていた**（写真）**。

「古」と「占」とで筆順が共通する書法があった。石偏の「砧《きぬた》」も、地名としては東京を除けば非常に稀なのだが、漢文だけでなく日常語の普通名詞として今より知られた字だったのだろう。翻刻はありがたいが、解釈や配慮、注釈意識、活字の制約が加わり字体などの面で危うい。

先の神社でも、大きな鈴の後ろの額には「岾」で書かれていた。さらに『郡村史』でも同様に小字《あざ》を作ると資料にある。日本人は、往々にして形声文字の漢字を会意風に見なす。象形風に見立てることさえある。「岾」由来説に自信が深まってきた。

そして信仰の対象にハケがなっていた。後に、八潮市の圷《がけ》の集会所で、地名を保全するための会が催されたとき、このハケについて同好の士がおいでだったことを知った。

隣の入間や狭山、川越でも「岾」が小地名に残っている。当地には、カタカナの「ハケ」のほか、「嶦」で「ゲン」と読ませ、「土地の古老」は「はけ」と呼んでいる地も存する。それを記録している『所沢市史　地誌編』もすでに刊行からだいぶ経っているのだが、伝承は続いているのだろうか。

「兀」、捨て仮名（送り仮名）付きの「兀ヶ」も用いられているが、山偏を加えて「屼」と人間と区別したような所もある。川が流れ起伏に富む武蔵野には、断崖や大小の傾斜地が多い。大字クラスの求心力をもつ「はけ」地名が近辺になかったことが標準的な表記を確定させず、多様性を生み出した。さらに狭山や川越まで行くと、「𡋽」という別の造字も見られる。これは、千葉で「ヘナ」と読ませる小字とは衝突しただけだろうが、指す物質自体は同じ関東ローム層の赤土であろう。東京都内の「赤坂」もロームという点では同じものを指したのだろう。

そして赤坂という地名は、関東以外にも存在している。次の地は、活気あるイメージと結びついた都会の地名も、元は一地方の地名にすぎなかったことを暗示する。

福島県　東白川郡　鮫川村《さめがわ》　大字赤坂中野　字新宿

「はけ」には水はけと関連させる解釈も聞かれる。神奈川の金沢八景などは江戸百景などのようだが、元は「はけ」で、江戸時代に漢字で飾られ、実際に漢字が要因となって勝景地が選ばれ出したそうだ。「物滅」に「仏滅」が当てられてより不吉がられているように、ことばだけでなく表記が現実を変動させる。都内では荒川区立「峡田《はけた》小学校」

も（第九まで）ある。「羽毛田《はけた》」などの姓も同一のものでないか。世の中は「清《す》むと濁るで大違い」という俗謡もあるが、同義で「はげ」と濁る地もあり、「峐《はげ》の湯」（熊本県）など、別の字も用いられていて一層バリエーションに富む。各地に広がる「ほき」「ぼけ」（徳島の大歩《おおぼ》危《け》小《こ》歩《ぼ》危《け》も同様）などの俚言《りげん》、訛語《かご》も同類の崩壊地名だと地名研究では捉えられている。

こうして地元で得られた最新の成果も、講演で話に盛り込むことができた。オーバーしてしまった終了後でも、漢字の疑問をいろいろな方が尋ねてくださる。漢字は人を悩ますものであってはいけない。娘が私に大学で習ったというお母さんもいらした。もう一人のお嬢さんとお父さんは、別に模擬講義を受けられたそうで、後は私がと、その下の小学生のお子さんの宿題に関する質問を携え、お越しくださった。一家総出で、順にご家族に触れることになった。各メディアをきちんと押さえていらっしゃる。同じ話がなかったかとひやひやするも敬服した。

消されゆく地域文字「垳《がけ》」

一つの地名が消滅の危機に瀕《ひん》している。埼玉県八潮市にある「垳」については福島の地名と合わせ前に記したのだが（http://www.yomiuri.co.jp/adv/wol/opinion/culture_090216.htm『「崖」と「坿」―時には漢字を見つめよう―』）、その地区の大半が、今どきのどこにでもあるような「青葉」に変えられようとしている。一度変われば、この日本で唯一の国字を使用した地名は、住所として復活させることは困難だろう。この字が公的に使われている事実がふと頭をよぎった矢先に、地元近くの方から連絡をいただき知った。もし地名が新しいものになれば、この地のためにJIS漢字第2水準に採用されたこの地域独自の「垳」の字も用いられる機会が激減する。地元の方々を中心に保全のための動きが目を瞠《みは》るほど高まっている。

地域独自の漢字があるというとまず驚かれる。ことばに方言があり、「訛《なま》り」やイントネーション（多くはアクセント）、単語や表現上の違いがよく話題に上る。一方、文字は全国一律という通念がある。しかし、殷周の時代から一貫して、漢字には種々の地域差の発生と定着が不可避であった。形態、造字法、表語機能、社会の各面からも、必然であった。それは風土の状況と結びつき、土地の個性となった。地域文字は各地の表記を個性豊かに彩る。首都圏では、千葉県習志野市でも、ラムサール条約に登録された、地勢を表す方言の「谷津《やつ》」を分断してニュータウン開発業者の商品名「奏の杜《かなでもり》」に町名を変更する動きも現れている。

銀座は「鮨」

暮れの銀座は久しぶりだ。仕事を手伝ってもらった卒業生たちと少し豪華なお昼を食べる。三省堂の『新明解国語辞典』の広告で私の名前を見かけたという元学生も、今は公立高校の立派な国語の教員だ。今日は、結婚された教え子のお祝いの会で、おめでたい出来事があると皆と再び会えるので嬉しさもひとしおだ。昼間からはとためらっていると、皆ビールを選び始める。私もつい頼んでしまう。ビールは飲めないという成人の学生が男子を含めて増えてきた。このオシャレで気取った銀座も、地理的には間違いなく下町である。江戸の文字や表記が残っているのだ。

「鮨」という字がやはりいくつも目に飛び込んでくる。江戸前の面目躍如で、「鮓」は見かけなかった。「そば」には「」も普通に使われている。関東に優勢な変体仮名で、看板だけでなく暖簾《のれん》、箸袋などにも見られる。ただ暖簾も量販されているように習慣化、形式化し、雰囲気作りを助ける道具となっている。学生たちは読めないまま店に入るそうだ（分からないので入らないという無粋な声もないではない）。仮名としての形は全く崩れていても、伝統ある店らしいという風情は感じられる。日本人はイメージに弱い。「鳥」も、焼き鳥の類《たぐい》となると絵に近いデザインとなることは銀座でも確かめられた（とりにくを「鶏肉」とは書くようになっても、「焼き鶏」「焼鶏」とはほとんど書かれない）。

銀座界隈《かいわい》では、「GINZA」というローマ字も時折見かけた。秋葉原の「AKIHABARA」などと異なり、必ずしも外国人向けの多言語を目指したものではない。風景とよく似合うのは、新旧がマッチした街だからだろう。横浜の「YOKOHAMA」にもそれはいえそうだが、そこには「横濱」と旧字体も健在である。東京下町には人形焼や雷門など江戸文字もよく似合う。江戸歌舞伎の勘亭流は縁起をかついだ書体だが次第にスマートになり、ついに上方の東吉流《とうき(ぎ)ち》（『楽屋図会拾遺』上ほか）の座をも奪ったそうだ。日頃の憂さを忘れる師走の日曜日の一ときの午餐《ごさん》と歓談、そして店外の光景のお陰で、すっかり過去に時間が戻った。

「すし」も地域差が顕著だ。普通名詞よりも店名に現れやすく、相互の影響が気にかかる。高知でもらったパンフレットには「神祭《じんさい》寿司」「寿し柳」などとあり、街中では「寿司」「寿し」が多かった。「寿し一貫」と看板にあるのはここの店名で、チェーン店だ。「寿し」は高知ではメニューにも頻出した。

一方、関東で馴染みの「鮨」も、近畿で根強い「鮓」も一度も見なかった。店名の都道府県別の使用の分布の調査結果とよく符合する。地方都市らしいこの表記傾向を実際に都市景観の中で呈していた。電話帳によると、高知県では「鮨」六・七％、「鮓」〇％に対し「寿し」四四・九％、「寿司」四八・三％となっていた（後出の地図参照）。さしずめ江戸の「鮨」は土佐の「寿司」だ。

これにも時代と地域の変動が続いている。都内で、「柿家鮓」という店名が「柿家鮨」に掛け変わっていた。愛知県のすし商生活衛生同業組合も「鮓」を「すし」に改めた。都内では、「寿司」は回っていて安そう、魚が載っていなさそうなどという印象が聞かれるのだが、こういう意識にも地域差があるだろう。ひらがなの店名もあるが、これにも頻度差がありそうだ。

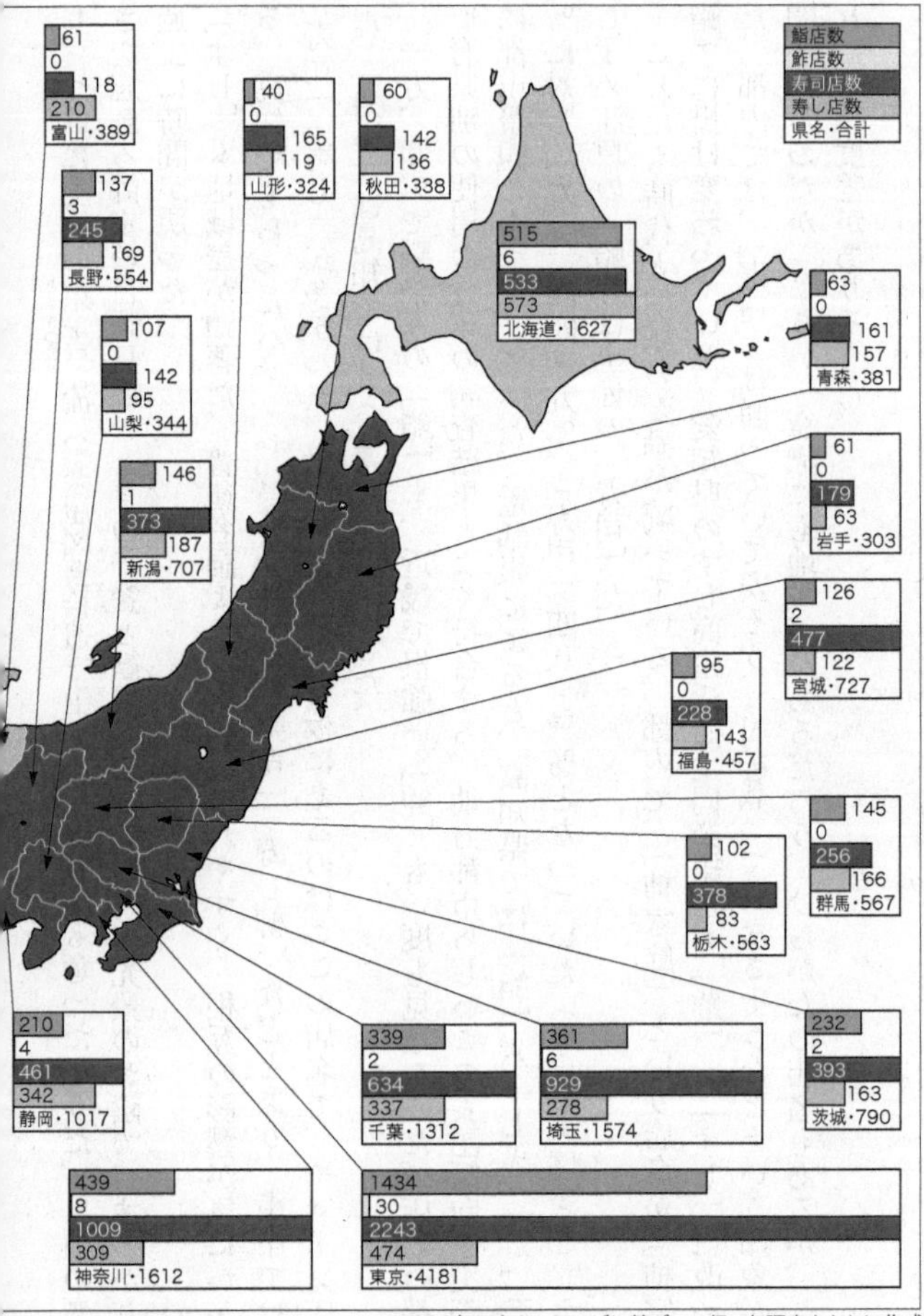
鮨店数
鮓店数
寿司店数
寿し店数
県名・合計
61 0 118 210 富山・389
40 0 165 119 山形・324
60 0 142 136 秋田・338
137 3 245 169 長野・554
515 6 533 573 北海道・1627
63 0 161 157 青森・381
107 0 142 95 山梨・344
61 0 179 63 岩手・303
146 1 373 187 新潟・707
126 2 477 122 宮城・727
95 0 228 143 福島・457
145 0 256 166 群馬・567
102 0 378 83 栃木・563
210 4 461 342 静岡・1017
339 2 634 337 千葉・1312
361 6 929 278 埼玉・1574
232 2 393 163 茨城・790
439 8 1009 309 神奈川・1612
1434 30 2243 474 東京・4181
2006年のタウンページに基づいて行った調査をもとに作成

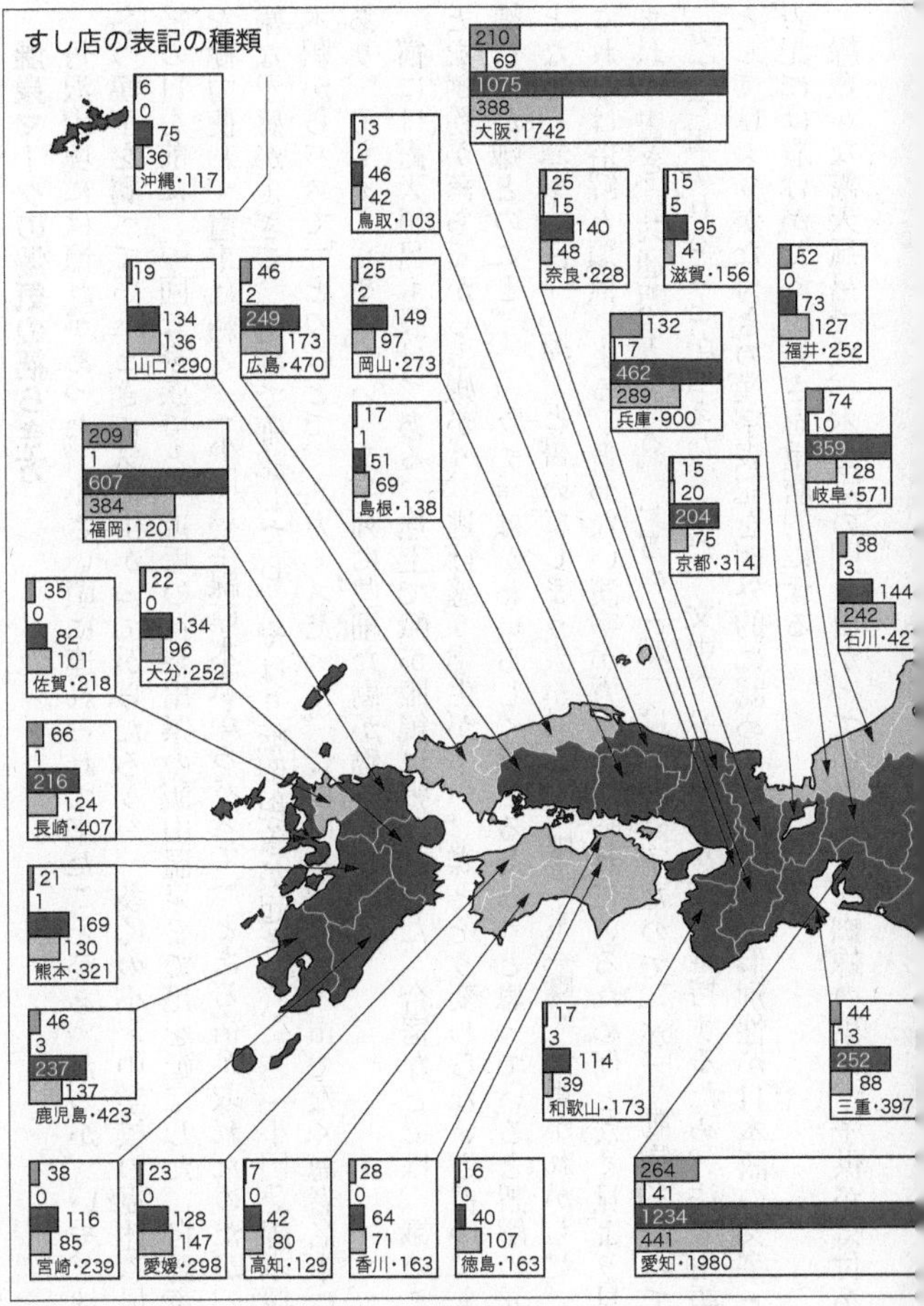

すし店の表記の種類
6
0
75
36
沖縄・117
210
69
1075
388
大阪・1742
13
2
46
42
鳥取・103
25
15
140
48
奈良・228
15
5
95
41
滋賀・156
52
0
73
127
福井・252
19
1
134
136
山口・290
46
2
249
173
広島・470
25
2
149
97
岡山・273
132
17
462
289
兵庫・900
74
10
359
128
岐阜・571
17
1
51
69
島根・138
209
1
607
384
福岡・1201
15
20
204
75
京都・314
38
3
144
242
35
0
82
101
佐賀・218
22
0
134
96
大分・252
66
1
216
124
長崎・407
21
1
169
130
熊本・321
46
3
237
137
鹿児島・423
17
3
114
39
和歌山・173
44
13
252
88
三重・397
38
0
116
85
宮崎・239
23
0
128
147
愛媛・298
7
0
42
80
高知・129
28
0
64
71
香川・163
16
0
40
107
徳島・163
264
41
1234
441
愛知・1980

温泉マークの湯気の揺らぎ方

丹沢山塊には憧れがあった。小さい頃に連れられて来たことがあったのか、いや、地名の漢字を調べていたときに気に掛かってからだろうか。多くの小・中学校の夏休み最後の日を前に、一回は家族でと、近場の神奈川県の飯山温泉まで足を延ばした。自動車を極力使わず電車に頼る。「小田急本線厚木駅からバスで」とある宿が取れたのだが、嫌な予感がよぎる。電話で確認したら、やはり転倒現象が起きていた。「小田急線本厚木駅からバスで」とのことで、入力ミスだった。この厚木駅は厚木市でなく海老名市にあり、そもそもややこしい。文字列に些細《ささい》な勘が働いた。

宿には露天風呂も設けてある。途上で蛾が眼鏡に張り付いた。合宿などでは、蛾のことを鱗粉《りんぷん》が落ちるからと嫌がり、逃げ惑う学生が多い。蝶とそう変わらないと言っても、蝶自体が嫌とのこと。チョウチョはかわいらしく感じるだろうと思っていると誤解の元となる。漢字では、「蝶」と書いてしまう人が多い。「喋」も「喋」と書かれがちだ。これらは俗解と類推による。習わない漢字が方々で使われているため何となく見よう見まねで書き、共通誤字になる。一方の「蛾」は、表外字なので「が」、動物名なので「ガ」と書かれることが増えた。ただ、文中での読み取り性を維持するため、法令用語としてはふりがな付きの漢字表記を例外的に認める。こういう個別性が日本語の文字・表記には避けがたく複雑さを重層的にする。

緑豊かな露天風呂では、木と木の間に掛かっていた大きな蜘蛛《くも》の巣に、子供が気付かずに突っ込む。私もそれを忘れて突っ込んだ。こういうことは耐えられないという人が多い。ネット上でもこうした宿の自然への苦言が書かれていた。露天風呂に虫が浮くのも仕方ないが、そこまでの道が長すぎるなど利用客の感想は厳しい。冷蔵庫などが古くてうるさいとの苦情も読んでいなければ気にならない。貸し切りのような宿で、追加は一本のビールだけで満足だ。

部屋の「萩の間」の「間」がよくある略字で記されている。中学一年生が「学校の先生がこう書く」と言う。「萩」も「はぎ」と読めた。秋の七草として母から習ったためか、それとも姓にあったためか。こうした字体や字種も生活の中でいつの間にか覚えていくのだ。

地元の観光のためのパンフレットに、昭和の風情の漂うモデルさんたちがにこやかな口元をしてポーズを取っていた。その一つには、「♨」と手書きされた地図が載る。この揺らぎが面白い。世の中には「S」のようにくねるものと「逆S」(Ƨ)のようにくねるものとが共存しているのだ。筆記者の手の動かし方の癖や筋肉の運動の習性による違いが大きく作用しているとみている。利き腕だけによるとすれば半々近くになるはずがない。縦書きした「～」記号にもその形が九割方反映されるのだ。

最古の温泉マークとされる群馬の磯部温泉に残る江戸時代の形はそのどちらでもないし、学校で習ったかつての地図記号はゆらぎのない垂直で味気ないものだった。これを広めたという別府温泉はどちらだったろう。これは印刷活字や絵文字でもまさに揺れがある。中には混淆《こんこう》した形を描く人や情緒ある湯気だからと下から上に描く人も案外いる。ともあれ地元のパンフレットには、手書きでSタイプと逆Sタイプとが同居している地図を見かけた。温泉記号の筆致が別々の人のものだった。

「馬」と書いて「まい」

翌日、軽く温泉につかって外に出た。ふりがなしで「猪」「鹿」に注意を促す掲示が目に入る。神奈川中央交通バス(カナチュウ)のロゴは古めかしい。それに乗って厚木市から山あいの清川村に入る。車内で「降車用釦」とあった。中学一年生は読めず、「これでボタンって読むの?」と意外そうで、(服でなく)花の牡丹《ぼたん》もこれかと聞く。神奈川県にも一つだけ村が残っていた。途中、バス停には小地名も残っている。「尼寺」は「あまでら」かと思えば、電光掲示と放送で「にんじ」。知らなければ読めない。「煤ヶ谷」は、電光掲示では「すすがや」だが、放送のテープは「すずがや」と聞こえた。こういう電光掲示板では、デジカメではシャッター速度の設定に工夫が必要なのか字がなかなか写せない。型が新しくなり、外観も機能も一新されるにつれて手になじまなくなる。往復とも「すずがや」で、私だけの聞き違えではなかった。家内は子に「すすがたにって」と説明している。「上煤ヶ谷」は「かみすすがや」で、こちらは濁らないようだ。

「尾崎」は「おざき」と思いきや「おさき」と濁らず、アクセントが平板だ。「土山」

峠」というバス停もある。走り過ぎるバスの中からは、撮れたり撮れなかったりとなる。都区部の街頭では見かけない「峠」という国字がこういう地では当たり前にある。牧歌的になることを狙ってではなく必要な表現だから使っているのだ。ローリング族に注意を呼びかける看板が出ている。

清川村に設けられた宮ヶ瀬湖はいたって風光明媚《めいび》だが、ダム建設のために湖水に沈んだ集落があった。民俗資料館には、「背負袋」が展示品の説明書きにあった。「しょいぶくろ」とふりがなが付けられている。「せおい」でないところが、ここでの生活の発音を反映していそうだ。私も、都内で「ランドセルをしょって」「リュックをしょう」と言ってきた。冷たい清流を見つけて川遊びをする。逗子《ずし》から来たという小さな娘が話しかけてくる(この点についての話はしないでおいた)。上空では鳶《とんび》が鳴く。久しぶりののどかな昼下がり。川面《かわも》にトンボがよぎる。道ばたでも露天風呂でもトンボが行き交い、蝉時雨《しぐれ》には蜩《ひぐらし》の声も交じっていた。秋はもうそこまでしのびよっている。

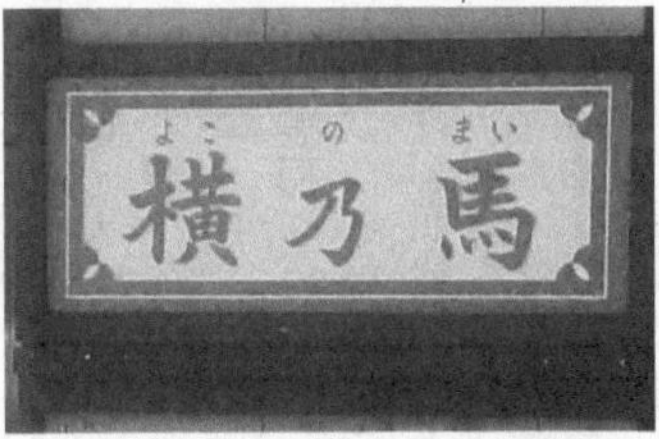

長い吊り橋を渡りきり、空腹を満たそうと見回せば、数少ない食堂の一つを見つけた。「横乃馬」と書いて、「よこのまい」(**写真**)。「馬」と書いて「まい」は、天童などの「馬」(左馬《ひだりうま》)から「馬が舞うからか」と予測してみる。「乃」が小さく書か

れた看板も出ている。還暦ほどのよくしゃべってくれる女性店主に対して、家内にわけを訊《き》いてもらった。「屋号です」。「本当は「よこのまえ」だけど、石屋さんが間違えた」と声をたてて笑う。そして「馬のことを、よくマエって言うじゃん」、「メエとも言う」、「メエって羊も言うけど」と言ってまた大声で笑った。この地の訛語なのだろう。この表記に広がりが確かめられれば地域音訓といえる。「メエ」が元の語形であるとすると、ひらがな表記された語形は誤った回帰によるか。「うま（むま）」は、語源にまで遡れば、漢語起源（マ・バ・メ）とされ、音とも訓ともつかなくなってくる。

第四章　中部の漢字から

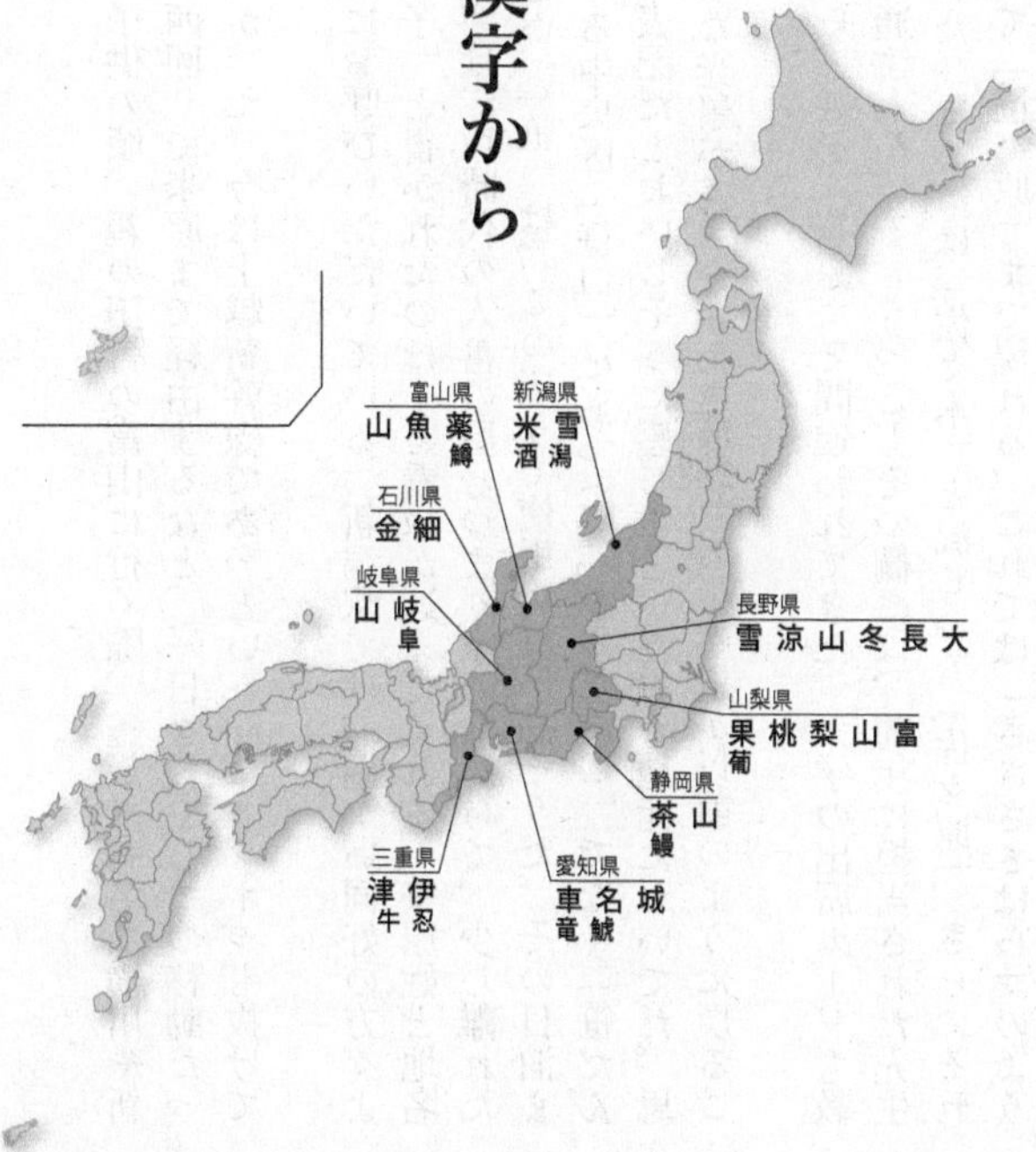

富山県
山 魚 薬
鱒
新潟県
米 雪
酒 潟
石川県
金 細
岐阜県
山 岐
阜
長野県
雪 涼 山 冬 長 大
山梨県
果 桃 梨 山 富
葡
静岡県
茶 山
鰻
三重県
津 伊
牛 忍
愛知県
車 名 城
竜 鯱

「笹」より「笠」

日本海側は近くなった。子供の頃、親の田舎の富山に行く際、釜飯で有名な横川や新潟の直江津を通り、ときに西回りで米原まで経由するなど、一日を費やしての移動だった。車内は煙く夏は蒸し暑かった。今は上越新幹線であっという間にトンネルも抜けて越後の国に入れる。

ご縁があって毎年、新潟にお呼びいただいている。新潟駅では、温かい同好の方々より先に、「笹だんご」「笹団子」と書かれたのぼりと看板が迎えてくれる。笹原姓と地名は日本中にあるが、私の名字は江戸時代の入善の屋号つまり家の名からで、少し離れた地区の地名に由来するらしい。「笹」は、この辺りで使用頻度が高そうだ。その日泊まるホテルも駅から直接行ける中央区「笹口」にあった。「ささだんご」でなく「笹だんご」という漢字の含まれた表記だとおいしそうに感じるという方も地元においでだ。思えば、仙台駅でも同じような光景があった。「笹蒲鉾《かまぼこ》」の生産量が以前のように戻ることを祈っている。

幼稚園の卒業アルバムから、姓を「笠原」と間違われてきた。大学の出席カードも教員欄を最後まで「笠原」で通す人がいる。もっともその欄には、前年に担当された先生の姓「中村」と書く人もいた。ほかには「佐々木」と混じって「佐々原」、さらにそれと「笹原」とが混ざり合って「笹々原」まで現れる。これでは「さささささはら」のようだが、「百恵」だって「百々恵」のように「々」であたかもルビや送り仮名のように、音が反復していることを示す名があるのだから無理もない（「七々」はナナ以外にナナナも架空の姓名にはある）。

「笹」の竹冠を草冠で書いてしまう人も案外多い。「笠」の「立」の部分を消して、「世」を上から太めに書くケースもある。先日は、勤め先の大学の公式書類でも「笠原」と印刷され、訂正が入った。国語研の先輩の方からも間違われていた。一体なぜだろう。まず言い間違いは、発話の環境や個々人の滑舌や耳の聞こえ具合などに左右される。「kasahara」と「sasahara」は互いに最初の子音しか違いがなく、しかもその「か」「さ」の部分はアクセントが概して低く、はっきり聞こえにくい。

書き間違いはそれに関連していようが、「笠」も「笹」も常用漢字表に採用されていない。二〇一〇年の改定に際しても、ともに小説などでの使用頻度はそこそこあったが、現代の普通名詞としての表記の需要は高くないということで見送られた。前者は音読みは笠智衆《りゅうちしゅう》などがあるも比較的稀だ（笠《りゅう》は福岡に多い）。後者は国字で音読みは極めて稀だ（セと読ませる例は一九七ページ「久笹」姓参照）。小学生の時に、兄に「笹」は国字だと聞き、その根拠とする『新選漢和辞典』でこの字を見ると確かに「国字」と記号が付いていた。しかし、そんなのは関係なくみな同じ漢字じゃないかと当時は思えた。

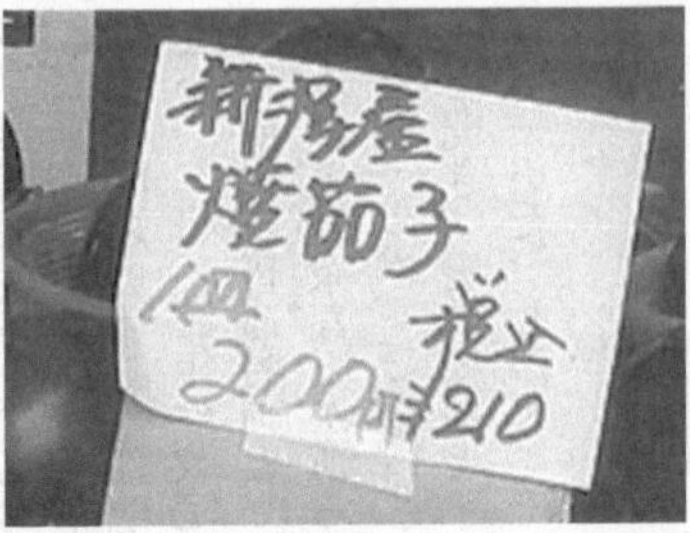

八百屋で。

新潟の「潟」

新潟の方はとても熱心で、年に三度もあちこちにお話をしにうかがったこともある。今回も、新潟市内での会にお呼びくださった。私は、日本海側の血が濃いせいか、風土も人柄もなにやら懐かしく、近しいものを感じる。山紫水明なところ、人も麗しく、山海の食にも恵まれ、一杯一杯復《また》一杯、と進む。

新潟県新潟市では「潟」をよく使う。「潟」は楷書体で複雑な形をしているが、篆書《てんしょ》の字形まで遡れば字源に沿った字体というわけではない。一九八一年に、固有名詞としての使用頻度が高いこの字が常用漢字表に追加された。確かに「干潟」など普通名詞としても使わないわけではない。戦後間もない時期に、当用漢字表に入れたならば、「鷄」に「鶏」という略字が街中で見つかって採用されたというように、「泻」という字体が新字体として採用された可能性もある（**写真**）。

その常用漢字表への採用によって、数年後にこの字が国語教育の対象となった。マスメディアも従う。個々人も手書きから電子機器による入力・出力、送受信をする時代を迎えた。さらに中国の人は「泻」を「瀉」と見なすとの誤解も複合し、略字ではなく「潟」による共通字化が進展していった。この略字は日本海からの潮風に錆《さ》びた看板などに残っていた。

甲府で見た懐かしい略字

一年前のゴールデンウィークは、『当て字・当て読み　漢字表現辞典』の編纂が始まっていて、半日しか時間が作れず、ノックなど子供と公園で遊ぶことしかできなかった。近頃は祝日にも講義が入る。一週間前にやっと予定が固まって予約をするが、近場で癒《い》やしてくれる温泉はメールであっさりと断られる。一つだけ、たまたま甲府市内に予約が取れた。中央線で行ける。

勝沼や石和《いさわ》など子供の頃に祖父母に連れられ、学生になると祖母の見舞いに向かい、そして近年は家族で足を延ばす。中央道を高速バスで突き抜けるのも懐かしい音楽が聞こえてきそうでロマンチックだが、新宿まで一旦出るのも面倒に感じられる。高尾や相模湖の先は横揺れが気になる路線だが、それには線路だか車体だかに理由があると聞く。着けば昇仙峡も近い。子供の頃に目と心に焼き付いた藤城清治の影絵の美術館もあり子供も喜んでくれそうだ。あずさ号、かいじ号も予約が叶う。

『万葉集』の虫麻呂の歌にも登場する「甲斐」という国名は当て字であるが、「かい(ひ)」は何を指したのだろう。山の間を意味する「峡《かひ》」つまり「交《か》ひ」では「ひ」がいわゆる上代特殊仮名遣いの甲類であり、「斐」で表された乙類とは合わないとされた。「斐」は「文」が意符で美しい彩りがあるさまを表す。「揖斐《いび》」「斐伊《ひい》」など古く地名などの表記に好まれた。「甲」の入声音《にっしょう》も失われ、やがて武田氏の「甲府」が生まれた。地元のパンフレットには甲府に来ることを「来甲し」と自然に使っていて歴史を感じさせる。こうして、何らかの和語の発音と字音のうち、頭のk音だけが「甲府」に残された。「生き甲斐」「やり甲斐」などの「甲斐」は元の意味は「代ひ《か》」であり、この「甲斐」を当てるのは甲類・乙類の差が失われ、二次的に行われたものだ。のどかさを漂わす身延《みのぶ》線で、里帰りしていた家族と落ち合う。偶然に選び、予約も受け付けてくれたこの宿は、太宰治の小説『美少女』の舞台となったそうだ。すでにゆかりの混浴温泉はないが、作品を執筆した部屋も残っているという。手元の全集にないので、Google で検索する（ググる）と、「青空文庫」に全文が翻字されている。ざっと知るには便利な世の中になった。短編だが、面白い表記もいくつも目に入る。

太宰の書き表す自意識はなかなか好きになれないが、共感する部分もある。旅情は偶然の出逢いの喜びを増幅させるのだろう。俄《にわか》に関心が出たので、さらに検索すると研究者の論文に逢着《ほうちゃく》し、原文を画像で読めた。さらに別のページには関係する新聞記事があったとのこと、大学のサイトからたぐっていくと、これも地方版なのに実物の写真付きで読める。

何とも楽になった。明日、図書館まで足を運んで、そこからさらに時間を費やして書架に見に行こうと決意し、当日には、体力を消耗させ、面倒な手続きを済ませてやっと掌中に、コピー機の行列へという煩わしさが省ける。しかし、代わりに失ったものはないか。移動時間や待ち時間にあれこれ考える間《ま》は、決して無駄ばかりではなかった。少なくとも机上の画面で連鎖的に分かることで、紙をめくる途中でたまたま目に入った副産物や学ぶ人の姿、所蔵施設からの帰途に歩きながらぼんやりと考え、あれこれ想像する一時、その風景をあやなす文字などは確かになくなった。

こういう時代がかった旅館や温泉街は、若い層には人気が落ちてきているのか、心なしかすいていた。ここのタクシーも客足が遠のいたそうでうら寂しい。ただ、騒然とした宿舎は落ち着かないので、かえって身も心も安まる。館内の掲示で、一昔前の手書きできちんとデザインされた文字が目を引いた。会議室は「会詳室」とある（写真）。不特定の人々に見て読んでもらうための、しかも後々まで残る物にも、綺麗にあえて略字を書き込む、そういう時代の書証だ。

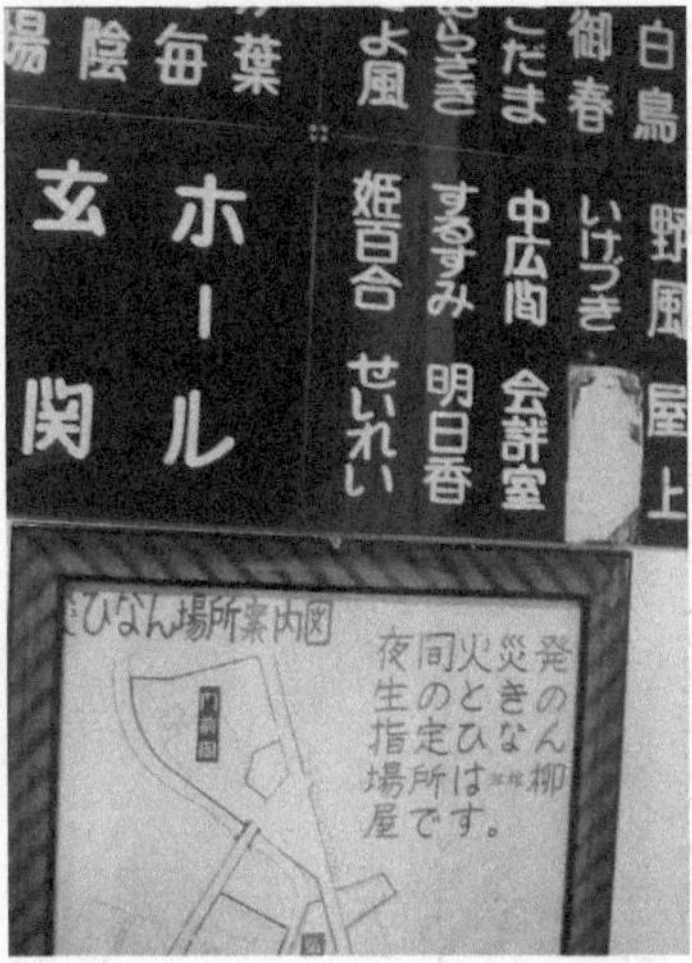

旅館内の案内板。門構えの略し方も珍しい。

浴衣《ゆかた》姿でその部屋の方へ行ってみるとそこに会議室はない。おそらく閉鎖されていた階段の上でかつて回転していた部屋なのだろう。

中一の男児に振ってみたら、「会計室?」と読んだ。ガリ版刷りの中で育った、声符をカタカナに置き換えた略字は、近頃だいぶ見なくなった。

山梨の地域文字「垈」

前日まで黄砂で前が見えないほどだったという話が嘘《うそ》のように甲府盆地は澄んで晴れていた。海に面さない内陸県で、「ほうとう」が土産物店や観光客相手の食堂に、看板や幟《のぼり》を並べている。ほうとうは物珍しいものながら子供が食べてくれる。食偏の二字漢語「餺飥《はくたく》」が変化したもので、その包装などに異体字化しつつもかろうじて見られ、地域文字のようになっている。

ただ、看板やパッケージなどの大きく目に触れる字では、ひらがな表記ばかりであった。六〇歳くらいの地元の人は子供のころ、白いご飯がなく、あっても麦ばかりで、うどんやほうとうをよく食べていたそうだ。カボチャが手に入ればカボチャだけを入れて、小麦粉のほうとうを食べる。トウモロコシを粉にしたお焼きもまた、もうほとんど食べないとのことだ。今のほうとうには肉なども入り、美味しくなったらしい。高尾の山頂でも、粗野に味噌の塗られた団子を子供たちはよく食べた。

近隣には、大門碑林公園がある。西安の碑林の複製とパンフレットで読み、時間の関係で通り過ぎた。印章資料館も少し気になる。六郷の印章は、一〇〇年の歴史を誇り、山梨県における生産量の七〇%、全国生産の五〇%を占めるという。シャチハタは数字に含まれているのかなど気になるが、そうするとハンコの文字のデザインは、ある種の地域性を帯びている可能性が出てくる。将棋の駒の天童も同様だ。さらに文房四宝では、筆の広島、和紙の福井、墨の奈良、硯《すずり》の宮城なども間接的だが字形の生産に何らかの関わりが考えられそうだ。

サントリーのワイナリーが「大垈《おおぬた》」という地にあるらしい、とタクシー運転士。二字目が山梨県特有の地域文字だ。聞いてみると、初めは「ムを書いて」と「牟田」と記憶が混ざっているようだったが、字をこちらから言うとそれで、「普通の地名」だという。県内の旧三珠町《みたまちょう》にも「垈」があり、歌舞伎文化資料館に向かう途中、少し登ればあったとのことだ。車で引き返せば一〇分はかかるそうで残念だが、資料館の閉館時刻が早いために諦《あきら》めた（ここでの収穫については『謎の漢字』参照）。

別のタクシー運転士は、そのワイナリーは双葉にあると言うのだが、慣れないケータイによりWEBで「おおぬた山梨」と打つことで確認できていたので、寄ってもらうことにした。今度は、「あの地名は普通は読めない」とのこと。「ヌタ」が湿地のこととはご存じなく、方言としてはすでに使われていないそうだ。調査は毎回が新鮮で同じことは繰り返されない。状況は常に動いていて何かが変わってくる。

道路脇の電柱の緑地に白い字で「大垈」と表示されているのを見かけた。山の上の工場でのワインの試飲でほろ酔いながら、別の電柱の例を車内から写真に納めた。その地名が大きく書いてあるという公民館まで寄ってもらい、「大垈」の写真をさらに何枚か撮った。

この地域独特の国字「垈」は漢字で「岱《ぬた》」とも書く。都内では東村山市に、町名としては「恩多」に変えられたが「大岱《おんた》小学校」が残っている。この漢字は古くからある中国の泰山の別称で、「ぬた」の意はなく、仮借のように転用したものだろうか。下部が「土」の「垈」という字は、山梨県内では市川三郷町などあちこちで小字として三〇か所くらいに点在している。会意でなければ「ぬた」の「た」を「代」で示した形声風の造字だろう。「沼田」と同じで、「怒田」などは当て字、四国にも造字があるが、そこでは「汢」と分かりやすい会意文字である（二一五ページ）。日本では食品の「ぬた」に「饅」という漢字を当てるが、この語とも同源であろう。なお、「垈」は、中国、韓国、ベトナムにも、それぞれ別の意味によって使用された書証が見つかり、一つの字体に幾重にも衝突が起こる珍しい字だ。一瞬目に入ったバス停にも「大垈」があったかもしれないが、帰途につく。ワイン工場でもらったパンフレットにも所在地としてそこだけルビ付きで印刷されていた。

大垈公民館で。

「娥」から「ヶ」へ

満員の市バスに揺られながら昇仙峡に着く。水晶、翡翠《ひすい》に信玄餅、祖父母が生前、土産として買ったのも、きっとこの辺りだったのだろう。明らかに以前、くぐった覚えのある土産物店に挟まれた入り口を抜け、少し進むと、仙娥《せんが》滝《たき》が美しく激しく落ちていた。「仙娥」は、中国で月に昇ったとされる女性、嫦娥《こうが》を指す。もしかしたら、ここはもと「センが（センの、の意）滝」という語構成をもつ地だったものかと想像してみる。こうしたものは概して漢字表記に惑わされる。「木《と》賊《くさ》峠」も、山賊が隠れているように見えてしまう。

仙娥滝が「仙ヶ滝」に。教科書も「教ヶ書」と略されることはある。

「長潭橋《ながとろばし》」、「昇仙峡」などは、古人の漢学の知識が表れているようにも見える。前者は現地では「長潭《とろ》橋」とも書かれているが、「長とろ橋」となったものもあった。漢字は違えど、埼玉の「長瀞」と語源は同じなのであろう。これらは、江戸時代にこの山道を開拓した農民の長田《おさだ》円右衛門が神主や学者に依頼して付けてもらったという名前か、あるいはそこに遊んだ漢学者が命名したものだろう。その「仙娥滝」は、当地の看板やパンフレットなどでは、「仙が滝」「仙が滝」「仙ケ滝」「仙ヶ滝」と、真ん中の一字が、ひらがなやカタカナ（実際には漢字「个」（箇・個）に由来）に置き換えられてしばしば書かれていた。「娥」という漢字は、「うつくしい（女性）」の意で、「みめよい」と訓《よ》む。美女のいわゆる代名詞である「蛾眉《がび》」も「娥眉」と書かれることがあった。浄瑠璃《じょうるり》の外題では「かおよ」とも読ませる。韓国からの女子留学生の名には今もしばしば見かける。JISの第2水準に入っている字だが、見慣れない上に一回で変換しないソフトがあるため、このように使用が避けられるのだろう。そのために仮名表記化し、次第に「霧ヶ峰」「八ヶ岳」「焼け野が原」などの「が」と同じ助詞と認識されてきたのであろう。

パンフレットでは、「甌穴《おうけつ》」の「區」の部分が「区」と略され「瓯」といわゆる拡張新字体となってゴシック体で印刷されている。地元らしい。甲州では、書きにくい「州」が頻用されるため筆記経済が働き、「卅」と楷書で書くことがしばしばあり、九州や信州などと軌を一にする。古来の筆法が残っていると見ることもできる。

景勝地では、岩手にある猊鼻渓《げいびけい》（厳美渓とは別）も、漢籍の素養が背景にありそうだ。同じく達谷窟《たっこくのいわや》はその地の姓で「たがや」と読むが、いずれが古いのだろう。観光地の名勝には、独特な雰囲気を放ちながら、実は当て字であるものが散見される。香川県は小《しょう》豆島《どしま》で訪れた渓谷の寒霞渓《かんかけい》は鉤掛山や神懸山が元で明治時代初期に儒学者の藤沢南岳が当てた漢字が定着したものだそうだ。神奈川の金沢八景などの「八景」ももっともらしいが、前述のとおり関東で崩壊地形を表す方言「はけ」に基づくとの説がある。

昇仙峡に戻ると、「トーフ岩」もある。今回は途中で引き返したので見ることは叶わなかったが、いかにも豆腐らしい形をしているそうだ。なぜ漢字でなかったのだろう。帰りの電車から、たまたま「豆富小僧」という看板が駅に見えた。「トーフコゾーだ」、漢字をまだ数文字しか読めない小学一年生が指差した。この映画が「豆腐小僧」としなかったのは、原作と差を出すためだろうか（きっと「人間・失格」のケースとは事情が異なるのだろう）。

昇仙峡辺りでロープウェイにも乗ったが、「ロープウウェイ」と「ウ」を一つ余分に発音する人がある（私もそうだ）。「プ＋ウェ」という音の連続と、子供のころに耳で覚えた単語であることと関連するのだろう。

富士八湖での当て字

観光地ではしばしば昭和を感じる語に行き着く。景勝地の広い眺望を表現する「パノラマ」も、私にとってその一つで、子供のころ、洋風でありながらどこか日常から離れきれておらず、すでに古びた語感を漂わせていた。そこに一層磨きがかかってきた。「東洋一の…」なども、程よい誇りと謙虚さを感じさせた。

身延線の金手駅は、「かなで」ではなく「かねんて」だった。当てずっぽうでは無理だ。「蛾ヶ岳」は、「ががたけ」と読んでしまうが、「ひるがたけ」という振り仮名が看板やパンフレットに付される。なぜ「ガ」の字を「ひる」と読ませるか。調べてみると、武田信玄公が登場したり、中国の「峨（蛾・娥）眉山」が出てきたり、さらに「昼」という表記や蛭《ヒル》の方言など、やはり伝承や推測はいろいろとなされていたが、自然地名だけに由来ははっきりとしない。登山者が結構いるそうで、この読みは関心を呼んでいた。近くには「蛭」をそのまま用いた地名がある一方、山家《やまが》地区もかつて「山蛾」と記されたとのこと、関係を解き明かすには複雑そうだ。少なくとも表記は、蛾の古語「ヒヒル」によるこの辺りの方言「ヒル」によるのだろう。

　調査を兼ねた旅行は、じっくり腰を据えすぎたり、あまりしつこくならないようにしたい。何かを探し回るようにはしたくないが、かといってせっかく訪ねたのに上辺だけしか見ないのもまたよくない。韓国には「水朴《スーバク》コッタルキ」（수박 겉 핥기、西瓜の皮舐め）という諺《ことわざ》がある。両方というか中間というか、そういう姿勢が自然にとれるように心掛けているが、うまくいっているのかどうかは、少し心許《こころもと》ない。

「薬袋」で「みない」と読ませる姓がある。これにも信玄公が登場する由緒話が伝わっている。以前、研究室に取材にいらした方は「中込」さんだった。なんという読みが浮かぶだろうか。山梨の出身で「なかごみ」なのだが、東京では「なかごめ」と読まれてしょうがない、とのことだった。なるほど、同県出身でプロ野球選手だった中込伸も「なかごみ」だ。所変われば読みも変わる。甲府でもこの中込姓は歯科、医院の看板で目に入ってきた。

　東京の人がつい「なかごめ」と読むのは、「申し込み」のような例もあるが、「馬込《まごめ》」「駒込《こまごめ》」といった地名をよく見聞きする影響であろう。タクシーの運転士さんの一人は

「土橋」で、「つちはし」もいるが自分は「どばし」で、出身の上九一色《かみくいしき》では親戚でないが一帯の皆がそうだったとのこと。上九一色村は、富士ガリバー王国などで名を全国に広め、合併で消えた村名だ。

標高八〇〇メートル以上という山からでも、富士山や南アルプスは見上げないといけない。山道の途中にも小学校の分校が建つ。標識には、「鹿の飛び出し注意」とある。都区部では見つけがたい文字列だ。「鹿」は二〇一〇年に常用漢字表に追加された字だが、こうした地では、その前から振り仮名なしで使っていたのだろう。タクシー運転士は、客が「南アルプス市」なんて言うから、行き先が分からなくなったよ、と嘆く。「お客さんも「一回言ってみたかった」なんて言っていただけ」だそうだが、「旧名で言ってもらわないと分からない」。「甲斐市」になって「敷島」という立派な地名も（行政地名としては）消えた」と語る。この辺りでタクシーを運転する人たちは、五〇代、六〇代のようで、平成の大合併などによる地名の激変に困惑していた。南アルプス市の学生は、山のイメージから田舎とからかわれると言っていた。

目当ての湖があった。町のホームページには、「四尾連湖《しびれこ》は、「志比礼湖」とも「神秘麗湖」とも書かれていました。「四尾連湖」といわれるようになったには、四尾連湖の神が「尾崎龍王」という龍神であり、四つの尾を連ねた竜が住んでいる湖ということで「四尾連湖」といわれるようになったといわれています」(http://www.town.ichikawamisato.yamanashi.jp/50sightsee/50guide/shibireko.html) と由緒などが記されている。東アジアでは水と竜は関連づけられる。二つめの「神秘麗湖」という洒落《しゃれ》た表記は俗解による漢字選びか、意図的な装飾のようだが、新たな語源解釈を生み出しそうだ。手塚治虫の『ザ・クレーター』に描かれた御殿場の湖水を思い出す。いつごろの当て字だろうと気になり出す。

「四尾連」というそれまで読めなかった地名が、読めた途端に「痺《しび》れのことか」と急に思い付き、連鎖が始まる。確かに、「蹇」「志比礼」とも書かれ、湖水の冷たさに入れた足が痺れるところからと座《ざ》光寺《こうじ》南屏《なんぺい》碑文にある、と地名の辞書は言う。江戸時代には富士五湖ならぬ富士八湖の一つに入り、雨乞い、富士講などの信仰も盛んだったようだ。

湖は実物が小さくてがっかりするのでは、と聞いていたが、湖畔で手作りの味噌田楽(こんにゃく)で小腹を満たし、お決まりのスワンボートに乗り込む。あともう一か所、訪ねたいところがあるが、今日のうちに寄れそうだ。

四尾連湖畔で。竜にまつわる当て字のようだ。

近くの鰍沢《かじかざわ》は先年、町名ではなくなったが、身延線の駅名にも見える。この「かじか」も、また気にかかっている。川魚だが、中国には同種のものがいないのか。この「鰍」という字は、日本ではいろいろな魚に当てられ、カジカも国訓の一つであり、かつては各地でよく使われた。中国では、「鰌《どじょう》」の異体字だった。小石のある川を好むカジカには、それらしい「鮖」という会意文字も新潟の地名などに見られる。都区部で育った私にはピンと来ない。秋の季語で、秋が旬なのかと思うが、カジカは実際にいたとのことで、年中獲れ、春にタマゴを産んだそうだ。

東海での「函」の形

いつも通り過ぎていた駅がある。沼津、三島と来宮《きのみや》、熱海の間にある「函南」だ。その二字と「かんなみ」という読みを見聞きするにつけ、この地名の漢字の表記はどうしてだろう、「なみ」は音読みからか訓読みからかなどその由来にしばし思いを馳せ、また駅の看板に記された「畑毛温泉」を車窓から撮りながら、「畑」に「毛」が付く理由を想像するくらいだった。古くは、ハタケは「畠」、ハタは「畑」と国字が区別されていた。

しかし、北海道で一旦「函」の字の形を気にしだしてから（九〇ページ）、俄然この箱根の南の意の通過駅も気になる存在となった。この区間の正月の東海道本線は、車両が短く混雑している。降りる人もまばらなその駅に初めて降り立った。正月だからか人の少ない町をカメラ片手に歩くと、古びた看板から「函」という字が目に入り始める。公的な施設では、手書き看板でも「函」がほとんどだ。その他の既存のパソコンフォントの類を用いた看板や掲示でも「函」がほとんどである。意識する場面もあるのだろうが、自然にそうなるのだろう。

そもそも「凾」と中身が大幅に変わればともかく、「函」が了型になろうがなるまいが、一般にはまず気にされてこなかった。その証拠に、前述のように「函」に三水《さんずい》の付された「涵養《かんよう》」の「涵」は、かの『康熙字典』でも「了型」であった（さらに点々の角度も異なる）。「凾」はさすが俗字とされるだけのことはあって書きやすい了型となって辞書に載っている。

北海道とは、遥かに離れたこの東海の地であるが、そこで実際に書かれている字体はやはり揺れていた。とりわけ、「函」と「了型の函」（函）とが併用されている看板が二つあったことが気になった（**写真**）。「函」は丸ゴシック体ないしナール体のような書体で描かれたデザイン文字で、「了型の函」は筆字のようだ。これは、ここまでの考察に合う基本的といえる現象だ。字体の分岐の原因は、繰り返すまでもなくうかがえるであろう。

もう一つの看板は、もはや文字が消え失せそうな古いもので駅前に立っていた。大きい字がやはりナール体風のレタリングで「凾」、小さい字もナール体風だが「了型の凾」と分かれている。これは字体が分かれた原因が判然としない。変字法《かえじ》にしては表現意図も感じられない。大きい字であり、かつ一回目なのできちんと書こうとし、二回目は小さい字だし、力を抜いて楽に書いたものが、そのままデザイン文字として残ったものか。

この地では、例えば手紙の住所欄では、どの字体がよく書かれるのだろう。一般的にはあまり使われない「凾」だが、「凾」と「了」型との現れる割合には地域による差があるのだろう。地名にこの字を含む出身地の学生たちの手書き文字でも「了」型が現れる。

地元の表札を含め日常の中で書かれ、目にするいくつもの了型の「凾」を確かめて、駅舎に戻ろうと坂道を登っていたら、子連れのお母さんがカメラ片手の見知らぬ余所者に、「こんにちは〜」と明るく挨拶をしてくれた。何もなさそうな所と近隣の人たちからもいわれ、確かに観光の目玉になりそうなものは特にない自然の中の住宅地である。しかし、人々の暮らしはその地名の字体を変えるほど確かに息づいている、そう感じるには十分な途中下車となった。

春の伊豆の文字

春の伊豆でゼミ合宿を行う。静岡では表記の地域性はどうだろう。都内と同様に、

小室山公園　その場では中身は「エン」に見えたが…？

「月極駐車場」がほとんどだ。春分の日の前日のことだった。思いやり溢れる野球で、ホームインできた。野球は皆に出番が回り、皆のことばを借りると「楽しい」。前回は、この球場のホーム直前で気持ちが焦り転んで「憤死」、ケガの治療のために病院へ連れられて行った。そこで「月出《ひたち》」という珍姓を知れたのは収穫だったが、後で労災の説明が恥ずかしさもあって難しかった。

フィールドから目に入った新緑の「小室山公園」の「園」の字は、明らかに点画が略されていた。草木で点画を再現するためには字形を略すしかない。その場では「囗」の中には「エン」が縦に書いてあるように見えた。しばしば見られる略字だ。ここでは筆記経済よりも、植物というものの与える物理的制約条件によって略字が選択されたのだろう。ただ、その字体は、帰宅後に写真で改めて確かめると、中身がよく分からないものだった。草木は伸びたり刈られたりするので、まさに「一期一会」である。

三河の地域誤字

愛知県の豊橋で学会があった。関ヶ原を前に、この辺りから何もかも西日本の香りが強くなってくる。学会での長かった役が満期を迎えたため、気持ちと時間に余裕ができ、長い付き合いの風邪の具合が気になるが、発表を聴いた後にどこかに足を延ばしたくなった。

駅で運賃表を眺めると、信州へと向かう飯田線に「大嵐」があった。そこは天竜川に近いようで、愛知県を越えて静岡県内に位置する。読み方は確か地域訓を含むもので、字体も略字がありそうだと思って、駅員に訊くと、やはり「おおぞれ」であった。ただ、ここから二時間半は掛かり、着くのは一七時過ぎとのこと、それでは東京に戻れない。断念し、改めて見ると、「渕」を含む駅名がすぐ近くにあったので、そこに行こうと電車に乗った。しかし、急行だったのか、そこを通過した。

行き当たりばったりが性に合っており、またワクワク感や意外性も楽しいので、そのまま岡崎に近い東岡崎まで降りずに乗りつづけてみた。そうして豊橋に次いで、ほとんど何の予備知識ももたずに東岡崎の街をカメラを持って歩いてみた。「…だもんで」、「…ら」、なるほどこの辺りの女子高生もおじさんたちも、話し方は浜松など静岡あたりの方言とよく似ている。

化粧品店の黒板では、「綺麗」の「綺」は「口」が余分に書かれている（**写真**）。たまに見られる「誤字」だが、豊橋だけに、しょっちゅう書く「橋」の字体の部分が干渉したのでは、と推測してみる。石川県羽咋《はくい》市近くの出身の女子学生が「昨日」を「咋日」と書き、それを自然に感じていたことを思い出した。

三河の「圦」

愛知の地域文字といえば、やはり「杁《いり》」が気になる。用水路やその入り口を意味する「いり」は、江戸時代の初期から尾張でこの字が造られ、使われてきた（『国字の位相と展開』参照）。

一方、尾張を挟む他の地域では、木偏ではなく土偏の「圦」が国字として造られ、木偏のそれよりも少し遅れたようだが、書籍や幕府の文書でもよく使われたため、ついに辞書に載るほどになった。三河地方では「いり」は、地図などのとおり、やはり「圦」といういわばかつての「共通文字」となっているのだろうか。古びた看板の残る、だいぶ涼しくなった市内を散策し、カメラで撮るうちに、使用されている「圦」の字をこの目で見て記録しておきたくなってきた。古人のいうそぞろ神に取り憑《つ》かれた状態とは、こういうことも指すのだろうか。

秋の岡崎の地で、「いり」つまり用水路や水門が設けられているであろう池を求めて歩いていると、風邪のせいでフラついてきた。ちょうどタクシー会社の前にたどり着く。一旦は通り過ぎたが、誘惑に負けて扉を開き、タクシー無線を操る大きな男性に訊いてみた。「いり」が付く地名には、「「どうじょういり」がある」と言ってパソコンを叩くと、画面には「入」、残念、土偏が付かない。「なかがいり」「うさぎがいり」など他も同様だった。「何かあるのではないか」と食い下がって画面を覗き込むと、地名が並んだ下の方に「宮ノ圦」が表示されていた。行き場所は決まった。そもそも、「見ないでね」と笑って言う紙がたくさん貼ってある事務所に、「どうぞ」と入れて座らせてくれるような醇朴《じゅんぼく》で温かいところだ。

「いり」とは何かと尋ねると、「字名《あざな》は、本当に分かりにくい」、その男性は知らないと言い、また年配の運転士も分からない。地元では、地名に残る化石のような語と字のようだ。日常語としては死語になっており、字も「死字」となることを予感させた。プリントアウトしてくれたその画面の地図を片手にタクシーに乗り込む。駅に行く前に現地に着くと、大きな寺社の池に隣接し、そこに流れ込む用水路をもつ場所だった。地元の住民の方々に話を聞けた。やはり中高年層でも地名の意味は認識されていなかった。

土偏に入るって書く。書かれた看板や電柱などは無いのではないか。(女性)

ここに来て三八年だけど、この土に入るという字が初めは分からなかった。明治のころの地名か。パソコンでこの漢字が出ない。手紙では使うが、「土入」となって届く。(男性)

この字はJISの第2水準にはあるのだが、この男性の機種は、「みやのいり」ないし「いり」という読みからそれを変換しても呼び出せなかったのだろう。

この地名が書かれたものは町中には無いと揃って言う。近年、社会言語学で脚光を浴びている「言語景観」の視点からは、この現地での「圦」の使用はゼロであった。しかし、そこの実際の暮らしの中では確かに地名として使われている。せっかく来たので、実際にこの字が使われている物を隈《くま》無く探してみた。やはり見当たらない。かつては「みやのいりそう」なる建物もあったそうだが（この「そう」は「荘」だろう）、すでになくなっていた。

古びたアパートで、やっと「MIYANOIRI」とローマ字で書かれた外国の方の郵便受けを見かけた。こういう時に意外と頼りになる自動販売機も、そこでは一台しか設置されておらず、そこには誤って「宮の込」と手書きされていた（**写真**）。恐らく会社の人が書いたものであろう。これも誤表記といえるが、視点と価値観を変えれ

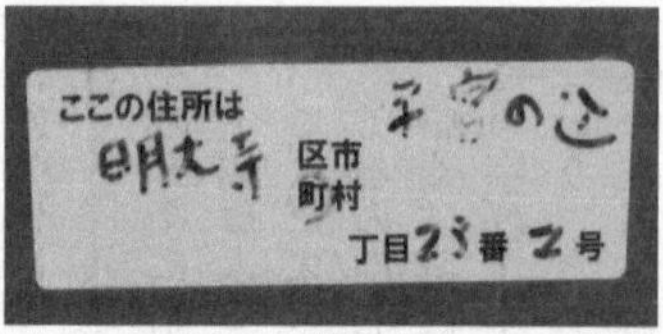

ば一般的な字に交替する「共通字化」の一種と捉えられる。

今、改めて調べてみると、この辺りには他にも「圦」地名が散見されるのだが、「大圦」などは「竜美大入町」となったように地図上では見え、ここだけの状況ではなさそうだ。「圦」を用いた他の地でも、同様の事態がひっそりと進んでいる可能性が頭をよぎった。いくつも見られる地名の「入」にも、元は「圦」だったものがありそうだ。尾張の「杁」に拮抗《きっこう》する形で、近世以降、江戸幕府も用いる「圦」が使われていたのだが、戦後、当用漢字表や常用漢字表による「新たな共通字化」が進展した。そして、見慣れ

た漢字に書き換えられた結果が「入」や「込」だと考えると、この「宮ノ圦」の行く末も決して安泰ではない。

尾張の「杁」

名古屋郊外の大学校舎に向かう。リニアモーターカーは、子供の頃から夢のまた夢だったが、何年も前にこの地で実現していた。新しい物好きではない私にはちょうどよい、またそれしかない交通手段だ。丘陵地を見晴らせるそれに乗り込む。

講義の前の短い間だが、途中下車したのが、「杁《いり》ヶ《が》池《いけ》公園」駅である。この辺りでは地形から、川よりも雨水を貯める池と水門が多く作られたのだそうだ。そこから、尾張の地域文字である「杁」を含む地名を探しながら歩くと、次第に目が覚めてきた。ここには当たり前のようにその地域文字が使われている（次ページ写真上）。

江戸時代の初めより尾張では、木偏のこの字が用いられ始めている。一方、江戸幕府や他の藩では、同じ用水路や水門を意味する「いり」には土偏の「圦」という国字を使っていた。「杁」は、それに先がけて現れた国字のようだ。「いり」という訓義をもつ「入」を旁に配した形声文字のようなやや珍しい構造をもつ。尾張藩では、途中、幕府も公用する土偏の字に変えるようにお触れが出されたことさえあった。個別的な漢字政策と目されるが、地元の文書などでの使用習慣は容易に変わらなかった。

このためこの一帯では、「杁」というローカルな字を皆がきちんと「いり」と読める。

「いる」が終止形だと類推によって思っている人も多い点は意外だった。前出の三河の「圦」とともに、現地では字義そのものは忘れ去られているものの、化石化し地名や名字の中に残り分布を呈している。

土偏の「圦」と違ってこの木偏の「杁」は、公園名、マンション名、病院名など看板でたくさん使われていた。もっと写したいものがあったであろうに、酷使によく耐えてきたボロボロのデジタルカメラで、時間の許すかぎりいくつも記録に収めた（**写真下**）。なお、地下鉄の「いりなか」駅は、ひらがなとされているが、数年前に地上を歩いたところ、「杁中」という表記がやはり普通に使われていた。「二ッ杁」駅界隈とも同様なのであろう。

この字を「そま」と読ませる姓もあるとの話を聞いた。全く別の来歴と意味をもつ国字の「杣《そま》」が、使用頻度が高かった「杁」の影響を受けた結果かと考えられる。「杁」

という字は、貯水池に設けられた「いり」(用水路・水門)のほか、農具の「えぶり」と読まれることもある。その字を用いた「朳差岳《えぶりさしだけ》」がある新潟の方からもその情報を寄せて頂いた。これは、漢字の「朳」が本来の字であるが、形が似ているため古くから混同されてきた。ことにＪＩＳ漢字の第2水準に「杁」しか採用されなかったため、これで代用されることが増えたのである。

近くには、日本史で有名な古戦場跡もあり、町名は長久手町となっているが、「長湫」という表記も小地名として残っており、看板などに見られる。湿地を表す方言「くて」に、それに近い字義をもつ漢字を当てた国訓であり、地域限定という観点から見ると地域訓でもある。当然のように地元の方は読める。これらを人々は生活の中で自然に覚えるようで、日本で当地に使用分布が集中していることはあまり意識されていなかった。

中京圏の漢字

愛知県で、「「はざま」と言って思いつく表記は？」と問うと、この地に見られる「廻間」は小地名なのでさすがに出にくい。しかし、名古屋市内の桶狭間の「狭間」は多く出た。桶狭間の戦いも地元で起こったのである。奈良や京都とは違った歴史をもつ地である。前述の「長湫」も、秀吉や家康らが地図などで目にしていたであろう。ただ、遥かな過去だけが歴史ではない。今、現在と思っているこの瞬間も、あっという間に歴史の中に移ろい、過去へと収まっていき、たいてい表舞台から消える。現在は、歴史の最前線にあり続けるだけの切片だ。

「寒い」という表記を「さむい」と読むべきか「さぶい」と読むべきか、迷うと言う。眠りにいざなう一方通行をやめ、気付きを喚起する講義形態を試みると、こちらも学ぶことが一気に多くなる。「さぶい」は各地で用いられる語形だが、私の周辺ではあまり聞かなくなった。「さびしい」「さみしい」は東京語でも揺れがあるが、「さぶい」という読みには地域性が感じられるようになっている。地名や姓のようには目立たず、辞書にも詳細が掲載されにくい

情報だが、一回ごとの読字行為の中では確かに存在し、目を開き耳を傾けてみれば、実は多く見聞される地域訓といえよう。

「金鯱」は、「きんしゃち」とも「きんこ」とも読まれた。国字である「鯱」の音読み「こ」は名古屋城のお膝元ならではの「地域音」であった。この二字の熟語は、名古屋金鯱軍というプロ野球チームが戦前にあり、遊覧船の金鯱号も以前、名古屋港で運航していた。今でも土産物の名などで健在である。すでに若年層からは忘れられかけている。しかし、「鯱」を「しゃち（ほこ）」と読める人は当地にはやはり多い。人名ではさすが

名古屋というべきか、金偏を付した命名も盛んだったそうで、なおも人名用漢字の要望に見受けられる土地柄である。

東の「や」は西の「たに」——「谷」の訓読み

姓には当地の歴史を思わせる「羽柴」などがあったほか、姓に含まれている「藤」は西日本に優勢な「ふじ」と、東日本に優勢な「トウ」がほどよく混在している。同じく「谷」という字は、「たに」と読む学生ばかりで新鮮だが、姓や地名ではみごとに交ざって存在していると言う。

東日本では「谷」を意味する俚言「や」を用いるのが伝統的な形だ。「渋谷」も西日本では、シブヤではなく、シブタニが地名や姓で優勢だ(元関ジャニ∞の渋谷すばるなど。二〇三ページ参照)。「や」は、学校で習わない読みで、音読みと思い込んでいる人も少なくない。東日本各地の「やち」「やつ」「やと」も同源とされる。第八章の扉ページに全国の地名の中で「谷」という字の読みにタニ系、ヤ系のどちらが優勢かを表した地図を示す。姓を含め、何をサンプルとしてもほぼ同じ結果となる。愛知は東西の境目だけに拮抗している。

東日本的な「なかじま」と西日本的な「なかしま」も、この辺りでは「同居」していて迷うことが多いという。やはり中京地方だ。「高橋」さんは関東に多いが、こちらでも「橋」は姓によく見られる。右上の「夭」を「天」のように書く異体字を「天橋《てんばし》」というとのこと、「天むす」と関係はなかろうがこれは全国にある呼称だろうか。のどを使った後のビールはとにかくおいしい。郷に入っては郷に従え、地元ならではのものも食べたい。「ひつまぶし」も頂く。「ひつまぶし」は地元のたいていの学生は「ひまつぶし」には見えないという。新幹線では、浜松くらいから駅の貼り紙でよく目にするように思われるが、その辺りからの現象だろうか。さすがに小さいころからこの語形を耳で覚え、目でもひらがな文字列を見慣れたことによる馴染みが東京人などの転倒誤読の轍《てつ》を踏ませなくなっている。

方言と漢字

愛知県内では名古屋周辺で、女子学生が友達同士で、「でら楽〜」としゃべっていた。「ど＋えらい」が「どえりゃあ」のように変化し（仮名では対応できない母音を含む）、さらに縮まって「でら」となったのだろう。ただ、「でら」は外来語「デラックス」から生まれた語という俗解もなされる。名古屋出身の女性が以前ある研究室に配置されていた「デラべっぴん」という名の雑誌を見て、この「デラ」は名古屋弁からではと喜んで語ってくれたことも思い出す。都内の人間には思いも寄らぬ新しい解釈だった。ただ、かの市長の話すような流暢《りゅうちょう》な名古屋弁は薄れつつある。それでも、日本語学の教科書にあるような語尾につく「りん」も、三河の子などは「来《こ》りーん」「食べりん！」と実際に「り」の音も明瞭に滑舌良く喋る。だんだん以前に見聞きしたことを思い出してきた。文字にはほとんど現れないが、口頭語ではイントネーションやアクセントに特徴があった。三河や尾張の発音と方言は、静岡東部、中部のそれとも微妙に異なっていた。テキストを読みあげてもらうと、アクセントが部分部分で東京と異なるほか、外来語の「メーカー」も、「メ〜カー」のように、なぜか波打って私には聞こえる。語彙では固有名詞に関わる有名なもので、「めいだい」と言えば「明治大学」ではなくやはり「名古屋大学」を指すとのことだ。

「名駅」、「メ〜テレ」も同じく「名古屋」の頭文字「名」を音読みさせてできた略称だ。このテレビ局名の長音符的な「〜」は、この辺りの口語でのその独特な抑揚を表すのではと想像してみたが、これはそうではなかった。名古屋周辺では、学校での休み時間は「放課」と称されるので、テレビアニメで「放課後」と出てきたときに、何のことか分からなかったという。「模造紙」も、全国で「B紙《し》」というと固く信じていた（皆の話では、B1判のことだそうだ）。学校で使う用語に地域差が大きいことは、黒板消しの「ラーフル」（宮崎県など）でも有名である。

講義の初めに、大学での講義の一時間目のことを東京などと同様に「一限」というのか恐る恐る訊いてみた。これはそうだと聞き、安堵《あんど》する。ケータイで「一限」がなかなか漢字変換されなかったのは、これが全国的、普遍的な語ではないためか、辞書に載らないことがあり、かつ社会人になると忘れてしまいがちな学内用語であることが関連していたのだろう。北海道に行った時には、「一限」でも通じはするのだろうが、「一講時」と言っていた。

「「かんぴんたん」って知っている人？」

一人だけだがやはりいた。隣の三重県の出身という。「田んぼの脇で、蛙や蜥蜴《とかげ》がかんぴんたんになっている」、「ご飯がかんぴんたんになる」というように干からびている状態のものに使うとのことで、漢字は知らないが「標準語」と思っていたそうだ。いわゆる気付きにくい方言であるわりに、なんとも愛嬌のある発音である。そして、なんのためにそんなものに命名がなされたのか気になる。看板に「かんぴんたん」と大きく書いてある乾物屋もあるそうで、人によって使用範囲に差があるようだ。

「素寒貧」と同源で、その意味で江戸時代には広く用いられていた。「寒貧短」と貧相な字が並ぶこともあった。語源がこれらの漢語でないとすれば巧みな当て字といえよう。

千葉でもニュアンスが似た意味で話されるそうだ。翌朝の登校時に、授業での収穫をさっそく友達同士の会話で、いきいきと使っている女子の声が耳に届いた。

方言は漢字で表記されることは少ないが、漢字表記があるからといって共通語とも限らない。

位相表記の地域差

旅の者として愛知県で過ごした数日間は、休暇ではなかったが、窮屈な雑事を忘れられる束の間の日々だ。愛知県内の大学で用紙に「覚わる」と書いてきた学生がいた。最初、何かの書き損じかと思って尋ねてみたら、「覚えることができる」という意味だという。この語は、地元の人たちによると、さすがに論文などでは用いないそうだが、皆方言とは認識していないそうだ。生徒たちは作文の添削でも直されることなく、よく用いているとのことで、私には発音にフランス語のような響きさえ感じられて新鮮だ。

こうした、派手さはないが「気付かない方言」が漢字交じりの表記に現れることがある。WEBで検索をかけてみると、やはりその辺りの地域から、方言だと気付いたという書き込みが多く見られる。また、漢字変換がなかなかうまくいかなかったと思われるが、ブログやツイッターなどで使用している例も確認できた。

女子は中学生のころ、名前の後ろに付ける敬称の接尾語である「ちゃん」には「ⓒ」、「さん」には「ⓢ」、「くん」には「ⓚ」、先生には「T」や「t」という表記を、手紙などに記して使っていたという。筆記経済に、かわいさや、かっこよさが加わり、使用者間の結束を強めるとなれば、その場面では必須のものとなる。一方、「女子は名前の後にⓒと一々書いて、何で名前に著作権（コピーライト）を主張しているのか」などと勘違いする男子生徒もあり、使用と受容、そこから生じる意識に性差も認められる。

それらの若年女性の間で行われる位相表記は、どうやら全国共通のようだ。「それならば、「先輩」を「sp」と書くこともあるでしょ？」と念押ししてみた。しかし意外そうな笑いが起きた。先輩は「先輩」や「先パイ」などと書いていたという。「sp」の類はほとんどが見たことがなく、スペシャルとしか読めないとまでいう。位相表記に地域差があるようだ。そして集団差、個人差、個人でも場面差、時代差があり、この全国の状況は共時的にはとらえにくそうだ。

私よりも上の世代では、先輩と読ませる「sp」をやはり知らないという。そうしたもの全体の流行に、時代ごとに変化が起きるのは当然のことである。もしかしたら、東京でも、今では「sp」は中高生の間で古くなったのだろうか。いや、筆記経済の点からは、煩瑣《はんさ》でよく使うものは簡易化され、一度略されればほぼそのまま定着する。しかもそれがお洒落でかわいい、かっこいいものとして仲間内で共有されれば、愛用されていく傾向がある。世代差も関わるのか気になったが、関東の一部ではまだ健在であるとの証言を後で得ることができた。

二人で一つというほど仲良しな様子を互いに確認し、それを表明するために、「2娘1」と書いて「にこいち」と読ませる流行《はや》りがあると、愛知の女子学生たちが言う。「娘」を「こ」と読ませるのは意外と古くからあり「訓読み」といえなくもないが、うまく取り入れた。人数に合わせて「3娘1《さんこいち》」もあるそうで、プリクラにも記されるとのことだ。これも以前、少なくとも首都圏辺りでは「02娘01」と、一見不要な「0」が添えられていた。しかも、「0」が「0̸」や「0̸」とも書かれ、いかにもコンピューターの時代という趣があった。しかし、局地的、あるいは全国的に、この「0」はなくなる方向に変わってきたようで、たくさん書かれるうちに筆記経済が求められた可能性がある。

　このようなものにも地域差がある原因は何に求められるのだろう。こうした表記の発信源の一つであるファッション雑誌『Hana*chu→《ハナチュー》』などの売れ行きに、地域によって差があったのか。あるいは、プリクラの機種に地区による違いがあり、初めから搭載されているスタンプの表記法に違いがあり、機械的な制約が使用表記に影響を与えているのかなど、検証を要する。

　鉛筆やシャープペンシルではなく、インクを使ったペンで字を書いている時、人は書き間違いを起こす。その字を直す際に、修正テープなどがなかったり急いでいたりすると、男子はグシャグシャに黒く塗りつぶしがちだ。古来、誤った字を修正する時に行われてきた方法である。二本線などで消す「見せ消ち」のようなことも行われる。女子は、友達への手紙の類であれば、その形態に装飾性を帯びさせることが多い。

　まずは線で上から長細めの黒丸（●）を作るように抹消する。ただ、丁寧な円形ではなくギザギザした粗い横線の集合である。ここまでは昔とそう変わらない。その後に、その塗抹の上か下に、まん丸の目玉「◎」を二つ描き添え、ミノムシや毛虫のような「」に仕上げる。すると汚い書き損じも、かわいらしく感じられるそうだ。古書の書《しょ》蠹《と》（紙魚《しみ》）や虫損《ちゅうそん》など縁のない層だ。それに名前を付けている人たちもいる。

日本の人々は、たとえば○印や×印にさえ名称を定着させない韓国の人々とは、符号類への思い入れが違うのだろう。この抹消方法も愛知県辺りでも共通だそうだ。ただ、首都圏内でしばしば現れる東京ディズニーランドのミッキーマウス「」のようにはあまり仕立て上げないそうだ。見たことのないカニの姿など、独特な形が新鮮に映った。

このように位相表記にも、地域差や時代差がある。アラビア数字や記号など、国語などの規範の希薄な位相的な表記だからこそ漢字などよりも一層移り変わりが激しいのであろう。

第五章 近畿の漢字から

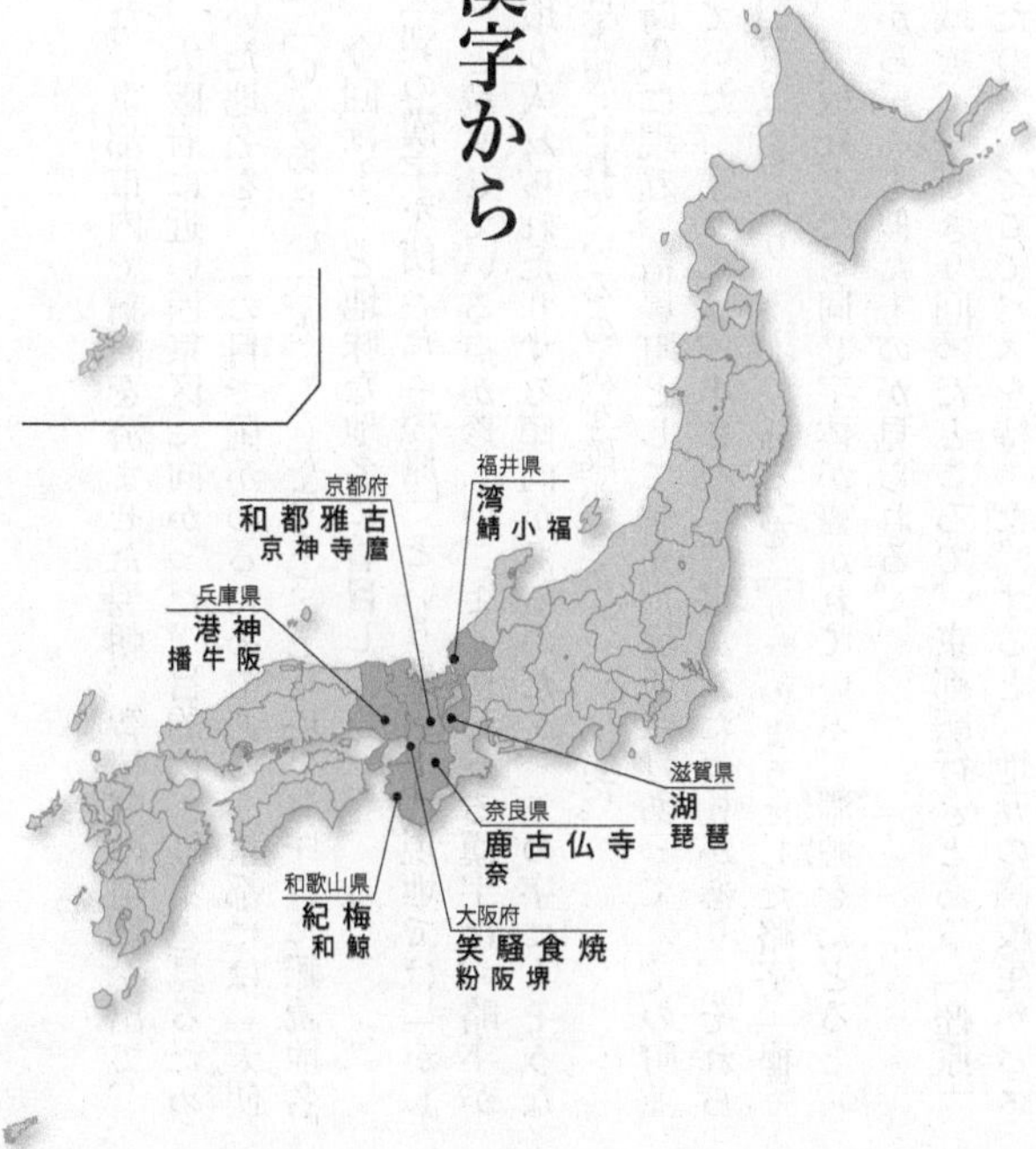

京都府
和 都 雅 古
京 神 寺 鷹
福井県
湾
鯖 小 福
兵庫県
港 神
播 牛 阪
滋賀県
湖
琵 琶
奈良県
鹿 古 仏 寺
奈
和歌山県
紀 梅
和 鯨
大阪府
笑 騒 食 焼
粉 阪 堺

ゆかしい京都の地名

十一月の半ばのことだった。京都市内で講演を済ませた翌朝、智積院《ちしやくいん》の宿坊を出て、三十三間堂を過《よ》ぎり、一路、大阪府に近い西京区に向かった。目的は、紅葉を見るためではなく、本などで知っていた地名を、この目で確かめるためである。京都には「天使《てんし》突抜《つきぬけ》」や「一口」と書いて「いもあらい」といったさまざまな伝承を伴った難読地名（後者は姓にも）が目立つが、今回はもっと地味な地名に着目してみた。

一つは、「樫」という日本製の漢字を使った「樫原」という地名で、現地では「かしはら」でなく「かたぎはら」と読ませている点が珍しい。よく使われる漢字は、略字が生まれたり、過去の略字が取り入れられたりする傾向があるのだが、この字にもそうなのか、「かたぎ」の意味は何と思われているのかを確かめたかったのだ。

「樫原」という地名は江戸時代に現れ、宿場町として栄えた場所だけあって、その町並みに京都らしい佇《たたずま》いが残っていた。家々には、小さな字で書かれた表札があり、それらを覗くと三軒に一軒程度の割合で、やはり「臣」の部分を「リ」のようにした略字「樫」で住所が手書きされていた。看板などでも同じ字体が書かれている。淵源《えんげん》をたどると、この字の作られた奈良時代から早くも似たものが見られる。

樫原は、思いの外広い地域で、一しきり回ったところで、京都駅行きとある「樫原」バス停にちょうど辿り着いたので、そこでバスを待った。すると、地元の高校生がバスに乗りにやって来た。一人旅の徒然《つれづれ》に、その子に「「かたぎ」って何ですか？」と尋ねると、「この辺りはカシの木が多いんですよ。昔、カシの原っぱだったのでは」と、にこにこしながら答えてくれた。携帯電話で「変換できない」と真っ先に言うのは、いかにも現代っ娘《こ》だが、さすがにこの地に育って、生活の中で「樫」という樹木と文字になじんでいることがうかがえる。

実は東京でも、学生たちに「樫」の字を見せたところ、その字は知らない、読めないという人が多くて驚いたものだ。それぞれ暮らしの中での密着度の違いによるものなのであろう。

「かたぎ」という語は、カシの木の異名として使われたもので、「樫」を「かたぎ」と読ませる例は室町時代から江戸時代にかけて少なからずあった。しかし、現在では方言と小さな地域の地名としてわずかに残る程度で、漢和辞典にも「かたぎ」の訓はほとんど掲載されていない。現代では、多くの人に忘れ去られてしまった「かたぎ」という歴史的な読みとその意味が、この地では若い人にもしっかりと意識され、受け継がれていた。

京都駅に着き、午後は滋賀県寄りの山科《やましな》区にある「椥辻《なぎつじ》」の地へ向かった。この「椥《なぎ》」という字は、見たことのない人が多いと思われるが、室町時代の京都で生まれ、そこの地名としてしか使われてこなかった日本製漢字である。「なぎ」という木の名を表す（三八ページ）。

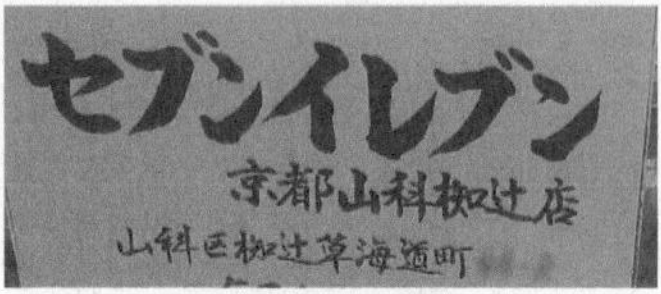

椥辻にて。

京都市内の地下鉄東西線の椥辻駅を出ると、やはり観光地ではないものの、思いの外繁華街となっており、コンビニエンスストアなど新しい店がたくさん進出していた。それでも、中世以来のこの「椥辻」という地名は残っている。それどころか、地元の人々の生活の中に溶け込んでいた。京都には椥辻に限らず「辻」という国字を含む地名が多いのだが、日常よく使われるためしんにょうの点も大抵一つだけで書かれている。暮らしの中で必要とされ、手で書く頻度の高い字は、略字になるという趨勢《すうせい》がここにも現れていた。

方言や地域独自の風習や文化など何でも新しいもの、東京のものへと画一化されていき、地域独自の漢字や地域色豊かな訓読みも失われつつある。変わり続ける世の中だが、祖先の生み出してきた工夫と、それを育《はぐく》んできた先人たちの思いを忘れてしまうのはあまりにも惜しい。

「都」に流行るもの

京都での会合の前に、市内を散策してみる。どこか空気にピンと張ったようなところがある。屋根瓦の重そうな鰻の寝床が建ち並ぶ。そして、さすが千年のみやこ、「都」という漢字がどこにでも書かれている。東京からの新幹線の車内で座席を立とうとする時点で、電光掲示板に次の停車駅は「京都」と表示が出る。ドット文字ながら明朝体風であり、やはり日本を代表する車両に出るその地名にふさわしく惚れ惚れするような見事なバランスに仕上がっていた。

前から京都を歩くたびに、気になっていることの一つが、その「都」という漢字の姿だ。それは、「東京」は昔、「東亰」と書かれ、京風を嫌ってトウケイと読まれたという通説とは関係がなく、「都」に点のあるいわゆる旧字体の「都」かどうかということでもない。

「都」の気に掛かる姿とは、「都」の「者」の部分の「ノ」の起筆位置の低さである。

京都市内にて。

このたびは二時間くらいの間に、一〇種類以上の品で、その字体と邂逅《かいこう》した。それは街中の看板や自動車のナンバープレート、はては路上の目印に至るまで溢れかえっていた。同じ看板屋が手掛けたなどという単純な結果でないことは、作製年代や場所などのほか書風からも一目瞭然であろう。隷書、行書、楷書、さらに各種のデザイン書体、ロゴマークと多彩だ（**前ページ写真**）。この字体を目にする頻度は、首都とされる東京都内を歩くときに比しても明らかに高い。また、「那覇」（三五九ページ）の時と違って別に探そうと思ったわけではないが、上下、左右、ときには前後から自然に目に入ってくる。

この「都」の字体は他の地域でも全く見ないわけではない。日本道路公団が高速道路での可読性を高めるためとして使用した案内標識用の書体にも、同一あるいはよく似たもの（「土」の部分の「丨」がそのまま下に伸びて左にはらうようにも見える）があり、京都市内でもその書体を見掛けた。ただ、京都では、その類の字体の公私を問わない使用媒体での出現数の多さと、この字体の使用の割合が高いと考えられる点から、一種の「地域文字」として位置付けることも可能ではないかと考えている。この字体の使用状況について理由を考えてみたい。

「都」は、常用漢字であり、かつ教育漢字でもあるため、日本中でこの字体をしっかりと習う。「者」は「土」にある下の「亠」のような部分の右寄りの箇所に「ノ」が長く交差するという、やや珍しい形態を備える。「ナ」に近いともいえるが、「ノ」の起筆は微妙な位置から始まり、しかも長く伸びる。このような「ノ」は一般に書きにくい。それを書きやすくしようとした結果、書体によっては、「者」の「ノ」が「一」を挟んで切れて、水面を貫く光線のように、「ナ」と右と左とで離れる、そんな極端な例も見受けられる。

さらに「阝《おおざと》」のせいで狭くなる。そうした字体の特性から、この字をよく書く人々は、少しでも省力化を目指す。実は中国でも伝統的な隷書や楷書、とくに行書に、写真と同様の「都」の字体が使われていた。字体を簡易化しようと図ってこの形が筆記で生じ、あるいは歴史的な書写体から選ばれ、日常的によく用いる京都の人々の間で継承されたのではないか。

この字体であれば、点画が比較的込み入らず、見やすいという利点もある。そういうことからこの字を書く、デザインすることがまた個々に行われる。それらの経済性と古雅な字体への審美眼、可読性の追求が発端となり相俟《ま》って、この字体は使用が重ねられ、地域の人々の目にも馴《な》れ、それを見た住民がまた模倣するという影響の循環こそが、この字体が京都で多く呈される要因ではないか。

「京都」以外の文字列でもやはりそうなっていた。サッと書かれた字の写真は、和装ショップ「和都凛衣《わとりえ》 縁屋《えんや》」である。

この「都」と同様の現象は実は各地に観察できる。例を挙げると、神奈川県では、「奈」の「大」の部分が「ス」と続けて手書きされることが多い(奈良県では一字めであるため か見かけない)。また三字めの「川」も「ツ」のように書かれがちだ。埼玉県でも「埼」の「大」が「ス」と書かれるケースが目につく。千葉県でも「葉」の「世」の部分が「丗」と簡略化されて手書きされる傾向が見て取れ、デザイン文字にもなっている。

これらのように地域に顕著な珍しい形の漢字があっても、文字というものが人々の間で空気や水のように当たり前の存在であるため、地元の人々はむしろ気付きにくくなっている。文字にも地域に根差した「京ことば・京訛《なま》り」のようなものがあり、かえって歴史豊かな「都」たるゆえんを示してくれているように思える。

関西の漢字

駅ビル内のホテルでの宿泊は高級そうで落ち着かない。しかも翌朝からの会合も同じホテルの中だそうで、このままではせっかく京都まで来たのに、駅から一歩も出ずに東京に戻ることになってしまう。

夜なので、地下街にあった、心斎橋に本店がある入りやすい店で晩ご飯をとる。結局、駅から離れられない。大阪のレストランは、さすが食い倒れの街で味がしっかりしている。どうも客が店を育てているようだ。構内に戻ると、とても入れそうにない高級そうな店先には、同じ店なのに、テンプラに対して、「天麩羅」「天富良」「天ぷら」と三通りの表記が一か所に集中して使われていた。真ん中の例は、字で語を飾り、他店との差まで示すようだが、これらを併存させる意図はなんだろう。

テンプラの語源は外来語説が強いが、「天ぷら」という当て字込みの表記が珍しく新聞などでも認められている。江戸の山東京伝《さんとうきょうでん》が「天麩羅」と当てたという説に対して、古い例との照合をしたくなる。看板などでは、「天婦羅」「天婦゚羅」やそれらの崩し字・変体仮名もよく見かけた。

部屋に入ると、テレビはもちろん設置されている。以前泊まった大学の合宿所は、これがなかったのが意外にも幸いし、何もしない休息を楽しめた。

コマーシャルで、「かるいかけふとん」。「かけぶとん」よりも軽く聞こえるのは、連濁に馴染んだ耳に慣れないこの清音のおかげだろう。リーブ21のCMでも、「研究所」がケンキュウショと濁らず発音されている。若年層は関西でもケンキュウジョが優勢のようだが、その社長さんの京阪式アクセントからすると、これも地域差と世代差の反映だろう。漢字に濁音符を振ることは、訓点資料や江戸時代の丸本や戯作《げさく》などで行われた。

流れる番組では、ダウンタウンの濱田（「浜」のほか「濵」という異体字も現れる）が、山崎邦正のことを「やまさき」と投書の読み上げのときに呼んだ。さすが関西だ。関東では、ヤマザキホウセイと思っている学生がほとんどを占め、習慣に自然と染まって「聞けども聞こえず」の状態になっている（兵庫出身の彼自身もそう発音することがある）。使用頻度を含めた環境がそういう印象を形成する。「ザキヤマ」と称される「山崎」というお笑いタレントとの区別が東日本ではなくなる。

そして、部屋の清掃をしてくれた方の名前が、置かれた紙の札によると「中田」さんでローマ字では「Nakata」、濁らないのはやはりここが西日本だからか。漫才コンビの人の名にもあるが、私はそれも連濁するものと思い込んでいた。兵庫出身の柳田《やなぎた》国男のこともうまく発音できない。

濱田氏は、ハガキの「捕まえた」（字幕）を「とらまえた」と読んでいた。これは「捕《つか》まえる」と「捕《と》らえる」との混淆《こんこう》によって生じたとされる語で、大阪弁と目されることもある。テレビを見ていても、漢字の地域差が垣間《かいま》見える。

翌朝、「大根《だいこ》の炊《た》いたん」（大根《だいこ》炊き）など京風の朝食をいただき、カメラを持って鴨川方面へ出る。「都」はやはり左の「ノ」が上に出ない字体を看板で見かける。京都タワーホテルもそうだ。古い書体を参照し、一時期この地で流行したデザインかもしれない。地元の方々から、年配の方の手書きに見られるともうかがった。こういう地域差や年代差については、そうした情報を必要とする現場もあり、しっかり調査できる態勢が整えられればと願っている。

「七条」は標識で「SHICHIJOU」とあるほか、市バスの放送では聞き取りやすい「ななじょう」も使われていた。京ことばでは、「ひっちょう」にまで変化する。

「月極（旁の一、二画目は「了」）ガレージ」が目に入る。外来語風な方言の「モータープール」もあり、京都など近畿は意外と新しい物好きな面もある。古めの看板も随所に残っている。「専」は、全国的な共通誤字だ。昭和四〇年代後半から五〇年頃の東京の区部で見た看板や貼り紙を思い出すが、そうしたものがこの地に残っている。時間が止まったような空間が寺社に行かずともそこここにある。

江戸時代からの看板は少ないようだが、それらしさの漂う老舗の筆字、崩し字、変体仮名の看板は散見される。ただし、あの「楚者」を崩した擬古的な「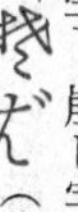（そば）」は、ここでは逆に割合としても少ない。崩し字を残そうとして、そのままゴシック体のようにデザインしたロゴも萩乃屋（駅弁の会社）、冨士屋（そば屋）などに見受けられる。伝統の和の雰囲気を残しつつ、線を太くして印象を強めようとした結果だろうか。当たり前のようだが、ここでは「阪和」のように「坂」より「阪」が目に付く。伊勢の「松阪」も「坂」が多かったが、維新後に（縁起担ぎによるとの証拠は少ないが）「大阪」と正式に決まってから、それに合わせたそうだ。

「洛」の字もあちこちに用いられている。これも一種の地域文字だ。中国の洛陽に因《ちな》むもので、歴史の永い都らしい。「洛中洛外図屏風《びょうぶ》」など全国で知名度の高い字だが、地元では学校名から店名までよく使用されている。この字になじみがあるのだから、「落」という字も、「三水《さんずい》」から書く「落」という誤字は少ないのでは、と予測したことがあったが、身に付ける順序が関係しているためか、そうでもなかった。京都出身の学生も、普通に「落」と書いてくる。言語習得期ならぬ文字習得期というものも（文字生活と文字教育の影響が大きいが）あるはずで、学校で「落」を習う時期の関係も大きい。

祇園の「祇」は、日本全国であちこちに存在するが、手書きと活字とで分かれる傾向のあったこの「示」と「ネ（祇）」の字体も、今や混ざり合っていることが當山日出夫氏の調査などによって知られている。別字の「祇」も用いられることがある。

京には海もあり、日本三景の一つ、天橋立《あまのはしだて》がある。中世には「[illegible]」などと一字で表すこともあった。簡単な字でも、「先斗町」で「ぽんとちょう」とは知らなければ読めない。ポルトガル語説が強いこの名をもつ地にて、鴨川沿いの川床でご相伴《しょうばん》にあずかった京都の地下水から造ったというお酒は、遠くに南座を眺望し、梅雨の晴れ間の夜風を浴びながらいただく、日常を忘れられる贅沢なものとなった。

浪華の漢字

大阪では、看板に串カツ（串揚げ）など「串」が多く書かれている。店内には「伊勢海老」とあり、ここでも「蛯」は見かけない。「かやくうどん」「かやくめし」「けいらん」とメニューにある。一音ずつ丁寧に、口を丸めての発音が聞こえる。東京人には、「火薬のこと」かと思ってしまう者がいる。カップ麺の「かやく」が子供のころに分からなかった。「鶏卵」の字音語の読み方も、専門家や改まった場面でない限り、段ボールかパックで目にするくらいだろう。どこの店に入ってもおいしい、天下の台所だ。くいだおれの人形が太鼓を叩いていた道頓堀はもちろん、場末の食堂でも喫茶店のような店舗でもそれを実感した。

おでんでは好物の竹輪麩《ちくわぶ》がなく、逆に牛スジが入っている。つゆの色はやはり薄めだ。

それが「関東《かんと》炊き（煮とも書かれる）」というもので、ここでは「炊く」はご飯だけでなく、おかずにも使われ、共通語より意味の範囲が広い（この関東は中国の「広東」に由来するなどの説もある）。東北における捨てる意の「投げる」と同様の方言の漢字表記だ。この街では、味が落ちると客が店主に「体悪いんとちゃうか」などと声を掛けてあげることもあるそうだ。

がらがらと引き戸を開けると、テレビではプロ野球の阪神戦の中継のさ中、地元のおじさんたちが応援しながら呑《の》んで食べている。居心地がいいわけではないが、熱気の中、一緒に食べる。「寅」は東京の下町を思い出させる字だが、「虎」は新聞では阪神を指す。「猛虎」「猛虎打線」のように熟語としても現れる。二〇一〇年に常用漢字に入ったが、この辺りではファンでなくとも子供のころからよく読み書きできたのではないか。

大阪で。「¥」が「半」に。

「吉」を使った表札が目に付く。とりわけ「吉田」姓が多い。芦田が悪《あ》しに通じるとしてヨシダとし、漢字も好字に変えたものがあると聞く（栄えている梅田という地の名もともとは埋田という）。「吉」には、

「吉」（つちよし）の字体も目立つ。パソコンでは表現しにくい随一の字だが、「もとは農家やったさかい」「士《さむらい》やったから」と渋めの嗄《しゃが》れた高い声が聞こえてきそうだ。

「辻《つじ》」のしんにょうの点の数

「辻」は、東京では普通名詞としても地名としてもあまり現れなくなった。東国でも鎌倉などでは普通に使われていたが（「逗子《ずし》」も「辻子」とも書かれた）、「四つ角」や「十字路」の語に取って代わられた感がある。無論、神奈川の「辻堂」、埼玉の「辻」など今でもなくはないが、東日本の学生たちは、この「辻」という字を見てもどういうものかイメージがあまり湧かないとも話す。

辻は、抽象的な意味ばかりでもなく珍しく象形性も帯びているが、「辶」自体の意味が漠としていることも一因であろう。語としても「つじ」を忘れかけている人には十字路を惹起《じゃっき》できないのも当然であろう。字体についてもピンと来ない人が多いようで、書いてもらうと似た形の字と混乱して「述」のように誤る人が少なくない。読みは、「和辻」ほか、「辻仁成」など作家の姓にもあるためおおむね読める。古く、「つむじ」とも読まれた。頭髪の旋毛《つむじ》、つむじ風（旋風・つじ風）と同源と考えられる。

「辻」は、『北史』など漢籍にある四つつじを意味する「十字街」に基づいて作られたと考えられる。平安時代から現れる比較的古層の国字に位置する。「辻」という字の使用が、現在、近畿に優勢という地域性が姓や地名の分布からもうかがえる。先に触れたように普通名詞での頻度にも違いがあり、西日本一帯で今でもよくこの字が登場する。大阪で、行き先までの道を知らせる店の看板に大きく書かれているのを見かけた。高知では「辻道《つじみち》」とあった。

辻村、阿辻、西辻、辻元なども近畿の姓だそうである。京都や大阪、奈良辺りでは小さめの地名、姓として集中している。朝日新聞社は、朝日字体を「表外漢字字体表」に即して印刷標準字体といういわゆる康熙字典《こうきじてん》体に一挙に換える際に、「辻」は例外的に点が一つの字体のまま据え置いた。それは、姓での「辻」の多用をよく把握していて、使用が定着しているため問い合わせの来ないようにと考えての対応だったそうだ。和製漢字なので、『康熙字典』にはない。「しんにょう（しんにゅう）」はもとは「辵」だったが、同じパーツを含む「足」「走」よりも多用されて、崩し字が楷書として定着したものだ。「走」も「赱」のようになることはあるが、体系的に採用されるほどではなかった。このように生じた字であり、点の数に大意はないことは四庫全書の『康熙字典』などを見てもわかる（『謎の漢字』参照）。

奈良の国字

信貴山《しぎさん》の近く、近鉄生駒《いこま》線で元山上口《もとさんじょうぐち》駅と東山駅の間にその地はあるらしい。その木はなにか。発音は、そして、どこに植わっているのか。

あらかじめWEBで見ておいたのと似た葉の木が道路沿いに生えていた。京都の椥辻では、地名に合わせて改めてその地で目印とされたナギを植え直していた。

小雨の中、ゼミ生と歩く。民家や畑を巡りながら住民に尋ねて回る。学生のケータイでは「しではら」で「椥原」と出てくる。ほかの地名も変換できるとのことで、パソコンよりも性能が良いものがある（最近のスマートフォンよりガラケーと呼ばれるようになった器材にこうした勝っていた機能もあった）。メモにこの字を手書きして、何と読むのかを聞いてもらった。

地元の方々は、「しで」「ひで」のどちらか。余所《よそ》から越して来たという六〇歳くらいの男性は「しい」「しで」と読まれた。ただ、「なじみが薄い」そうだ。自転車に乗ってきた小学生（一〇歳くらい）は、「かし」と読んだ。私が「しで？」と聞くと「しで」。「ひで」ではないそうだ。難しい字同士で初めは「橿原」と混同したのだろう。

漢字以前に、「しで」とは何かがそもそも分かりにくい。名字として知られる幣原よりも植物らしさが表現され、他の地名との対称性も高くなってはいるが、この「椥」という字だけではヒントになりにくい。この辺りでの「し→ひ」という音韻の「訛り」の規則に沿って「ひで」に自然となっていたのだろう。「七」「質」は「ひち」、「七条」も地名や姓で「ひちじょう」のように文字にも現れることが西日本各地で起きている。江戸っ子も似た傾向を持ってはいるが、朝日新聞が「あさししんぶん」と「ひ→し」という方向の変化も、潮干狩りが「ひおしがり」と「ひ・し」の逆転も起こる。「ひではら」と「しおひがり」とは似ているが、ここでの変化は「し→ひ」のほうが多いようだ。

地名辞典などで「ひで・しで」の両方がある謎が氷解した。

生駒郡平群町《へぐりちょう》椣原という地に、金勝寺《きんしょうじ》があった。行基菩薩の創建と伝えられ、奈良時代からの古刹《こさつ》だそうだ。有名な磨崖仏《まがいぶつ》も拝した。

「ひではら」と「しではら」の読みを活字で見ていたのだが、そこでいただいた坂本雅央『［改訂版］平群谷の驍将《ぎょうしょう》　嶋左近』（二〇〇八）には「現在の平群町大字椣原《しではら》」、「椣原山金勝寺」とある。また、金勝寺のパンフレットには「当時密生していた椣の霊木をもって薬師如来、日光月光両菩薩、十二神将共に一刀三礼の作と伝えられ」と、「椣」の字を普通名詞としての木の名にも転用している。こうしたことはあちこちで普通に起きる。このシデの旁は、「仏典」や「典雅」あたりの「典」からであろうか。

大阪から嫁いでいらしたという方は、きれいな広い畳の部屋で、山号は椣原山《しではらさん》で、「幣」のことで、「ぬさみたいな実がなる」と聞かせてくださった。「今は四手」とも書き、それを一文字にしたのだという。そのシデの木を一本だけ、以前に境内に植えたが、奈良時代に行基がこのお寺を開いた頃には、山一面に植わっていたと伝えられているそうだ。

第六章　中国・四国の漢字から

島根の「腐」のない「とうふ」

地方では、予定よりかなり前に宿を出るようにここのところ心掛けている。島根県では、古代は信じられないほど巨大だったという出雲大社など名所は前に行ったし、松江城も遠くから眺められればそれで十分だった。霞む宍道湖《しんじこ》畔の松江のホテルを離れてバスに乗り、また歩いてみる。そうしたことを繰り返す中で、山陰の「陰」の書きやすい異体字「隂」など、すでに知られたものが今でも看板などに多少残っていることに気づく。珍しく少し予習したことを活かし、白潟天満宮で新潟で有名な「泻」を確認し、「鼕《ドウ》」伝承館、「淞《ショウ》」北台、「附」属中学に居並ぶ「付」属小学校など、気になるところを踏査してみる。

ほかにもいろいろと特色ある字が目に入ってきた。そして、県民会館に向かう途中で、昔ながらの小さな豆腐屋を見掛けた。看板には店の名前に「豆腐」ではなく、「豆富」が使われている。松江では昭和三八年（一九六三）の時点で、すでにそういう看板がやたらに目についたそうで、島根県豆富商工組合が豆腐のイメージアップのために申し合わせた〝縁起字〟ともいうべき文字を飾った当て字だとされる（斎賀秀夫『漢字と遊ぶ現代漢字考現学』毎日新聞社　一九七八年）。確かに、「腐敗」「腐る」の「腐」よりも、「富」のほうが高蛋白《たんぱく》、低カロリーで栄養価に富み、ヘルシーにさえ感じられ食べたくなってくる。ダイエット食にもなりうるという向きもある。落語の「酢豆腐」ではないが、たしかに腐れば大変なものに変わりはてる。何ごとにつけイメージに弱い日本人らしい。

「腐」を忌避する意識は戦前から見られ、作家の泉鏡花は「豆府」と書き換えた。かつて鏡花肉筆の原稿用紙で確認した学生もいた。中国でもまれに「豆付」を書く人がいるが同音字で省略したまでで、「腐」の字義には諸説あるが、「臭《チョウ》豆腐」や「豆腐脳《ナオ》」などストレートな食品名をむしろ好むのである。「豆富」は、東京は台東区根岸の笹乃《ささの》雪《ゆき》など他の地域の商店や会社でも使うところがあり、いつからか、他への影響はどの程度だったのか気に掛かっている。

店名でのこの表記の使用実態は、明確な分布を呈する。以前NTTの「タウンページ」のWEBサイトで、根気を保ちながら検索を続けると、やはり島根県だけが突出しており、特に松江市の店名では「豆富」の使用が「豆腐」を凌駕《りょうが》していた。地域表記が拡散した様子も隣県に使用する店がある状況からうかがえた。全国豆腐連合会（全豆連）という北海道から沖縄県までをカバーする全国組織には島根県の先の団体は現在加わっていないが、中国山地を越えた岡山県と、同じ日本海側の富山県は、やはり「豆富商工組合」となっている。

島根県全体のとうふ店の名では「豆富」が「豆腐」とほぼ同数

松江の豆腐店にて。

ある。やはり実際にその地で使われていたことに感慨を覚えたが、忙しそうに立ち働く店のおじさんに、意味などについては尋ねそびれてしまった。最終日、JALが撤退しないか心配になりそうな出雲空港に戻る前に、小雨交じりの街をまたデジカメを片手に散策してみた。商店街が見当たらないので、地元のスーパーに入ってみる。とうふのコーナーでは、「豆腐」に混じって「豆富」という表記が包装に印刷された店名に見つかる。東京よりも目立つ。

別のスーパーでは、「豆冨」と「富」が異体字で大きく書かれている。これは隣の広島産だ。これを土産にしようかと手に取ってみると意外と底が厚く体積も大きく、ずっしりと重たい。弁当にもしづらく、家に着くまでに暖房で傷むかもしれない。土産は、教え子から聞いた「若草」や出雲そばとし、写真を撮るにとどめた。

松江の地域文字「淞」「鼕」

山陰は、鳥取砂丘や出雲大社を訪れて以来となる。松江市内には淞北台《しょうほく》という地名がある。全国の地名を通覧した頃から気になっていたので、路線バスに乗り込む。バス停名にもあった。「淞北台団地入口」に着き、降りようとするとこの先に「淞北台団地」もあることに気づく。確かに日常では、国内でほぼここにしか見られない「淞」という字が生活の中で自然に用いられていた。島根大学の「淞風祭」という学園祭は、あいにくこの年は新型インフルエンザの影響で中止となってしまった。これは、宍道湖を擁する水郷である松江の「松」に「さんずい」を付けたものか。あるいは「江」の「三水《さんずい》」で合字のようにしたものか。中国にある漢字だが、そこでの字義は江蘇省の太湖から長江に流れる「呉淞《ウースン》江」（淞江）を指すだけである。

近世前後には、隅田川に「濹《ボク》」、淀川に「澱《デン》」（テン）、桂川に「溎」、そして相模には「湘」、四日市には「泗」、徳島には「渭」など、各地で「三水《さんずい》」の漢字が造られたり当てられたりした。漢学者たちが雅《みやび》を求め、中国めかそうとしてかえって和臭を強めたものである。それがまた日本らしい地域色を示す文字となった。

松江市内には、東奥谷町《ひがしおくだにちょう》もあった。「谷」を「たに」、「町」を「チョウ」と読むのはいかにも西日本らしい。とくに「や」という訓読みの比率の低い土地柄である。

島根県にある「亀嵩《かめだけ》」の地は、松本清張の推理小説『砂の器』で有名になった。そこの蕎麦は売り切れていた。宍道湖辺では「すずめー、すずめー」と売り子の声がしたと聞く。ここでは雀を食べるのかと旅人を驚かせたそうだが、「蜆《しじみ》」を訛ってそのように発音する。ズーズー弁が東北から遥か離れたこの地にも分布していたのだ。「宍道湖」の「宍《しし》」も、「肉」の古風な字体と字訓を保持している。

ここでは「鼕」という字がしきりと目に入る。観光用のビデオや掲示によると「出雲地方では大太鼓をドウと言います」とのことで、ドウと呼ぶ大きな太鼓を多くの町や会が所有しているそうだ。江戸時代からの祭りで、この難字の使用もこの地ではすっかり習慣化している。「ドウ」という音が先に存在したとすると、太鼓の音を表す「鼕」はトウ・ズ（ドウ説も）が字音で、「鼞」など別の字を当てた方が適していたのでは、と推測してみる。しかし、この字の古い音は「タウ」であり、より遠かった。一〇月第三日曜日に催される祭りでのみ使われるので、構成要素は「冬」になったのか。鼓は今では縁遠い楽器となったが、かつては日常に近かった。伊豆の下田でも「鼓」を含む難字を用いた小地名があった。

「鼕」は、バスから「…鼕庫」と建物の看板に大きく筆字風に書かれたものが見えた。そうした倉庫は市中にいくつもあった。この字はJISの第2水準に入っており、字体はフォントによって異なるもののおおむね「冬」の下部が「冫」となっている。そのために、手書きでもそう書かなくては、という固定化したこだわりもできてしまっていそうだ。テレビでは、こちらで8チャンネルの地方局で、伝統的なこの祭りを繰り返し報じていた。「鼕」の字体は揺れていた。ハッピの背にも書かれ、「鼕夢《どうむ》の会《かい》」といった会名、「どうねり」「どうだい（台）」という語も読み上げられた。

擬音が太鼓の名称（名詞）と化し、さらに祭りや会の名（固有名詞）にも用いられるようになった。そうした中で、それらしい構成要素、字義と発音を持つ漢字を探し当てたのだろう。地元出身の方は、「竹かんむりに冬」と記憶していて、字義は知らない、ここだけなのかと意外そうに話して下さった。祭りでは「笛」も用いられるので、部首が混じったのであろう。

こういう情報も、アンテナを立てれば広がりを持ちうる。地域への愛着にもつながるので、土地の空気に溶け込みきっている地区伝来の特有の文字を発見し、報告する授業を、地元で一時間でも持たれると良いのではと思っている。

岡山の「嵶《たわ》」と「穝《さい》」

女子高生たちが電車内で話しているのが耳に入った。「そうじゃろ」、「よかろう？」という声。岡山を出て久しい女子学生も、都内で地元のこうしたことばがときどき出て、周りの友達を驚かせていた。このどこか重厚な語感を伴う方言がかねてより文芸作品、昔話や漫画、アニメなどの中で、特定のキャラクターと結びつけられた。いわゆる役割語として注目されて、老人や博士の口調として認識されている。

吉備《きび》は、黍《きび》がたくさん穫れたところから付けられた国名ともいわれ、黍（吉備）団子の桃太郎伝説の地として知られる。この中国地方は山陽の地で、街中で目に入るエビは「えび」「海老（芋）」であって、もちろん「蛯」は見かけない。「ままかり」をいただく。俗に「名物にうまいものなし」というが、これはおいしい。ただ、後で聞くと地元の人は余り食べないそうだ。店のメニューには、「肉鍋」「肉丼」もある。さすがは西日本で、「肉」といえばまずは牛なのだろう。肉まんのことを「豚まん」という理由もここにあった。倉敷は、落ち着きのある町で、看板も時間が積もり重なっていて夜は子供のころのほの暗い街路を思い出させてくれる。

長い区間を走る路線バスに乗り込む。「扇の嵶入口」という方言「たわ」に地域独自の造字「嵶」を用いたバス停があったため、そこを目指してみた。「次は」とのテープ

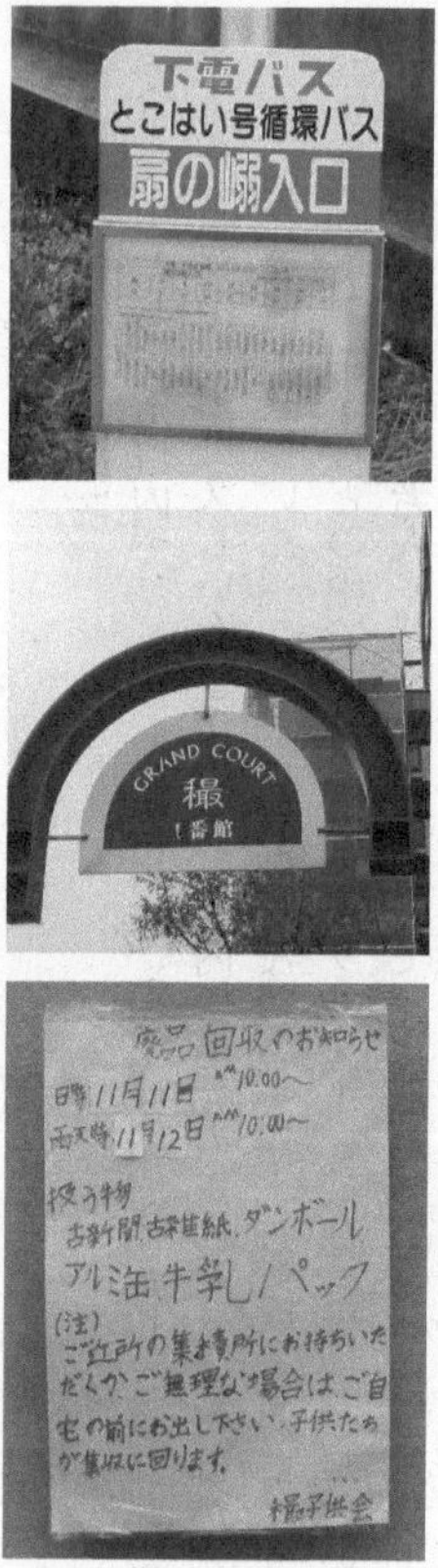

穝　子供の字であろう。

のアナウンスと電光掲示に、他の乗客たちも「へ〜」、「山が弱いと書いて」、「襞《ひだ》みたいになっているところ」と一しきり話題にしている。しかし、そこで降りた人は私だけで、次のバスは当分来ない。山の大きなトンネルの入口に、確かにその字が使われていた。そして向かいには瀬戸内海が広がり、瀬戸大橋が四国へ向けて架かっている。

県内では、山中にも「嵶」という地があるので行ってみた。くねった登り道で、畑仕事に精を出す老夫婦がいた。その地がどこか尋ねると、野良仕事で握りしめていた包丁をそのままブンと振り回して、朗らかに方角を指しながら教えてくれた。民家に「物部」と表札があるのもこの地の歴史を思わせる。わずかながらその地名の書かれた紙と地名に関する意識のうかがえる話を採取できた。

岡山市穝《さい》、穝東町《さいひがしまち》の「穝」は音読みで形声式の珍しいタイプの国字であり、地名ではここでしか使われていない。JIS漢字第2水準には、既存の辞書にある木偏の「樶」という別の漢字に変わって採用されてしまった。その作業ミスにより、JISの補助漢字（JIS X 0212 1990）や第3水準（JIS X 0213 2000）が制定され、改めてこの字をきちんと採用するまで、長らくパソコンでは打てなくなってしまっていた。

そこを歩いて調べてみると、同じ岡山市民でさえ知らない人が多いこの字が、現地では当然のように使われていた。真新しいコーポの名前としてもあちこちで堂々と掲げられ、子供の筆跡も見られるなど生活に浸み込んだ文字となっている。ときどき「樶」「禾最」などとなっていたが、パソコンのいたずらにもよるものだろう。姓に役所名からの「税所《さいしょ》」（穝所）「最所」があり（前述）、この両者の読みやすさと字義の表出を求めて作られたのがこの地域文字であろう。岡山には、国字の「働」で「かせぎ」と読ませる地名もある。

土佐の「龍」

激しい雨の中、高知に出発する。大きな傘は移動の邪魔になる。黒のはき慣れた革靴は穴はまだ開いていないが浸水する。足下を見ればその人が分かるという人がテレビに出ていたが、私などどうなってしまうのだろう。濡れないようにと奮発して車を停める。こういう時、たいてい向こうの車線を通り過ぎる。

やっと拾えたタクシーで運転士の名を書いた紙に、国字交じりの「纐纈」とあり幸先《さいさき》が良い。「こうけつさん」ですか、と聞くと、「よく読めましたね、お知り合いに？」「まあ……、愛知か岐阜ですか？」「そう、最近はテレビによくこの名字の人が出る。地震研究者にもいる」とのこと。高知に行くんだというと、「モミジがきれいらしいですね」。のどかでいいけれど、もっと見たいものがある。

羽田は便利だ。そして一時間ちょっとのフライトで着いてしまう。一〇月下旬だが、さすが南国土佐、東京よりも暖かい。降り立ったのは高知龍馬空港。もはや正式名称のように表示されている。ＮＨＫの大河ドラマ「龍馬伝」の余韻は、放送期間終了から一年近く経ってもさめやらぬ様子だ。「龍馬伝」幕末志士社中入場引換券が帰宅後にバッグから出てきた。寄っておけば、思わぬ収穫もあったかもしれない。奈良に行ったときには、一〇年以上前の放映になおも頼る店があることに学生が驚いていた。

街じゅうが龍馬だらけだ。「龍馬会館」は分かる。メニューやのぼりなどで見かけた次の例は、どういうものだったのだろう。「龍馬珈琲」「龍馬弁当」。「龍馬歴史館」の看板のロゴに出てくる「龍」は、筆字風で右下の二本（三本はない）を続け字にしたように見える。「龍馬ふるさと博」の筆字風のロゴも、そこがはっきりしなかった。そもそもこの部分は狭いのでしかたない。「龍」という一本少ない字体は、都内でもよく見かける共通誤字といえそうな字体であるが、やはりここでも見受けられる。土産物にさえ、「龍」ではっきりと印刷された手書きのロゴがあった。

地元でも、こういう字体があるのかと一旦は驚いたが、無意識な誤字体は本場でも生じる。新潟でだって「潟」の「臼」を一画多く「潟」と書く例もあれば、鹿児島でだって「鹿」の横線を多く「鹿」と書く例だって見つかる。出現頻度や割合に差がありそうだ。地元でよく使われる字の接触頻度や使用頻度の違いによる使用字体の地域差はどのくらいあるのか、全国レベルでじっくりと調べてみたい。「龍」の右下の「三」が「テ」のようになっている字体（龍）も、あちらこちらで使われている。この字を書き慣れただけあって、古い形が伝承されている面があるようだ。店名や人名には龍馬以外でも「龍」の使用が目立つ。「龍河洞」「龍河温泉」などは、たまたま重なっただけだろうか。「𪚥一《てついち》」（小野梓の幼名。『日本の漢字』参照）も、土佐の宿毛《すくも》の出身だった。この地では動物名が名に多い。なお、俚言に対する「異骨相《いごっそう》」は本来の表記ともいう。龍馬人気をこの地が逃すはずはなく、観光素材として推すだけの熱が地元に残っている。そうした余波も現実の文字生活と関わる実勢であり、その時でないと観察しがたい一回性を伴っており、時空の制約の中で、こうして実見できる偶然の機会に感謝しなくてはと思う。

「竜馬不動産」、この坂本龍馬（龍・良馬）自身は書かなかったといわれる字体による「竜馬」は、ほかに日本酒の銘柄などにあったが、高知では圧倒的に少なかった。そういえば、中国もベトナムも龍を好み、前者では天命を受けた皇帝の象徴であり後者では建国神話にも登場する。韓国も、世宗がハングルを創製してまず編まれたのが「龍飛御天歌」であった。龍馬の母も瑞夢《ずいむ》をもとにその名を付けたのだそうだが、王権の象徴、治水の神などとして龍を官民挙げて崇《あが》め好む東アジアの中で、日本での独自の展開がここに垣間見えた。

高知らしい漢字

都内の学生たちにも人気の「よさこい」は、「夜来い」という意味深な解釈もあるようだが、「夜這い」も当て字で「呼ばひ」が元とされ、俗解の可能性が捨てきれない。「夜来い」との漢字表記は、市内で見受けられなかった。土佐の高知の「はりまや橋」を見ながらの朝食。日本三大がっかりなどという失礼な評も聞くが、もとから期待など抱かずに行けば、そこはかとない趣が感じられる。「はりま屋」という宿の看板を視て、ああ書いていると指摘する旦那さん、その「屋」を「当て字」と一蹴した奥さん、どこかのご夫婦の会話が耳に入った。

どこにでもありそうな表記が多い一方で、高知の看板には、大きな「蹲踞」の字が記されていた。間に「つくばい」と小さく読みが振ってある。そこには「灯籠《とうろう》」など、難しめの字が並んでいた（バス車内からで写真は間に合わず）。「籐《とう》」（ハの部分はッだったか）もゴシック体で看板にあった。「緞通《だんつう》」など表外字が立て続けに現れる。龍馬の「先塋《せんえい》の地」とのぼりが立っている県内の地をホテルのテレビで見た。観光客にはなかなか読めない難字だが、地元でもどうだろう。仮にルビがあっても、意味は想像も付かない人が多い。後で、都内の大学生たちに聞いてみても、九九％以上が意味を当てられなかった。逆に目を引いて、この独特な雰囲気の字の場所は何だろうという人々に訴求力を発揮し、呼び寄せる集客力が期待されたのだろうか。

高知特産の「文旦」は、文字通り「ぶんたん」の読みが一般的なようだ。鹿児島など九州と山口辺りでは一字目を常用漢字の表外音とし、「ぼんたん」とも読む。ぼんたん飴が有名だ。こうした果物には概してルビは書かれず、関東ではこの果実自体に縁が薄く、意外と読めない。

土佐の伝統工芸の「サンゴ」には表外漢字による「珊瑚」も目立つ。名産品ということで、看板に大きく書かれている。一本釣りで有名な「鰹」の字も、看板・貼り紙・パンフレットに多用されている。売りにしている物だけに滞在中によく見た。表外字だがたいてい振り仮名もなく、看板ではしばしば大きく書かれる。「鰹のたたき」とのぼりにもあるほか、「鰹群家」で「なぶらや」と読ませる店名もパンフレットにあった。後者はルビが必須だろう。ガイドブックにはカタカナで「カツオ」「戻りガツオ」ともあり、この漢字を見慣れない者であってもすぐに魚名と解して読めるが、どちらが喜ばれるだろう。

「かたうお」に対する「堅魚」が合字化して「鰹」となった。これが中国の字義とは異なるため国訓として扱われている。鰹節は、祖母が和室でよく削っていて、面白そうだったのでたまに手伝ったが確かに堅く、必要な分を削るのに思いのほか手間を取られた。もはや魚とは思えぬ代物だった。偏の「魚」が絵になったヤマキのロゴは、テレビＣＭでも馴染みがあり、小学校の時に真似をして書いている生徒もいた。日本人の絵文字好きは、ケータイ以前からの伝統で、古くは江戸時代の山東京伝の引札や南部暦、盲心経などにも遡りうる。

看板には「長尾鶏センター」とある。隣の徳島では「阿波尾鶏」で「あわおどり」、うまいこと音が重なった。長尾鶏で「ちょうびけい」とも読むらしく、「ながおどり」の「とり」には表外訓の「鶏」が合う。「とりにく」も「鶏肉」が多い。しかし、「焼き鳥」「焼鳥」はそうならないのはニワトリ以外もあるからだろうか。それとも、「速口」へとなかなか変わらない「早口」のように、表記の習慣の長さの違いによるものか。

焼き鳥屋では「鳥」の字が象形文字や篆書《てんしょ》風にさえ記され、店の雰囲気の演出のためにも定着を見せている。これから呑むのでも、すでに呑んでいても、飲酒時に見るような文字である。そういうしゃれた雰囲気に弱い人もいるのだろう。「皿鉢料理」で「さわちりょうり」と読む。これは一層あちこちで見かけ、テレビのローカル放送でも出てきた。地域熟字訓といえる。

「月極保育」と、高知空港内に設置された画面に出ていた。おや、と思ったが、東京の羽田空港内の施設の看板だった。この「月極」も地域差のあることが戦後から知られている表記だ。すでに看破されているとおり高知県内では今でも「月決」のほうが多い。高知市内を歩いたかぎりでは、東京ではお馴染みの「月極」はなかなか見つからなかった。多くは、「月決」あるいは、丁寧に送り仮名付きで、「月決め」のようになっている。「年決駐車場」などというものも目の当たりにした。常用漢字表に従った漢字表記である。

写真を撮りながら、さんざん歩いて、「月極め」がやっと見つかった。結局、高知で見た中では、「月極（め）」は半数に達しなかった。かえって新参の会社や新しく設置されたような看板で、旧表記とされるこの「月極」を使っているようにも思えた。この「月極」は、関東では小・中学生の段階でも意識され始めており、中国から来た留学生たちもこれは習わなかったし読めない、と述べる。この地では、「月極」は、存在を意識されていない可能性さえある。この表記を知らず、見ても「つきぎめ」とは、東京よりさらに読めないのだろう。「月極め」という送り仮名付きも見られたのはもしかしたらそのためで、せめて読んでもらいやすいようにとの工夫だったのかもしれない。

高知では、看板に、「うどん　そうめん」とあった。さすが西日本で、和食ではソバよりもこうした麺類が主流で、人気なのだろう。「そば」も少しは看板で見かけた。楚者を「[illegible]」と崩した変体仮名も「信州そば処」などでいくらかあった。「楚ば」式のものもあった。しかし、東京ほど頻繁に使われてはいない。沖縄まで南下すると、ソバの種類自体も異なり、この変体仮名使用はついに見かけなかった。近畿地方一帯でも少なめだったが、関東風のソバを売る店では看板に見かける。西日本では、ソバそのものを看板に大書するような店がそもそも東京より少ない。「そば」の変体仮名による表記には地域性が確認できそうだ。

昼を食べるために、函館市場という名の店に入った。筆字風のロゴだが、「函」の最初の二画は、よく見ると北海道の地元式の「了」（九〇ページ）となっていない。そこは回転寿司で、いくつもの皿に紙が載っている。「活〆《いき(け)じめ》した」「〆鯖《しめさば》」「最後の〆を」と、「〆」という国字もルビなしでクルクルと回っていた。エビは北海道の「蛯」と違ってやはり「海老」だ。「関田さん家」という店名は、ディーゼル車の窓から見えた看板にあった。「家」のふりがなは「ち」だったのか。この辺りでも、かなり一般化している表外訓を使うのだろうか。

高知の地名の文字

「鵈」つまり「耳偏に鳥」という字が土佐の小地名にある。一緒にと言ってくださる新聞社の方と話すが、やはり場所が遠すぎる。なんとなく既視感があった。小著やメモを確認すると、すでに電話では調査をしてあった。この字体をもつ国字は、小地名にときどき現れる。JIS第2水準に入ったのも、「鵃」が一時的に変化したらしい小地名からだと突き止めることができた。さらに秋田県横手市平鹿町《ひらかまち》にも「鶕鵈櫓松《ときとうやぐらまつ》」なる小地名の中にこの字が使われている。これは以前携わっていた電子政府関係の事業で、総務省などから資料を提供してもらい、現地へ行き地元で存在と字体の揺れを確かめることができた。トキは古くタウとも言った。

「南国南支店」、南国高知らしい店名だ。地名の醸しだす雰囲気のとおり秋でも暖かい。テレビでは、「南国市」を濁らずに「なんこくし」と発音していた。固有名詞での現代西日本の連濁回避の傾向と一致する。当地のテレビでは地元で「なんこく」のほか、

「なんごく」と発音する人も映った。発音に揺れがあるのだろう。ここの「隅田」は「すみだ」と発音するようだ。関東では、「茨（茨）城」は「いばらき」で、「いばらぎ」とは濁らないのだとよくいう。「いばらぎ」は大阪の地名の「茨木」（正式にはキ）で、区別をしているともいう。確かに正式には濁らないとされるが、一般的な「山崎」「中島」などの姓とは逆となっている。茨城でも方言などで「いばらぎ」と発音する人も少なくない。根拠が薄くても規範意識がマスメディアによって強化されることがある。これが当てはまるかどうかは別として、指摘する自己が容易に高みに立った気分になってしまうのが、「正しい日本語」論の怖さだ。柳田国男も兵庫県出身、なるほど「やなぎた」と濁らない。東京では「やなぎだくにお」のほうが一般に通りがよい。

その柳田の言うとおり日本列島は、岬の隅々にまで人が行き着いて、そこで暮らしてきた。無論、人口密度は平野部に濃いが、山林もしばしば開拓され山頂や半島まで確かによく人が住んでいる。高知では、空港から市内に向かうバスの中から、「大ソネ東」と電柱に記されているのが見えた。本来は「埇」という字だろう。高知の地域文字がカタカナ表記されている。南国市のこれは痩せ地という語義から見て「埆《カク》」という漢字から転じたのであろう。

「埵」に作る地も県内にあるが、これも字義による地域訓か変形だろう。また、東北の宮城には「埣」（「𡋽」とも）といった漢字（字義にくわえ、ソツも発音が近い）が小地名に偏在し、姓などでは「曽根」「宗根」などの万葉仮名式の表記が各地に見られる。高知市内にも「高埇《たかそね》」がある。食指が動くが降りて寄るまでの余裕はなかった。「嶺北《れいほく》」はこの地にも見られた。福井だけではない。

電車内から看板に「万々商店街」と見えた。電車やバスでは揺られて眠ってしまうこともあるが、もったいない。たまたま線路が引かれた場所にすぎないといった背景はありうるのだが、それも地元の文字生活の一部を形成している。車窓へと入る日射しが眩《まぶ》しい。カーテンを閉めると観察ができず写真も撮れなくなってしまうので、ここは耐える。

バス停にも「万々」があった。この「まま」という語は、東日本では『万葉集』の時代から「真間」などと漢字を当てて使われてきた方言で、崖や畦などの斜面を表す。『国字の位相と展開』に記したとおり、山形で「圸」、相模で「墟」、伊豆では「壗」など、地域ごとに国字が造られてきた。三河辺りでは「堹」、伊勢では「埵」（高知と別用法）と地域訓も用いられる。先の「万々商店街」には少し離れて山があり、川も流れていたが、これらと同義なのだろうか。西日本にも「まま」地名はなくはないが、「継」「飯」など表記自体に別の意味を感じさせるものが目立つ。表記された時代に意識されていた語義がそれらに反映している可能性がある。

ここでも揺れる「葛《こ》」の字体

のどかな田舎の駅の跨線《せん》橋の階段を、女子中学生同士が手を繋《つな》いで降りてくる。また

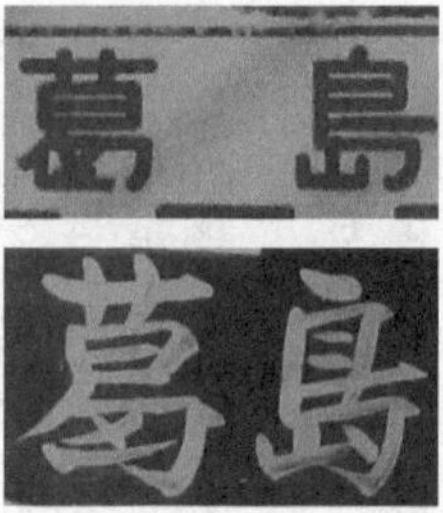

高知市内にて。

腕を組んで駆け登っていく。大学近くの線路を渡った所にある神社では、学生たちがデートをする光景もある。地域文字はないか、自然に眼に入ってくるのを待つ。

「葛島《かづらしま》」だ。歩き回っているうちに着いた。空港からのバスの中からも見ていた。この「葛」は、ときどき字体に問題ありとして扱われる字で、教え子もこの字を丹念に観察して修士論文を仕上げた。パソコン画面では、この字は「葛」か「葛」という字体で現れる。高知のその地名では、「かづら」「かずら」と仮名遣いも揺れているが、字体が気に掛かる。「葛島」と、明朝体かゴシック体で看板にあった。ほかに、「葛島」と明朝体、「葛島」と筆字とゴシック体で見た。手書き用とデザイン用の両方の書体が互いに似てくるとは皮肉なことだ。はねない「ヒ」のほうが伝統的な筆字に近い。

「葛」とかえっておかしくなっている字体がこの地にもあった（写真上）。大学生も「北葛飾郡」「葛飾区」という住所で、この字をよく書いているが、引っ越して来て間もない者はこの字体で書きがちだ。新参の者と字面からある程度分かる。生粋の者、生え抜きはどこかの段階で習ったり自覚したりするのだろう、「葛」と書く者がほとんどだ。

「葛」も、高知の電柱の手書きに見られた（写真下）。この字については、飛行機で東京に戻ってからも気付いた。羽田空港からリムジンバスを待つ。これに乗れればモノレールよりもさらに楽に帰宅できる。そのバスが来た。停留所で、待っている行き先とは異なる「葛西」行きという表示が出る。先頭の電光掲示では「葛」。同じバスの側面の電光掲示では「葛」。字種、文字列、表記として、気にする必要のない差だという事実を体現していた。旅の疲れの中、やっと来たバスに対して、そんなことを気にする人はそうはいないだろう。指摘されれば、ドット文字のフォントを揃えなければと思うかもしれない。JIS規格の見出し字体や常用漢字表の改定に翻弄されたような葛城《かつらぎ》市も奈良県にある。

小学校の頃、進行方向を見ている人は絶対に酔わないと聞き、見晴らしのよいバスの先頭座席を選ぶようになった。臨場感もあり、ドキドキするとはしゃぐ子供のようだが、風景の中に溶け込んだ字もよく見える。路上の白い字には独特の癖がある。車内の運転席から読みやすいようにと細長く記されている。テレビで、親方がまっすぐに線を引き、カーブも巧みに仕上げているのを弟子が真似をするという場面への取材があったのを思い出す。一〇〇キロを超す速度の中、動体視力で読みやすい字体は、実際にかの公団フォントだったのだろうか。

高知大学で開催された学会の受付で、名札をもらったところ、「笠原」と書かれていた。日本語の学会でもこうなるのだから、あちこちで間違われるのは当然かもしれない（二二八ページ）。人口比が大きく影響している。高知市内で、回転寿司に入ってみた。「くせ」と胸元の名札にある。濁らないのか、漢字はと気になったがそのままにした。

東京に帰ってから、道中で得られた品々を整理しているとき、領収書を眺めたら、「久笹」という名字がプリントされていた。「くせ」の「せ」が「笹」で、この字を音読みしていた。その会計の場で、間違いがないのか、本名なのか（むろん芸名とは思えない）など訊けば良かったと後悔する。これはやはり高知の名字だった。

私の「笹原」は、前述のとおり江戸時代以来の屋号に由来するが、中世に現れ、近世に広まった国字である「笹」を含む。このササは、中国では「竹葉《ジューイェ》」(zhúyè) と呼ぶ。パンダが食べているのもそれだ。中国では「笹」の字をよく「世《シー》」(shì) の発音で読む。韓国では現在でも書誌情報では同様に便宜的に「世《セ》」(se) で発音される。

土地鑑がゼロの所は面白い。「とでん」が走る。「都電」ではなく「土電」で、長い距離を走っているようだ。ディーゼル列車と併走区間もあるが、よく耐えて営業していた。車体は古そうで味がある。ポイントでは線路がつぎはぎになっているためガタガタする。高知空港行きのバスの車内には「次停止釦《ボタン》」と表示されている。「釦」はここでもバスにあった。外来語への漢字表記は当用漢字時代の抑制を経てもなお絶滅しそうにない。洋服だけでなく、機器のボタンにも用いられているが、前者はポルトガル語から、後者は英語から、と分かれるとされる。

「梼原《ゆすはら》」は龍馬が脱藩を決意した地として有名になった。より字源に近い字体を用いた「檮原」は、一般に字に愛着を感じにくそうだ。世田谷の松濤《しょうとう》や中国の胡錦濤《こきんとう》氏もしばしば旁は「寿」と略して記されるように、総じて字画が難しすぎる。「ゆす」は漢字義と合わないが「ゆず」からか。「いす」という読ませ方も江戸時代の文献にあり気になるが、今日はそこまで足を延ばせない。「棡原《ゆずりはら》」は山梨の村だが、ここも長寿の里として知られる。

語と語に挟まれた「ヶ」や「が」が駅名に見当たらなかった。この辺りでは、そうした助詞がすべて「の」になるのかと思うと、バス停には「安ヶ《やすが》谷《たに》」があった。「ヶ谷」が「がたに」は西日本らしい（一五五ページ）。人の移動、引っ越しなどは絶えずあるが、「たにむら産婦人科」という看板も、いかにも西方の姓という感じがする。伝統的な方言が薄まった今、姓こそ国の手形だ。谷崎潤一郎を「やざき」と読んだのは、群馬出身の旧友だった。プロ野球選手の姓からの影響もあったのかもしれない。バス停の名は車内では順次、電光掲示されていたが、縦書きで「ヶ」が左下方に位置していて違和感が残る（さらに「ぁ」、さらに「っ」「ゃ」などにもそうした政策による明確で厳格な規範はないはずなのだが）。「衣ヶ島」も看板にある。「横浜」もバス停にあった。なるほど浜辺だ。

バス車内の電光掲示に「塩谷」と出た。ここは高知なので「しおたに」だろうと予測し、耳を澄ませば、「しおや」とテープで放送された。これは例外で、新しい地名なのか。通過するバス停で、表示を確かめないといけない。「谷」で「や」は四国なので「祖《い》谷《や》」あたりからの類推かなどと頭を巡る。バス停では「塩屋」という表記であった。バス車内の表示の誤入力だった。東日本など、よその地で入力しているのか。隣の「東塩谷」も同様だった。

梅ノ辻

土電で。

「小村神社前」は「おむら」と発音している。東北では「小」は「お」と読むという話を聞いたこともあったが、これは実証できない。終点は「ミマセ」との表示、着くと「みませ」、そして「御畳瀬」とあった。これは読めなかろう。その終点で降り、海に出て、階段を上ると塀の上に登ってしまった。二メートルはあり、おそるおそる猫のように渡っていくと行き止まりだ。降りるために作られたはずの階段は閉鎖されている。道路に飛び降りると脚をやられそうだ。危うく折り返すバスに乗り遅れるところだった。

　これに乗れなかったら一時間半以上はそこで待ちぼうけとなり、文字を訪ねる遊覧が途絶える危機だった。このバスに乗ることを運転士さんに伝えておいたのも良かった。「すこやかな杜《もり》」と看板にあった。これで早稲田はともかく仙台を連想するのは宮城県で例を見すぎたためか。仙台生まれの子には「杜」があやかって付けられることが少なくない。実は「奈」の字も、神奈川や奈良でとくに新生児によく付けられているようだ。国が行わないので、きちんと統計をとってみたいと思っている。

　デジカメは便利だ。近視なので遠い細かい字は見えない。困ったので撮って拡大したところ、次の駅名がきちんと読めた。とかく停車場は、遺跡の名称のケースに近く、失われつつある小地名が正式名称として浮き上がっている。電柱には手書きで「梅ヶ辻《ママ》」と書かれている。よく使う地域では一点しんにょうとなりがちである。作家には、二点しんにょうで印刷された名字やペンネームが目立つ。一部の作家は書物でこだわるようだが、それは従来の活字の習慣を本人だけでなく周囲が守っているためかもしれない。編集者が気を遣ってのことというケースもあるのだろう。

土電では「ごめん」と、車体の上部の行き先表示に大きめに出ている。何かで見ていたが、地元で見れば違和感は少ない。「後免」方面だ。時間が余ったので、高知駅周辺も歩いてみた。「新本町」は簡単な字で、意味もよくわかる。しかし、どう読むのか、初見では厳しい。「シンホンチョウ」「シンホンまち」「あらもとチョウ」「あらもとまち」、ほかにも、「にいもとチョウ」などもありうる。「しんほんまち」と振りがなが添えられていた。やはり間違えそうだ。

お城は遠くからでも見えた。名所旧跡の類には展示物や説明書に面白いものがあるに違いない。だいぶ前だが、小田原城内でもいろいろと見つけた。江戸時代の日本での「囍」の使用まで記録できた。しかしそうした観光地にあるものは、大勢の眼に触れるからには誰かが記録したりどこかに報告されたりする可能性がある。東京の空気が実は合わないのか、しょっちゅう喉《のど》が赤く腫《は》れて痛くなる。都内で生まれ育ち勤め続けているのに困ったことだ。タバコの煙もよくない。喉さえ強ければ、もっと仕事ができるが、これも黄信号として捉えた方がよいのだろう。

こういう地に来ると、喉の調子が良い。

咥内

高知大学のそばを歩いていて、「咥内」という地名を見かけた。「咥」が作字の跡も生々しい看板もあった（前ページ写真）。「こうない」と読むのは、「口《こう》」か「かむ」や「くわえる」という訓からであろう。また、「廿代町」には「Nijudai Machi」とローマ字で読みが示してあった。夜中に通ったときは暗くて気付かなかった。「にじゅう」は語の発生からは音読みといえるが、この漢字の読みとしては訓読みとなる。しかしさらに合字だと見れば音読みといえてしまう。「ネン」などが本来の音読みであるため、これは慣用音ともいえよう。中国では古代から単音節だったのか。用語のラベル貼りは、座標軸を決めないとできない。漢語起源の訓読みは、「図書館」の合字「圕」などにも見られるが、語としてはやはり字音語へと区分される。

ディーゼル列車に乗る。「襟野々」駅の機械設備の金属の箱に、ナール体のような書体で、一瞬「襟野乃」と書かれていたように見えた。帰りに確認するチャンスがあったが、速度が意外に落ちず、油断して見逃してしまった。ここでは一期一会とまではいわないが、WEBにもさすがにこういう写真は載っておらず、無念が残る。そういえば、福島の「檍原《じさばら》」（ずさはら）の道路脇に埋められた石の字も車内から一瞬しか見えず、気に掛かっている。「須崎方面」、車内放送では「すさき」と濁らない。西日本らしい例か。さらに南西へと降りる。

日本中に分布する文字・表記でも、地域ごとに使用に濃淡があるケースが見つかる。地域でしか使わない字体や字種とはレベルが異なるが、それぞれよその地の人には違う意味で目立つ。

「寿し」は、すでに記したとおり（一一九ページ）高知では非常によく目に入る一方で、「鮨」「鮓」はほとんど見られないのだが、その偏りについてはあまり意識化されない。「月決め」は、他の地で優勢な「月極」ではないため、ふだんから目立つようだ（一一九五ページ）。

「汢《ぬた》ノ川《かわ》」はどうだろう。小さな地区の地名であり、存在は目立たないが、見つかると目立つ。しかし、地元の住民はかえって意識化しないのかもしれない。ヌタは各地の地名に残っている。山梨では「垈」であった（一三四ページ）。「汢」という文字の通り、湿地の意で、「ぬたうつ」「のたうち回る」と同源の語であろう。「怒田」は字義が勝るし、「沼田《ぬた》」は訓と整合しない。「垈」は「土に代わるもの」などの会意であるとともに、形声で「(ぬ)た」を「タイ」で示したものと見られる。同形の字は、より古く中国や朝鮮などで見つかるが衝突にすぎない。ヌタアエなど食べ物では「饅」も江戸時代から当てられていた。

高知市から東京に戻る前に、汢ノ川へ行こうか迷った。記憶を頼りにケータイで、その地について最低限の情報が得られる。ケータイなどあえて持たなかった頃は、思えば「情報弱者」に追いやられていた。『JIS漢字字典』のコラム（池田証壽氏のご執筆分）にあるように、こうした地名だけからJISの第2水準に採用された字がある。『国土行政区画総覧』という地名資料に載ったためで、それを調査したときに確かに「汢」はこの地にしか現れなかった。

いわゆるＪＩＳ漢字名所巡りか、同じ志をもった幾人かが訪れたことを聞いている。もう行く必要もないかと葛藤もあったが、一人でも多く行く方が目が増えて良い。合わせれば経年調査のようにもなる。時間もでき、せっかくここまで来たので、自分でないと気付かないこと、感じられないこと、もしかしたら自分にしか見えないもの、残せないこともあるかもと、行く決意をした。何よりも、その地の風や空気、川の音、人の暮らしまでも含めて、肌で理解することができるのだ。ホテルのロビーに置かれたパソコンでも、その地について最低限の確認をする。想像したのと駅が一つ違っていた。それ以上拡大できず、目指す地名も表示されない曖昧なＷＥＢの地図だが、プリントできた。

ＪＲ各社のうち四国は鉄道のロゴを「鉄」とせず「鉄」としている。ＪＲ高知駅の若い女性駅員は、汢ノ川の最寄りとなる仁井田《にいだ》駅（仁井田《にいた》は栃木県）は聞き慣れていない場所のようだった。慌てて時刻表を慣れた手つきで開き、ページをめくって教えてくれた。特急がないときは二六駅、片道二時間半近く、特急との乗り継ぎもよく分からないとのことだ。

「歴女」「あしゅらー」や「鉄ちゃん」「鉄子」が注目されてきた。趣味が道楽にという人もなくはなかろうが、一つのことに熱中する人たちに多かれ少なかれ近しさを感じる。この区別が内外ともに難しそうなのだが、熱狂的、マニアックにならず対象を客体化さえすれば、研究と通じる点がある。私も鉄道模型や鉄道写真に凝って散財し（高価なＨＯゲージを思い切って捨てたのは良かったのか）、運転士などにも憧れた。根っこは同じかもしれない、と気持ちが分かるように思える。

「汢《ぬた》ノ川《かわ》」へ

窪川《くぼかわ》行きの各駅停車のディーゼル車が入ってきた。終点の一つ手前で降りることになる。WEBで見ると、市町村合併で四万十町《しまんとちょう》（四万十市はまた別）になった。架線もない。そういえば徳島駅もそうだった。着いたのは一両だ。モーターとは異なるディーゼルエンジンの音と響き、匂い、いかにも動力という感じが伝わってくる。車内放送が聞き取れないほど大きな音が出続けるが不快ではない。下り坂になるとそれが止まる。

子供のころに北陸本線までの旅程で味わった興趣が甦る。子供のころはタバコで煙く、冬は寒く夏は暑かった。半透明の容器に入っていたお茶も熱く、座席は硬かった。高知駅に着いたその鈍行列車では皆が右の座席に座る。そこから埋まっていくのは、走り出した後の朝日の差し込み方を知っているためだった。ワンマン列車は、子供のころのバスを思い出させる。車掌が乗っていた光景をぎりぎり覚えている。

途中、車窓に農村、山林、河川といった田園風景、ときに駅周辺の繁華街が映る。高知市内とは趣が異なってきた。ある駅近くに大きな石碑が建っていた。「津波」の文字が見える。ホテルで見たテレビ番組などによれば、江戸時代の南海地震による大きな被害や、波の到達点を示す碑がいくつも建てられたそうだ。先人たちも非常な苦難に遭い、それを伝えるために文字を残した。

汢川
他の電信柱には「ヌタノ川」も見られた。

東北でも石碑や神社の名にそれが伝承されていたそうだ。宮城県名取市の閖上《ゆりあげ》地区を歩いた日には、海から少し離れた地であるにもかかわらず注意を促す看板を、その恐怖を知らずに眺めた記憶がある。雲仙普賢岳の土石流災害に関しても、文書に被災の記録と教訓が記されていたそうだ。過去からの文字には、掛け替えのない情報が込められている。

仁井田駅に到着し、扉を出るのは私一人。ホームが一つ、改札も一つなので、出るところを間違える心配はないが、尋ねられる人も車もない。駅には、帰りのときに老人が一人いただけだった。駅前に、小さな郵便局があった。入って見ると局員は年配の男性と、女性の二人だった。管轄下であるはずなのに、お二人とも「汢ノ川」という地名は聞いたこともなく、もちろんこの漢字も知らない。さすが、番地を重視する総務省的な世界だ。本当にその地があるのか、行く甲斐もあるのかと少し心配になる。

正午のサイレンが鳴り響く。費やせる時間は限られている。方向音痴気味で、地図も読みにくく感じる。それを片手に勘を頼りに進むと、小さな綺麗な病院があった。「聞くは一時の恥、聞かぬは一生の恥」、また以前、関西の人が地元なのに道行く人に次々と尋ねている姿に感激したこともある。臆せず入って聞いてみる。

看護師さん二人が対応してくれた。橋の先にある集落で、漢字は知らないと言って、一瞬パソコンに近づき、中に消えていった。まだ入りたてに見える女性は、この「地名は、そこでは（文字には）書いていない」とおっしゃる。先ほどの人が出てきて、「見たことない字」で「辻ノ川」、こんな字だそうですとメモに書いてくださった。「辻に点ですか？」「そうですね」。医師の先生が教えてくださったのだろう。

自販機の所在地名としては、「仁井田」の後ろが数字になっている。真新しいモールの先にあった橋の柱には「辻の川」と確かに書かれていた（**写真**）。渡って家々を回る。外にいる人は少ない。表札などを見ようと近づくと、飼い犬が吠《ほ》えてくる。犬は犬嫌いが分かる。一匹が吠えると他の家の犬も共鳴しだす。小さいときに犬に追いかけられて、ますます嫌になった。

猫は噛《か》んでもそんなにひどい怪我にはならない。私は、少数派の猫派に属する。猫背ぎみ、ひどい猫舌で、猫っ毛でもある。田舎でも東京に出てきてからも、親は猫を飼っていた。猫から教わったことは多かった。猫はたいてい可愛く、決して怪しい人に刃向かっていかない。番犬はいても番猫はいないのも道理だ。以前、青森での早朝の調査では、大きな音が出る庭先の砂利もプレッシャーに感じたことがある。砂利は賊除《よ》けにも効果がありそうだ。

集落に大きな家があって、気候が良いせいか、入り口が全開になっている。音がするので正面からまた「ごめんください」（この地では、これはいかにも余所者という挨拶だったようだ）、七〇代の男性が杖をついて出てきてくださ

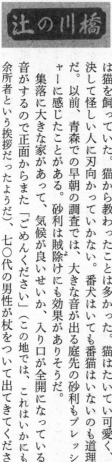

った。真っ昼間の突然の来訪者はきっと怪しい。来意をお話しする。グシャグシャになったメモ紙に書いていただくと、「汢」だった。昔は「汢」の「土」に点があったが、「点をのけて」「汢」になったとのことだ。かつて聞いたことがあった二水の「汢」の字についてはご存じない。一〇年くらい前に「パソコンにないから」、こう変えたという。

その地名が記された橋も確かに新しいものだった。これはJIS第2水準の影響だ。現実の字を採ったJISが規範として機能するようになる。前に触れた、消滅の危機に立たされた「垳」と同じく『国土行政区画総覧』に、その字体でこの地名が出ていたことがJISへの唯一の採用理由だった。

シイラなどの魚を食べるときに味噌、酢、砂糖を混ぜて作るドロッとした酢味噌のヌタではないか、とのことだ。また湿地、水のあるところだったのではないかと言う。猪は子供のころは見なかったが、最近増えたそうで、それが寄生虫などを捕るために道に体をこすりつけて穴を空けるヌタバがあり、それから付けられた地名だと「我々は思っている」とお話しくださる。

表札やポストには地番しか用いられていない。役場から来る集団検診のときなどの知らせには「汢」と書いてあるが、それ以外には使われないと言う。ヌタノカワという名の川も小さな谷にあるが、集落名と川の名とでどちらが先かは分からないそうだ。中世期までに川の名がまずそう呼ばれるようになったものなのだろう。これまでの地名研究の諸成果によれば、この地名が現れる資料としては、天正一六年(一五八八)の「久礼分地検帳」が古く、そこでは「ヌタノ川村」と片仮名表記だった。

そのヌタに「沺」という漢字が当てられた。この字は『大漢和辞典』では、音がチュツ、「水の流れ出るさま」(『説文解字』)、コツでは「水の静かなこと」「池」(『集韻』)とあり、「ぬた」は国訓だ。それが早い時期に「汢」へと変わった。なお、この字には『伊呂波字類抄』に「ヌル」などとあるが、「塗」「泥」と関連する暗合、衝突であろう。抄物書きとしても「浄土」(浄土)の略合字にあるが、衝突だろう。これが浄土真宗で行われた方法だとすると、いわゆる真宗王国の地では、これに「ぬた」の訓もかぶせることはありえなかったかもしれない。この地では、集落内にある神社のお札を各家で貼っていた。

「咄嗟《とっさ》」などの「咄」(「はなし」も国訓)も「吐」と書かれることがかつてあった。「出」の崩し字は、右側の点が目立ったため、点が外に「出」るのが「出」、出ないのが「書」などという覚え方を習った(例外もある)。崩し字が「土」と似ることがある。「土」にも「点」が右や右上に加えられ、「圡」「𡈽」と書かれたのは、バランスを整えるいわゆる咎《とが》無し点だけではなく、「士」との差を明確にする示差機能を託されてきたためとされる。

次第に、その「氵《さんずい》」の点が減って「冫《にすい》」で「汢」や「汢」のように書かれる。大原望氏によると、前者が正式な字体と役場の税務課・町民課などで認識され、地図でも使用された。「土」には点が残り、点が移動したようにも見えてしまう。「土佐」の「土」

にも点が付くことがよくあった。

地区総代と窪川町役場が相談し、これがＪＩＳ漢字になく不便であること、明治時代には「汢」を使っていたこと、漢和辞典にもこれが収められていることによって、二〇〇二年一月一日に、地名が「汢の川」に改められたとされる。漢和辞典の『大漢語林』の典拠はＪＩＳ漢字第２水準であり、さらにその原典は前述した国土地理協会発行の『国土行政区画総覧』となる。その一九七二年当時の原稿二一五一ノ一八ページに、たしかに「高知県高岡郡窪川町仁井田通称汢川《ぬたのがわ》」とあったことを確認し、ＪＩＳの規格票（一九九七年二九九ページ）の引用を経て、詳しくは『国字の位相と展開』に記述した。

農村地帯に、四国横断自動車道という高速道路が敷設される様子が鮮烈だった。それに伴ってカルバートボックスで川を残すための工事をしないと、水が止まってしまうため、施工されたそうだ。カルバートボックスは、コンクリートでできた四角い暗渠《あんきょ》で「函渠」ともいうので、専門家はその「函」をどう手書きするのか気に掛かり出す。

汢ノ川まで来る途中に、工事現場の看板に出ていた「ホキノ口」という地名についても尋ねてみる。ホキは崖の意で、先には山の断崖があり、そこに鳥取に江戸時代からある地域文字（⿱山川本《ほきもと》・⿱山川元《ほきもと》など姓・小地名に残る。「川」の部分が「儿」のように曲がるものもある）が期待された。しかし、それは小字《アザ》で昔からカタカナで、その場所は「忘れた」、「ホキ」の意味も分からないそうだ。

これは東国のハケや「大歩危」のボケと同じ系統の崩壊地形を表した語だろう。「汢ノ川」は仁井田の中の集落の名の一つで「地番」だから、それとは違って登記所の図面や土地台帳にも出てこないとのことだ。ここでは通称と小字の違いが明確に存在しているようだ。

生き続ける「汢」

「汢ノ川」の農村を縫って建設中の高速道路は山林の風景に似つかわしくなくやや異様な光景だ。時計を持ち歩かなくなって久しい。ケータイを見る時間も惜しい。時間は心の中で、計ることによって伸び縮みする。熱っぽいときの体温計と同じで、へたに見てしまうとやる気を失ったり逆に焦ったりしてリズムが狂ってしまう。電柱には、カタカナで「ヌタノカワ」や「ヌタノ川」とあるのがまず目に入った。新しいからか、いや新しい方がJIS漢字のおかげで「汢」が出るか。畑で作業をしている方々は、よそから車で来ていたため漢字は知らないという。途中から、やっと「汢ノ川」と書かれたものも目に付きだした。

この先までがヌタノカワで、全部で一六軒もあるというので、巨大な白い構造物をくぐってもっと奥まで進んでみる。少し高くなったところに集会所が

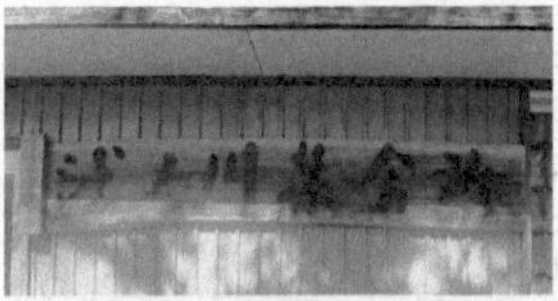

集会所には点が残っていた。

辻の川と誤植。

あった。集会所の掲示板に貼られた紙には、「辻の川」とゴシック体で印刷されている。なるほど病院で書いてくれた字体と似ている（二一一ページ）。こういうものは今この場でしか見られまい。はたして、地元の人の作だろうか。「辻」と「辻」という字体の似通った両方の字を混同しているのか、使用ソフトで変換されなかったために別字で諦めたことによる故意の代用か。この現象は「辻」という字がよく使われる地域であるということ（一七六ページ）が背景として考えられる。

この実例を見てしまうと、帰りの列車の時刻などもうどうでもいい、ハイヤーを拾えて頑張れば帰れるだろうと割り切り始める。その先には、山中に神社があり、「辻の川」と刻まれた新しめのお墓もあった。ここまで来て良かった。時間を見るとそろそろ危ない。電車に乗り遅れると飛行機も危うい。旅行を保証するチケットが紙切れとなる。そうすると翌日の仕事もなどと悪い連想がよぎる。スーツはこういうときに作業着としてはよくない。暑さも加わって汗が出てきた。列車に間に合うように駅まで早歩きの最中に、七〇代と思われる女性が橋を渡って歩いてきた。買い物をした白いビニール袋が重くてつらそうだ。通り過ぎる道すがら「こんにちは」と挨拶をしてくださる。それならと尋ねてみる。

「ぬたのかわ」のヌタってどう書きますか？「氵《さんずい》に土」とのこと。その方の京阪式アクセントを真似して、「点も付きますか？」すると「点も」付くという。再度訊くとやはり「付く」とのこと、これで一応二人の人に聞けた。

朝はしっかり食べるようにしている。貧乏性で、バイキングなど思い残すことがないようにしていたので、行きの道では誘惑に負けず店を通りすぎた。復路では、仁井田米のおにぎりを三個注文する。その場で握ってくれるのだが、時間がないのでとお茶を買いに行っている間にできていた。知らない土地でおにぎりを頬張ればあの芸術家の裸の大将だ。今は走って駅舎へ。久しぶりの肉体労働となる。

本より重いものは持たないなどというセリフを聞くが、図書館でも実は重い本を抱えて小走りになる。調査は体力がものをいう。電車に乗り込む。滅多に来ない列車にぎりぎり間に合った。人の少ない車内でいただく。コンビニのおにぎりに慣れた身に温かく柔らかくておいしい。恐らく川海苔と思われるものが入っていて、清流四万十川の流れる地を実感する。車内にはほかにも食事時の人がいた。汗かきが走ると汗だくになる。胸ポケットに放り込んだメモもボールペンのインクの字は滲《にじ》んでいないが、紙が汗でグニャグニャだ。シャツは早く着替えたいが、女性も乗ってきた。高知駅にお遍路さんの着替え室があったので拝借し、すっかり乾いたシャツを着替える。お遍路さんも電車を利用していた。

高知に「玉子」はない？

高知では、「たまご」を「玉子」とは書かない、いつも「卵」と書くという話を聞いた。それから、何人もの高知出身者への聴き取りをした。NHK番組からの取材のあと、

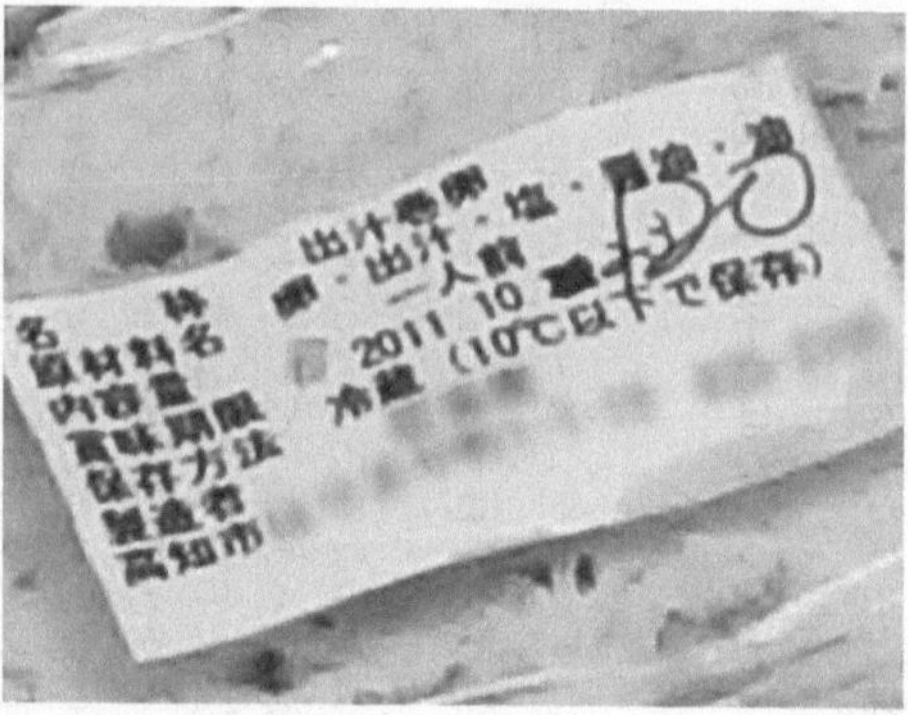

NHK放送文化研究所の全国調査の結果も見て、初めての土佐の実地でこの目で確認しようと思っていた。「玉子焼き」が高知ではベビーカステラを指すため、衝突を回避して「卵焼き」となり、それが広まったものと現在考えうる。神戸でも、玉子焼きは明石焼きを指すので使わないという人がいた。あるいは、尾長鶏では「鶏卵」となることが多く、「卵」と関連することもありうるか。

市内も大雨だった。一番ひどいときにバスを下車、日頃の行いか。雨男なんていうのがいたら、旱魃《かんばつ》地帯にでも行けば役立ちそうだ。折りたたみ傘は軽くて調査に障らないのだが（晴れたら畳めば荷物にならず、かつ帰りは送れば良い）、便利な予報のために大きめの傘を持たされた。それでもビショビショになって、看板や貼り紙などの写真も撮りにくい。構内に入れば、食べ損ねる恐れが出てきた。一食抜くと、学生の頃からフラフラでダメになる。学生街らしきものがなく、店も休みで歩いてスーパーを見つける。二九八円で弁当が売っていた、安い。後で、「生協がやっていたよ」と教えられる。翌日、その食堂を見に行くが、掲示してあったメニューにはあいにく「玉子」も「卵」もなかった。コンビニエンスストアで探してみると、「玉子」とあり、予測は覆された。おでんでは「たまご」とある。全国チェーンだからか。再びスーパーに行って、表記を観察してみる。「玉子」、「厚焼卵」とやっと「卵」があった。御礼にお茶を買う。

このスーパーでは「すし九貫」と、ついでに「すし」も目に入った。関東では一般的な「鮨」がここでは少ない。江戸前と「鮨」との結びつきは、江戸時代から確かめられる。

店先では、「だしまき卵」、「卵巻き」、「出汁《だし》巻卵」（**写真**）と、見つかりだす。ただ、すべてが「卵」というわけではなく、「玉子」も随所に流通している。他県と異なる実勢は、「たまご焼き」の類の加工食品となると「卵」が現れやすいという点だ。そうすると、やはり当地でお菓子のようなベビーカステラを指す「玉子焼き」との衝突のためといえそうである。以前、NHK番組の制作（製作）担当者とともに、山内氏に何か関わりがあるのではと調べてみたものの何も出て来なかった。

高知では、「玉子焼き」とだけあって、おかずとお菓子とどちらが出るのか不明なメニューもあった。おやつのカステラがこの地ではよく食べられるとはいえ、表記を覆すほど広く好まれ大きな影響力をもったのかと、不審も残るがそれが地域で一般に影響しているのだろう。それに接触する人は自然と習得し、覚えたものを使うようになっていく。文字生活の中で意識化が生じないままにこうした循環が起きる。そうして地域性が生じるという実態を反映しているのだろう。東京などでは、逆に、産みたてたまごは「産みたて卵」、加工されたたまご焼きは、字面や熟語から受ける「表記感」の生々しさを避けて「玉子焼き」となる傾向が強い。

帰りの空港には、無事に余裕をもって着けた。もっと色々と調べても良かったが、明日に向け体力を温存するために、ここまでにした。待合室では、熱心にノートパソコンを打つ男性がいた。昔から、ぼんやりとするのが好きな私には、とても真似ができない。家に帰ってからやると決めている。軽くなったとはいえ荷物になるだろうし、集まった資料も散らばりそうで、そこでは出せない。そもそも集中できない。帰ったら、ゆっくりと整理しながら打ち込もう。

搭乗口付近なので座った席では、いくつかの局の中でたまたまNHKが流れていた。「だし巻き卵」、テロップは二回ともそうなっていた。高知だからではない。「ゆうどきネットワーク」はかつて連続して出演していたので分かるが、全国放送だ。NHKは規則で「たまご」は「卵」にすると決めている。日本新聞協会と同様に、常用漢字表から表記法を一つに定めているためだ。先の全国的な表記感の法則から、気になるというNHK社員もおいでだが、規則の壁は厚い。新聞協会でも、実勢に従って「玉子」が提案されたそうだ。これは語源に即しており、当て字でもない。が、高知新聞社からの代表が、「高知では「卵」しか使いません」と発言されて、そこまでとなったと仄聞《そくぶん》する。トイレに行く途中に、フジテレビ系列のニュース番組も目に入った。中国の駅弁の半年の賞味期限についての話題で、そこでも、「ゆで卵」と字幕が出た。同様の規則に従った結果だろう。自然発生的に何となく広まっているこの地域と、意識的に決めたルールを守るマスメディアとで同じ表記を取る。それが重なった瞬間に、搭乗前の一時間で立ち会えた。大震災後、Jヴィレッジで活動されている南相馬市出身というその料理長さん自身は、紙にどちらを書いていらしたのだろう。「ゆうどきネットワーク」ではテレビカメラの写し方が小さくて見えなかった。

ここにしかなく軽く嵩張《かさば》らないものをとケンピを土産に買った。漢語らしい響きをもち、漢字表記も種々あるそうだが、「犬肥」という当て字はイメージが良くない。「ケンピ」「塩けんぴ」など、当地で漢字表記は見ることがなかった。遅い時間の機内で空腹になった。調査の後にギリギリに買えたおにぎり三種だけではしかたない。隣の人がクラッカーを出した。おいしそうに見える。そうだ、高知らしいものとしてケンピを買っていた。いつもの鞄に放り込んでおいたので助かった。座席下のそこにある。空腹もあってかとにかくおいしい。ここではジュースはおかわりが可能だ。袋を見れば、原材料に「玉子」と印刷されていた。

第七章　九州・沖縄の漢字から

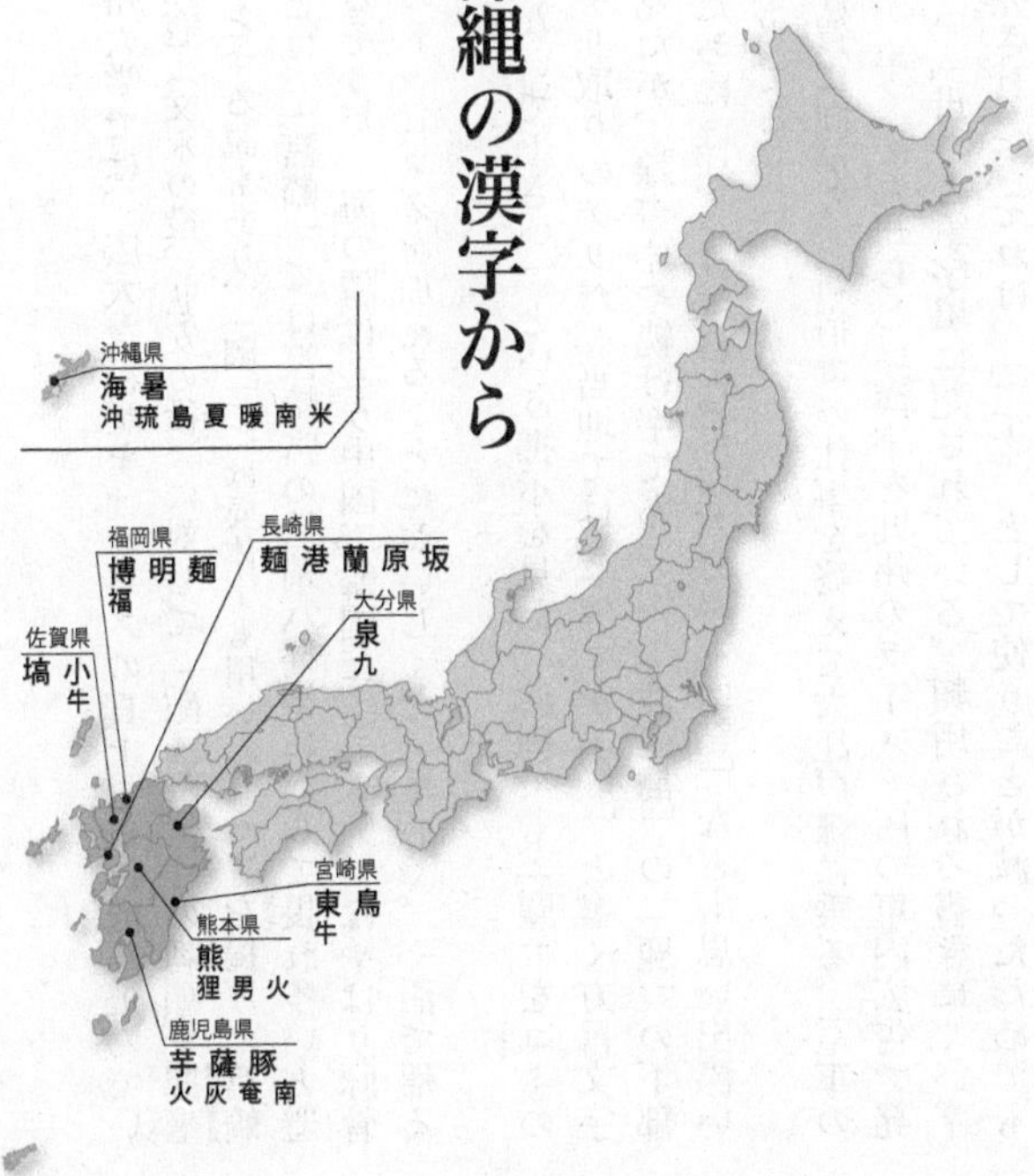

九州、佐賀の地域文字

福岡に行った当時、九州大学では、広大な箱崎キャンパスの真上を飛行機が飛んでいた。亀山上皇（天皇）が元寇（文永の役、弘安の役）に対して「敵國降伏《こうぶく》」の勅願を揮毫《きごう》した扁額（醍醐天皇の真筆とする説もあり、「國」には異体字も用いられた）を掲げた筥崎《はこざき》宮《ぐう》も近い。地名・駅名などは、「筥崎」では筥崎宮の筥崎八幡神に対して畏《おそ》れ多いと避けて「箱崎」となっているそうだ。海の隣はもう中国、韓国だ。ラーメンはやはり豚骨で、麺は真っ直ぐ、各種のトッピングを加えるごとにおいしくなっていく。一泊で帰るには惜しい地だ。

熊本では、「ちりを置かないで下さい」という掲示を見た。沖縄でも「塵」をゴミの意で書いたものを見た。チリ取りのチリだ。当地では、「熊」を「熊」と書く方言文字と言われた字形は何例か見たが、隷書体や続け字であって、「鹿児島」の「鹿」の下部の変形とともに、若い人たちには知られていない。大分の「西衲《にしのと》」なども思い出深いが、ここでは佐賀に焦点を当てる。

大学の出張で初めての佐賀に向かう。新宿での仕事を終えて大江戸線に乗る。電車の中で、「九卅を食す！」と、早くも九州らしい漢字を九州のラーメン店の車内広告で発見した。「州」が書きやすい「卅」と筆字風に記されている。頻用される書きにくい字体に対して筆記経済が優先された。それは、「三十」として使うことが減ったためでもあり、意識上は衝突も起こらない。そうこうしていると乗り過ごし、さらに生麦駅で人身事故との放送が入る。間が悪いのは生まれつきだが、不注意と重なると事態は暗転する。時間に余裕があったためなんとか飛行場へ到着できた。羽田はやはり近い。佐賀空港行きは、搭乗口が隣県の福岡行きとは違い、一番遠い。鹿児島行き飛行機は、鹿児島空港が悪天候のため羽田に引き返す可能性があると放送が入る。心配をよそに、無事に離陸した。

有明佐賀空港では、「手荷物受取所」の韓国語表記が、そのままこの六字を韓国語で音読みしたハングルとなっている。「到着」に相当する中国語の「到達」は、簡体字と繁体字とで二つ表示されている。ここでは上海便があるそうだ。

空港を一歩出ると、まるで弥生時代のような水田の風景が広がる。シュガーロードと呼ばれる道路では、名物の小《お》城《ぎ》羊羹《ようかん》の筆字風の看板が並ぶ。「羊羹」の「羹」は俗字の「羹」より「羮」が多い。これは各地の羊羹で頻出するのに字書に載らない字体なのだが、そもそも一般にはきちんと字体が認識されておらず、むしろ横線をさほど細くせずに書けて、しかもバランス良く見える。

「月極駐車場」のほうは五、六回は見た。一方、地方都市に多い「月決駐車場」は二、三回と、足かけ三日間の接触頻度は半分程度だった。講演会場でも「月極」をホワイトボードに書いたところ、フロアからはやや年配の

方々から「つきぎめ」の声が挙がった。

夜遅くに、玄界灘の新鮮な魚を用いたスシを頂いた。佐賀はスシには「寿司」「寿し」の優勢な地である。タウンページでその店名での比率を調べた結果（一二〇ページ）、「鮨」が一六％しかなく、近畿に色濃く残る「鮓」は一軒もなかった。普通名詞を含めた実際の看板でもそれを実感する。佐賀ラーメンは、豚骨スープでおいしいが、胡麻や紅生姜《しょうが》など追加のための容器がないのは、単にその店の特色か。福岡と同じくまっすぐな細麺だった。だからだろうか、「ら〜めん」「ラ〜メン」という関東の縮れ麺の感じが漂う曲げた長音符号入りの仮名表記は目に付かなかった。

また、「饅頭」店は、タウンページでは三九軒とも「饅頭」で、「万十」がなかったのだが、それは隣の福岡県・熊本県などと様相を異にする。個別の事情が反映しているのだろう。「豆腐」店の名には、松江に顕著で、東京の鶯谷《うぐいすだに》の笹乃雪にも伝わる「豆富」が一軒だけあった。路上の「止まれ」の形は、どこでもほぼ同じものに思われるが、佐賀では、公私いずれの場所でも東京のデザインと差が見られた。こればかりを集めたHPには違いが記録されているかもしれないが、何に拠《よ》って生じる差だろう。各地でひな形が異なるのか、字形の好みに違いがあれば興味深い。

佐賀市内のバス停に、「辻の堂」とゴシック体で書かれている。そこの「しんにょう」は二点の「辻」ばかりで揺れがないが、近くにある交差点のナール体による表示は、逆に「辻」で統一されていた。逆方向にあるバス停では、一点のゴシック体で統一されていた。いずれも、「つじ」という語を表記する文字として表語機能を十分に果たしており、一般に気にする必要のない字体レベルでの差にすぎない。最初からどうでも良いといっているのではなく、観察や考察の過程を経て、どちらでも良いことだと結論づけられそうだということである。

佐賀出身で、今回案内してくださる方に、佐賀の人たちにはいわゆる方言コンプレックスなどほとんどないことを確かめた。九州では福岡はもちろん熊本もそうだそうで、若者にも方言がだいぶ残っていると聞く。福岡出身の学生も方言で皆と話している。「方言萌え」といわれる流行を伝えなくてもあれこれ話せそうだ。スーパーを改築したという文化センターに着く。

夜、地元の芸能との抱き合わせ企画のためか有料なのだが、六〇名以上が集まってくださった。前半に演じられた佐賀仁《に》〇《わ》加《か》は、本格的な演劇で、人々の素朴な面白さが表現されている。「わ」に「〇」を当てることは、元禄のころに服の模様として流行し、七代目團十郎《だんじゅうろう》が広めたとされる「かまわぬ」を思い出させる。あれは日本の絵文字の源流の一つだ（團十郎は代々、文字に逸話が多いのでそれもいずれ紹介したい）。さらに、平安時代の仏典には、漢語「月輪」を「月〇（筆法としては〇）」と略記したものがあり、それからカタカナ「ワ」ができたとする説もあった。

その中で使われるような方言を取り入れた、ことばと文字の話を、ということだった。

揺れ動く「箞《うつぼ》」の字体

文字化した佐賀仁○加を送ってくださっていたので、まずはざっと、直前にはじっくりと読んでみた。地元の方も、読めばことばは分かるが切り方でとまどったという。そのお芝居に現れた佐賀の活き活きとした方言の特徴を抜き出すために、そこに登場した人のことを引用する。その千に一つしか本当のことを言わないことから付けられた通称名を、郷に入れば郷に従えで読みにくいが小さめに速く発音する。

この地の武士道で有名な本に『葉隠』がある。二〇代後半の県庁職員は、新人研修でこの大著を読まされたという。私は、古書で購入して今回の予習をする中で知ったが、「武士道と云ふは死ぬ事と見付けたり」という有名な句のほか、人前でのアクビの止め方など、実用的な内容も含まれていた。日本史の先生からうかがっていた、心を一つに集中する意の「はまる」を「部る」と書く例も確かに何度も出てきた。地名の「～原《ばる》」も出てきたが、崖を意味する方言「ほき」（七九ページ）は仮名表記だった。当地の俚言《りげん》の「すくたれ」（ばか）を「寸口垂」と書くような当て字もかつて佐賀藩の史料に見られたそうだ。

せっかくご来場くださった方々が眠くなってはいけないので、参加型を取り入れてみる。

「「咜」の読みは？」。すると「おとな」と読めた人が結構いる。さすが地元で、答えを言うと、思い出したように「あ～」という声も漏れる。これは地域訓であるが、後ろに

「分」を加えた二字ならば、きっともっと読めただろう。ついで「廹」も読みを聞いてみる。会場から「うつぼ」と声が挙がる。これも感心した。大きな漢和辞典には載っているが、他では使われないという点で地域文字といえる。中国においては、ウツボという字義をもたない漢字であり、日本の国訓、さらに使用域に着目すれば地域訓をもつ字ともいえる。厳木《きゅうらぎ》町は唐津市に編入されたが、この小地名は残された。

東京で見られるような資料には、次ページの字体などが見られる。

中世に「うつぼ」という訓読みを得て、近世に地名を表記するようになったこの字は、他の漢字と同様に字体に一定の揺れを呈しつつ使われ続けた。印刷工程においては、この鉛活字の不足は時として起こったことだろう。しかし、二〇世紀後半の情報化社会が進展するさ中、新たな不幸の歴史を背負い始めた。一九七〇年代にJIS漢字を策定する作業の中で、地名や小学校名としての使用が確認された「廹」という字は、順当にいけば第2水準に採用されるはずであった。JIS漢字は、情報交換のために行政地名を網羅するという崇高な理念を掲げていた。

しかし、一九七二年当時、その主要な資料とされた『国土行政区画総覧』がこの地名を誤植してしまっていた。その除去号二メートル余りを調査する中で、一九九三年三月の除去=八七六号二二六一-〇八ページで、二三一ページの図のようなことが起きていたことが判明した。

いずれの字にも赤字で、「廹」へという修正指示が書き込まれている。つまり、JI

箞

箞 竹冠に巻（巻の康熙字典体・旧字体）

いわゆる拡張新字体

（竹×巻 己は巳）

（竹×巻 己は巳）

Ｓ漢字を選ぶための調査が行われた当時、その対象となったこの地名資料では、すでに現地の揺れの範囲を超えて続け字に由来するような独特な字体が作字され印刷され、その時点で誤字になってしまっていた。なお、あの時の現在号まで合わせて三メートル余りまで増えていたこの資料に対する調査は目で行ったが、ＯＣＲで読み取ってやれば楽だったのではという留学生もいた。その機材の精度が仮に九九・九％であっても、こういう字を埋没させてしまう手法である。ＪＩＳ漢字作成の一次資料と考えられる最善の現物に当たれたことは幸いだった。そして、それが周辺的ながら文字政策にわずかでも貢献しえたことは望外の喜びであるが、それ以上に研究者冥利《みょうり》に尽きる文献による実態調査の一つであった。

さらにＪＩＳ漢字を制定するためにそこから転記する作業の過程のある段階で誤写が発生し、字体がさらに思わぬ形へと変化してしまったことも分かった（『増補改訂ＪＩＳ漢字字典』五二二ページに、その報告書の該当部分が縮小され掲載された）。これらのヒューマンエラーの重なりにより、字書にない不思議な字体となったのは、当時のガリ版を含

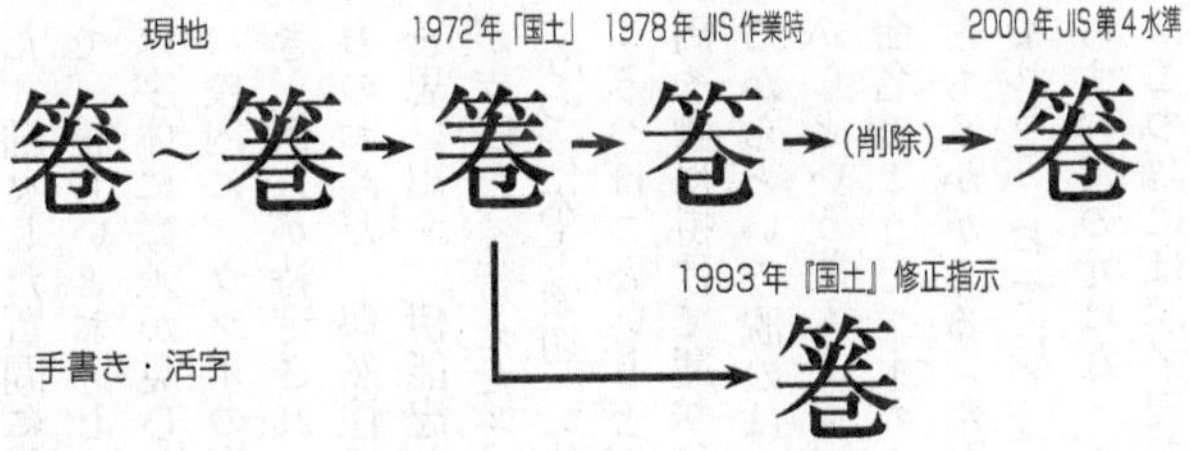

めた筆記具や、たまたま担当した人たちの書き癖も影響したのかもしれない。それ以上は追究できなかった。歴史の闇に消えた部分であるが、文字は人間が変えていくという事実を反映していた。情報化に巻き込まれたこの字の数奇な展開は、上記のようにまとめられる。

　このように不明字と認定されたことでＪＩＳ漢字の候補から削除されてしまったのだ。それを当時の報告書で知っていただけに、ＪＩＳ漢字の第３水準に、いくつかの地名資料からこの字を改めて採用することに決まった日本規格協会や東京外国語大学などで開かれた委員会やＷＧの席では感慨深いものがあった。なお、同類と見られた大分の「衲」という字は「衲」の誤写と思われたが、大分県に出向き現地調査を行ったところ、地元で「西衲《にしのと》」という地名（姓としてはその地では途絶えていた）が確認できた。漢字は人を惑わす。

「諸橋てつ（轍次）さんの『大漢和辞典』では、（竹を）たわめる」で、その音はカン・ケンと教育長までされたその地の郷土史や地名について詳しい方がお話しくださった。その方の書いた康熙字典体の字が、箞木小学校の校長室の黒板に残されていた。細々した質問に対しても親切に教えてくださる女性の校長先生も、その字体が本来で、正しいとおっしゃる。ただ、実際の使用という面では、この小学校の前代の看板には字体に微差が見られた。

校内に、ウツボの字がたくさんあるので写真も自由にどうぞ撮って、とのお許しを頂き、個人が特定されないものを記録する。大隈さんの地元だが、同行してくれた県庁の方のお蔭だ。偶然性は減ってしまうが、かつての電子政府事業のときの現地調査のことを思い出す。伊能忠敬は、錦《にしき》の御旗《みはた》を頂いてからは、全国の地図作りのための測量作業が支障なく行えたそうだ。学校の周りでは、さらに字体の幅の現実が確かめられた。「うつぼ木上踏切」など仮名表記も見られたが、誰でも読めるようにしたものか。

「うつぼ」というと、海の「鱓（鮮）」、和名「ウツボ」を思い出す。その魚名の語源は、肩や腰に掛けて運ぶ矢を収める容器である「靫《うつぼ》」（別名ゆき・ゆぎ）に、長い体が似ているからという説のほか、空洞すなわち「うつほ」（うつぼ）に喩《たと》えうる岩穴に潜む習性からという説もある。また、植物のウツボカズラもあるが、これはもっと遅くなっての命名のようだ。木の空洞が「うつほ」（空穂）と呼ばれたことはかの『宇津保物語』からもうかがえる（ただ、この作品の現存するテキストには、新しめと見られる語の用例が含まれる）。おそらく「うつろ」「うつほ（お）」から生じた武具の「うつぼ」の語がこれらすべての元になっている。

この語には漢字表記が古来定まらず、種々の位相文字（集団文字）が使用された。『伊京集』、天正十八年本『節用集』などにすでに「箞」の字とその字訓が現れていた。中古、中世以降、このウツボにはぴったりな漢字が見つからなかったが、仮名表記では満足しない層がいくつもあったようで、「椌」（仙台の地名では、別に地域訓で「ごうら（ぎ）」）「笚」「箜」などそれらしい字のほか、「賦」「宷」（後に豊竹古靫太夫《とよたけこうつぼだゆう》の名のデザイン的な表記にも応用された）などの造字も軍記物語や文書など各種の文献上であてがわれた。天正十七年本『節用集』も「日本始テ作之故字ノ説甚タ多シ」として八種の表記を示す。

かつては、「空穂木」と書いた近世文書もあったそうだ。この地は、幕末から明治初めには、家が一五軒程度しかなかったが、その後、近隣の炭坑のために、生徒が一学年一八〇〇人にまで増え、小学校の近くに文房具店や印刷所まであったと元教育長が話されると、校長は「すごさ～」と方言で驚かれる。今は各学年二〇人余りだそうだ。校長先生は子の名をすべて覚えているようで、読みにくい名も読み方を教えてくださった。

箞木小学校は、二〇一一年に本山小学校と統合されたが、校名にはこの地のものが採用された。奇跡的なことだったが、次の統合ではきっと巌木小学校となり、この明治以来の小学校名は消えてしまうだろうとのこと。この「巌木《きゅうらぎ》」もまたなかなか読めないが、「どう書くの」と聞かれればこれは説明できるという。「巌木」も市町村名として唯一の読みで、平成の市町村の大合併によっても町名として残したのは賢明だったと思う。「きよら」の変化とされている。「厳」という字には読みが珍しいものとして近くに「厳《いず》

小学校にて。

「巻木」電柱には概して誤字・代用字が多い。

竹と巻。

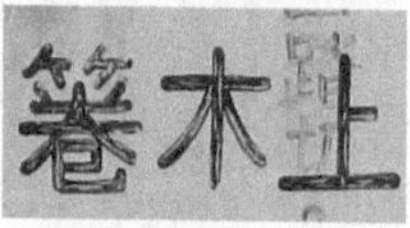

構成要素の形に、あらゆる組み合わせが出るか。

原《はら》」もあった。

そこの在校生たちは、低学年の内は「うつぼ木小学校」、中学年（四年）からは漢字で上は「ソ」、下は「㔾」で書くという。郵便では、この漢字が「出てこないので」、ひらがな（表記）が多いそうだ。上述の通りJIS漢字を制定する過程で誤写が起き、幽霊文字となって削除されてしまったことが今に尾を引いていた。

校長先生は、この漢字は「読めない、一人も読めない」と嘆かれる。「どんな（ふうに）書くの？」と聞かれても「説明できないから、ひらがなでいいとなる」。下が「巻」でもないとおっしゃるので、「竹冠に巻《まき》」と言えばいいと伝えたが、どうなるだろう。手書きならばそれで十分で、そうなっている活字体もある。「轟」を校名に含む小学校では「叀」を正式にしたところだってある。

『ありがとう箞木小学校　～統合記念「思い出」文集～』（二〇一一年三月）を下さった。広々とした自然の中で子供たちの生き生きとした姿がほほえましい。『「箞」の意味の如く、しなやかに、たくましく生きる箞木っ子が育つ」とあるほか、教育現場や学園ドラマでなじみ深い、例の「人という字は」のフレーズも出ていた。その本文では、「餅」は明朝体でいわゆる許容字体となっているが、この小学校名については筆字風の書体でも一貫して「巻」といういわゆる康熙字典体で揃えられている。ただ、ゴシック体・筆字風書体では、その冊子の中盤から、下が「巳」となっていた。字体について研究するだけ、こだわったり目くじらを立てたりするほどのことではないと思えてくる。

　また、この地名・小学校名には読み仮名は冒頭にしかなかった。ウツボつながりで、群馬県には「笂井《うつぼい》」小学校があるというと「へえ」と目を丸くされる。姉妹校になるのはどうかと思いつく。大阪の「靭（靱）」小学校はすでにないが、公園などはある。所変われば漢字も変わる。ここの「校区内地図」の「校区」はこれも方言による差をもつ漢語だ。

　ここまで来る途中に、孔子を祀《まつ》る多久聖廟《たくせいびょう》の表示があった。佐賀藩の支藩であった多久藩では儒学が盛んだった。公民館とバス停の表示板に「莇原」も見かけた。「莇」に基づくものだろう。図書館でお話を伺えた石橋道秀氏のご著書によるとアザンバルと読む。「原」も九州らしい地域訓だ。和漢の漢字の知識をもつ人がいたのだろう。

　夜に開かれた講演会では、質問時間に、巻木小学校出身という六〇代くらいの男性が、「竹冠に巻く」と書いていたとおっしゃる。「巻《まく》」の形は「八」でしたか下は「己《おのれ》」でしたかなどとうかがうが、やはり「まく」と書いていたとのこと。そう、本来は気にしなくて良いレベルのことなのだ。小学生だった時に、その土地の方から、「とてつもなく古い大きな木の意味だ」とお聞きになったそうだ。こういう伝承は面白い。前に述べたとおり、JIS漢字第一次規格には誤写を経たため採用に至らなかった悲劇の字だった。

昨今、明朝と手書きとで混線が生じている。頂いた校長先生の名刺では、筆字風の書体で学校名は「箞」、地名は小さい字で「箞」、と分かれ、また、頂いた一通の封筒の中では、明朝体で地名は「箞」学校名は「箞」と、計三通りが規則性をもたずに共存していた。活字の大きさごとに、線の太さに限らず字体まで異なるのは、かつては珍しくなかった。細部に神経質になって無理に統一を図る必要もない。戦前の漢和辞典では、【】内の見出し字と本文の字とで字体が異なるケースもあった。

俗字は筆法に叶った日常の字体であり「竹冠に巻く」で何ら問題はない。いわゆる康熙字典体で書く必要もなければ、常にそう印刷する必要もない。この字体のせいで「竹を巻いたもの」という字解がこの字を成り立たせていることさえ忘れられてしまっている。この辺りでは、ほかにも炭坑跡、住宅団地なども、その名を負っている。

ちょうど給食の時間に差し掛かったため、余ったカレーライスをとのことで、校長室で恐縮しつつ頂く。プラスチック製の容器が懐かしい。学生時代には知らない民家で図々しくもお食事によばれたこともあった。好き嫌いなどなくしておいて良かった。おいしく頂く。「うつぼ」の由来となった木は特定されないそうだ。ウツボという語は三段階、ことによると五段階ほど意味用法を変えてきた。木の穴、それに形の似た武具、それに似た魚や植物、そして穴の開いた木が土地の呼称となり、漢字を得る際に武具の国訓を見つけ出して公式の地名になった、という過程がうかがえる。

翌日に図書館でお話を伺った古代語をお調べの方は、百済《くだら》のことばや朝鮮語や地形などによって佐賀の地名の語源を説明してくださった。ただ、「ウツボギは難しい」、「キは「城」かもしれないが、分からない」とおっしゃる。字も、「竹」と「巻《まく》」で、「読めない」。「空木」と書いた用例も見つかっているとのこと。さらに、地名や姓の「串」についても、朝鮮語との関連をお話しくださる。「串」という字の日中韓での伝播の歴史については、その後私もだいぶ調べて北京で発表した。

地名が発音され始めた時代には、文字など意識されていなかった可能性が高い。その由来が文献や口碑に伝承されているとも限らない。「靫」は、かつて字体の似た「靭」「靱」と通じて用いられた。「鞜」と通底するような「タワム」という字義ははたして偶然か、この追究にもロマンはあろう。なお、「風巻」という文字列がネット上で話題となった。ネット上では確かに用例が多い。しかし、風を描いたケータイの絵文字が、この漢字に化けたものにすぎなかった。

その後、公文書で揺れのある「ウツボ」の字体を「簗」に統一したとの話を聞いた。当用漢字以降、硬筆の定着と指導により手書きと活字とで字体を一致させようとした動きの中で、「正しい」字体への統一という流れの一つとして理解されるが、複雑な字体だけとなることで、要素の認識の際にばらばらに分解したり、手書きまでそのとおりに書かなければ誤りという硬直化をきたしかねない。かえって不自然な字を書くといった混乱を深め、ひいては地元の人々の馴染みさえ失い、縁遠くなってしまうような事態だけは起こらないようにと祈っている。

「麻生」はこの辺りでは、姓でわりと多いそうで、読みは「あそう」、漢字の個性的な読み方で脚光を浴びた麻生元総理も隣の福岡だった。関東でも、神奈川県川崎市にも麻生区があるが、「あさお」だ。「生」が加わると固有名詞の読みは途端に厄介となる。東京には「あざぶ」もあり、「麻布十番」などというと、「えー」と驚かれた。簡単な漢字であっても、生活の中で身に染みこみ心に残り、パッと浮かんで出てくる読み方に地域差が生じうるのだ。

佐賀の漢字

講演会場では眠らせてはいけない。睡眠の中で学習した気にさせるようでは、会場にまで足を運んでくださった方々に申し訳ない。専門を研究する者として興味深いと思う話と、一般の方々が関心を寄せてくださる話とは、必ずしも一致しない。そこを見極めつつ、期待される「正しい漢字のお勉強」といった常識話をうまく裏切ってしまいたい。せっかくなので、伝えたいことを心の中まで届くようにと努める。

「因囚」は「口」が飾りで、これで「大人」だという女子中高生の話を紹介すると、ア〜と納得される。それでは、「悲観的現実主義者」と書いて、これは？　難問のようだ。歌謡曲の歌詞で、やはり「おとな」。この面はゆい当て字にはどこでも笑いが響く。「おとな」は、当地の地域文字「咾」からしても、工夫がなされてきた。一番前で、熱心にメモを取っている若い女性たちもいらした。会場が薄暗くてよく見えないが、イメージしていた年齢層や小さな会場とはだいぶ違う。女子大生らしき人たちから、八〇代の地名好きの方までお越しだ。

「九州」を「九卅」と筆記経済を求めて簡易化して書くのは、本州内ではだいぶ減っているが、九州ではまだ若い人の間でも健在だというと、年配の女性がウンと頷《うなず》く。ネットでさえも、普通に入力されているのは何が原因なのだろう。ここでは「そば」の変体仮名は読めない方が大人でも結構いらした。三字目を「む」と認識した人も、「なまはむ」「いきむ」と読んだ方も現れた。

東京より少ないが蕎麦屋はあり、この変体仮名を見かけるという方もいたが、この字の書かれた看板や暖簾《のれん》を私は今回見かけず、他の地元の方も「むに点々」などは初めて見た、という。小学生だった私は、東京の中野のそば屋で目にして少し立ち止まって、「なま・なんとか・む?」と無理矢理に心の内で読んで、まずは分かった気になるようにした。使用の地域差が住民の理解度を動かすきっかけとなる。

音声言語としては、佐賀は下二段活用や古語の残存、古風な表現が目立つ。「ごっかぶい」は御器かぶり、つまりゴキブリの音変化であり、退屈だという意味の「とぜんなか」は『徒然草』などの「徒然」からだ。トゼンソウと読んで誤読と笑われるが、この二字は

漢語だった。この形容詞のカ語尾は古文のカリ活用の痕跡《こんせき》といわれている。「離合《りごう》(する)」は、車などが行き違うことで、福岡や京都辺りでも交通などの場面で使っている。免許を取る際に必須の用語で、かっちりした意味で、方言という意識は乏しく、いわゆる気付かない方言とされる。

当地の名字と地名の話に移る。実地に基づく馴染みと詳しさではとうてい敵《かな》わないので、実感をもって納得してもらえるように頑張る。「椨」という福岡のタブ姓は佐賀では知られていないようだったが、国字で「たぶ」と言うとア~と声が漏れた。小地名では、「杣」という地域文字が福岡、佐賀、長崎、熊本に分布している。

この地の人ならば常識的という読みも、よそから来た者には厳しいものがある。「神代」姓は、東京では深大寺に神代植物公園があるためかジンダイと読まれがちだが、「くましろ」だ。地名では、「○○小路」が「こうじ」ではなく、「くうじ」となる。これは、かつて中央語にもあった連続する母音の口の形(開合)の区別が語形を変えて体系的に伝わったものだ。「古語は方言に残る」という命題の変化球のような実例である。

佐賀の地名と姓の漢字

「牛津」は「うしづ」だが、期せずしてイギリスのオックスフォードへの当て字と一致する。大分の「宇佐」はローマ字表記が「USA」となるなど、九州では地名も見方によっては国際的だ。

さらに客席にうかがってみる。「「中島」も多い姓だそうですが、何と読みますか？」」。すると、「佐賀では「なかしま」です」と前に座っている品の良いご婦人がおっしゃる。「サザエさん」の作者である長谷川町子は出身がこの佐賀で、福岡で育ったそうだ。そこに登場する中島の名は、実は脚本家が設定したそうだが、原作者にとっても身近な姓だったろう。ただ、その「じ」という濁音は、長谷川町子が引っ越してきた世田谷がアニメの舞台とされる（可能性があった）とはいえ関東風の読みであり、どうお感じだったのだろう。「高木」も「たかき」、与賀町も「よかまち」だそうだ。大阪の「山崎《やまさき》」、新潟の「五十嵐《いからし》」なども、東京に染まれば濁るのだ。この日、七〇代の男性は会話の中で、「やまさき」と二回目まで発音し、三回目は「やまざき」と自然に発音していた。

「〇富」という姓もこの地では多い。「成富」は「なりとみ」だと言う。東京辺りでは「なるとみ」と読まれる。戦国武将の成富《なりと(ど)み》（兵庫《ひょうご》）茂安《しげやす》は、佐賀では皆が知っているという。「福富」は「ふくどみ」と濁る傾向もあるそうで、東京では「ふくとみ」をしばしば耳にする。この辺りの出身という牧瀬里穂に、テレビで片岡鶴太郎が本名なの、と驚嘆していたが、「牧瀬」は地名でも見かけた。「鳥栖《とす》」はアクセントは「と」が高く、スは無声化している。サガントスは方言では佐賀の鳥栖という意味が含まれている。

「水流《つる》」姓は、さらに南の宮崎・鹿児島に多い。「靏」という二九画にも達する字を用いた姓が九州に目立つと日本経済新聞社の方からうかがっていたとおりたしかに多い。ツル、それに当てた「鶴」自体の使用が多いため、その崩し字を会意風に楷書化し、それが整形された字体も結果として多い。

「鶴」が「鶴」を経たのか「鸖」となり、「靍」を経て「靏」になった。先にいただいた小学校の文集にも、その姓があった。かつて小学校の名簿で見かけ、当時、どんなに大きな漢和辞典にもないことに衝撃を受けた思い出の字だ。日本語研究者の靏岡昭夫氏も東京生まれだそうだ。また、崩し字から「靎」も派生した。元禄時代の資料にすでにこの字体について記録されていた。これとともに都内の電話帳でかつて見かけた「瀖」は、雨冠を「氵」へと変えたものか。一方、「つる」は簡易化も進んだ。「隺」よりも画数は増えても書きやすく分かりやすい「隺」は、山形の「鶴岡」でかつてよく使われていたことを朝日新聞社の記者さんに確かめてもらえた。今では手書きそのものが減り、この地域略字も減少しているそうだ。

佐賀市内で講演したときにいただいた最後の質問は、女子大生風の二人組の一人だった。「知らない字のことをたくさん知れて良かったが」という前置きの後、

先生が、一番これは、と思った字は何ですか？

これは難問だ。順位付けはしていない。その時その時で関心が集中する字が一つ二つあり、その中で調べが一段落しそうだという字が実は一番面白い。あまり立ち往生しても、終了時間をさらに超してしまうので、毎日そういうものが見つかるとつなげ、説明しやすい「あけんばら」の「㞣」という幽霊文字（㞣）を、咄嗟に紹介した。限界集落

と呼ばれる前、その地でこの江戸時代からの地名がひっそりと残っていた。現地で消えつつある字を調べていると、もっと寂しいこともある。珍しい字が刻まれた、荒れたお墓に掌《てのひら》を合わせたこともある。

実際には、今調べている字がいつも楽しい。それまでスルーしてきた文字に急に何か意義が感じられると、その文字が立ち上がってきて輝き出す。その魅力が人に伝わりにくいこともある。

講演の後日、ブログで感想を書いてくださった方がいらした。専門書までご注文くださった方もおいでだった。漢字について詳しく知りたいという意欲をおもちの方が多かったようだ。この日はその半日前からしゃべっていた。皇族の方々もお泊まりになるという市内のホテルが身の丈に合わなかったのか、ベッドが柔らかすぎたようで腰が痛い。座っている時間が長いためか。嬉野《うれしの》など温泉が目の前にあるが、近寄ることがかなわない。

この前にすでに地元の方々に触れる機会を頂いていた。佐賀入りした翌朝早く、市内の中学校に向かった。車の中で聞く話、見る風景ともに新鮮で、写真もメモも追いつかない。その中学について WEB で予習したとき、校歌に「輿れ」とあり、地域訓かと色めくが、「おこれ」と歌っているので「輿れ」の誤植かと落胆する。朝八時台の授業は初めてだ。地元の教育庁からも人がおいでだそうだ。萎縮《いしゅく》してはいけないが、校長室はいくつになっても落ちつかない。柳田国男の日記を見ていると、よく各地の校長先生と会っていた。年齢だけは歴史上の人物に近づいていることに親しみを覚えるとともに焦燥感や諦めの念も強まる。

薄れゆく佐賀の方言

九州北部の方言が残る金八先生の声で、「人という字は二人の人が支え合っている」と言われると、心に染みる。漢字を使った人生訓は効果が高いのだが、これも日本人らしい漢字の俗解と生徒さんたちに話す。大学ならば、「変態」のローマ字表記の頭文字から広まったとされる「H」の由来を知っているかと尋ねるところだ。そこでも「二人の人が支え合って……」との答えが返ってくるものだ。ローマ字にまで俗解を及ぼす行為も実は日本では江戸時代にすでに見られた。

三学期の試験も終わった佐賀市内の中学一年生たちは、文法もアクセントも語彙《ごい》も共通語化が進展していた。芸能人の「はなわ」に関わりのある中学とのこと、この姓は「塙」であり、対となるのが茨城辺りの地域文字「圷」である。やはりもとは関東の人という。その歌う歌詞に出てくるヘルメットは、自転車に乗っている子だけだった。牛丼の吉田（野ではない）屋もあの歌の後にできたとの話だ。

生徒たちに「ばってん」について聞いてみる。長崎だけでなくここでも使われているが、英語の「but then」起源という珍説は知らない。講演会場では、ご婦人が、オランダからと聞いたことがある、と話された。「よかばってん」は「よいけれども」という意味であり、古くは「よからば（よかれば）とて（も）」に遡れる。かつて熊本出身の森高千里が「きれいか」と歌ったのは、「立派か」と同様、「よか」などからの類推による固定化した表現だった。

「雨・飴」は東京と同じように区別して発音する。佐賀市内の方が県内の西部よりイントネーションなどでいわゆる訛りがあると予測していたが、若年層はそうでもない。あるのに「ない」という返事も有名だが、これも知らない。お父さんお母さん、お祖父さんお祖母さんとあまり会話をしないのかなどと心配になってきた。私も子供のころ、富山の祖母の話は分からなかった。「ママ食うけ？」は、兄と意味を考えおやつを食べるかと聞いているとの結論になり、喜んで承諾すると早い時間にご飯が準備されたことがあった。

切り傷などケガをしたときに貼るのは？　と聞くと、「カットバン」、出てきてくれた。新しめの気付かない方言だ。絆創膏《ばんそうこう》に関しては、商品名が各地で普通名詞になっている。「カットバン」は社名とは意識していないと皆がいう。祐徳薬品工業（佐賀県鹿島市）の製品で、いかにも漢字圏の薬品業という雰囲気の残る社名だ。なお、久光製薬もこの地の会社だ。「キズバン」という声も出る。講演会場では、ご婦人がバンソウコウは古かったのかと羞《は》じらっておいでだった。カットバンよりも絆創膏のほうが年配みたいだと恥ずかしがるご高齢の方々は県外から嫁いでいらしたのか。地元での普及の段階を語ってくださった可能性もある。

後で、小学校の校長先生、教頭先生は、自分たちの代では、上の世代の方々が「どんどん」（どんどんの意）や「ない」（ハイの意）といった方言を使っていたと教えてくださる。伝統的な方言が消えつつある。三〇歳前の県庁の職員も佐賀県の東部・西部を「ひがしめ・にしめ」と呼ぶのは聞いたことがないとのことで、予習した文献の記述と現実の差を実感する。

「咾」はどう読むか、生徒たちに尋ねてみた。「むつごろう」、さすが有明海の近くだ。何人もこう答えた。きちんと「おとな」（後述）と読めたのは約二〇〇人中二人だけ、大人の方々だった。地域差にもさらに層がある。実はあまり使わなくなったという方言で「がばい」と読んだ生徒もさすがだ。「咾」を「えび」と数名が答えたが、「蛯原」姓の本場、宮崎に近いこととと関連するか。

九州の地名と姓

続けて、佐賀市内の生徒たちに、「「埼」は？」と漢字の読みを尋ねる。「ざき」と男子中学生。「埼」は埼玉《さいたま》の「サイ」でもあるね、というと「ア〜」と声が出る。「タマ」と書いた生徒はそれを連想し混同したのか。その夜の講演では大人が「たまなし」と書いた。判じ物だ。

こちらには神埼《かんざき》郡があり、神埼町《まち》神埼という地名もあった。近年、佐賀市の隣に神埼市が成立した。このカンザキから「埼」をそのまま抜き出すとザキが残る。このように、ある漢字に浮かぶ読みにも地域差があり、東京、埼玉など関東では「埼玉」からそのまま抜き出した「さい」が出やすい（この音便形が塾の名などでも用いられているほか埼京線も通っている）。埼玉県行田市の埼玉《さきたま》、千葉県内の犬吠埼《いぬぼうさき》よりも「彩《さい》の国さいたま」としての知名度が概して高い。

佐賀の地では、新潟と石川とを間違えて話されることなどもあり、本州、とくに関東以北の地理が疎遠なのは当然である。玄界灘に出れば、壱岐や対馬の向こうはもう朝鮮半島だ。

「さき」という読みも、神埼市から抜き出して清音に戻したものが多かったのだろう。そう言うとウンと女子。「崎」と「埼」の二つあるのはなんでかと思っていたという地元の方もいらした。こちらでは両方とも「さき」として使うことが多いためだろう。「崎」が「﨑《たつさき》」になっているものについても、なぜなのか気になっていたそうだ。こういうことを肩の力を抜いて理解できるように、漢字の書写体がもっていた柔軟な性質を日本の人々に再認識してもらえるように広めていく必要がある。

「地」などの「土偏」を佐賀ではアゲッチ（ヘン）と呼ぶ。佐賀出身の方々にうかがうと、確かにそう言うとのことで、三画目を上に（はね）上げるためだそうだ。部首やその変形の名称には、中国と日本とで歴史があり、個々の地域での起こりと関わらせて研究すると、新たな発見がありそうだ。

「日本で多いと思う姓ベスト3は何だと思うかな？」と訊《たず》ねてみる。日本で、と問うたが、「古賀」を一位として挙げた子がいる。まだ広くはない世界で暮らしてきた子供たちには無理もない。「砂とう」を一位にした子もいた。これは知識として「サトウ」が多いとの記憶があったが、周りに「佐藤」がほとんどいないため身近にある「砂糖」と混同が起きた結果だろう。「中島」が二位、「松本」が二位さらに「副島《そえじま》」が三位、「山口」が三位という生徒もいた。「山埼」が三位と書いたのは、先の神埼市という地名が影響したものではないか。日本で多い姓ベスト3の知識ないし意識は、関東では、「佐藤」「鈴木」「高橋」といったものがよく挙がる。「田中」も思い浮かぶが、「山田」はいそうでいない、と気付いた人もいる。

佐賀では、日本全体で多い「佐藤」「鈴木」「高橋」などの姓はとても少ない。九州では、大分がやや関東風の姓の地区であり、方言も九州色が薄い。これらの姓は東日本に人口が集中し、順位を上げている。「佐賀の七賢人」にも「江藤」「副島」「大隈」と、佐賀に多い姓とその漢字が集約されていた。佐賀では、「江〇」「副〇」「〇副」「〇武」というパターンが多い。「副島」は、福島という姓や地名からの類推が働きやすい東日本ではフクシマと読まれることもある。「源五郎丸」などの「〇丸」も特徴的だ。「隈」という字もよく使われる。早大では、あまり周りの友人に使われていないせいか、「大隈重信」を「大隅重信」「大熊重信」などと書き間違える学生もいないではない。

「江」は、水郷、佐賀平野らしく地名に多く、「江口」「江藤」「江頭」など姓にも目立つ。頻用される「副」と合わさった「江副」もまた多い。言われてみればあれこれつながってくる。芸能界で活躍する人たちにもその業界に向いた九州北部に特徴的な顔立ち、形質、気質が思い浮かぶ。なお、江崎グリコもこの地の出身の創業者の姓を社名に入れたもので、芸能人の江頭2：50も佐賀出身である。「えがしら」はよその地では「えとう」に読み変えられることもある。こうした佐賀の大姓を指摘すると、確かに知人に何人もいるそうで、生徒同士でも指を差していた。伝統的な方言が薄れる中、今なお顕著に伝わる「土地の手形」が姓なのだ。江戸の昔から、人口の移動は思いのほか小さい。「田中」「山口」「山田」と簡単な漢字の姓ばかりを挙げる生徒も多い。長崎、福岡の大姓とも類似し、西日本らしさもよく表れている。社会人では、「松尾山口犬の糞《くそ》」と書いた方もいらした。東北では「佐藤斎藤犬の糞」と自ら言った教員が都内の中学にいた。「さいしょ」「ごうりき」と声が挙がるのは、珍名を言っているだけだろう。もしも力強いイメージの「剛力」ならば、芸能人で有名となったもので静岡辺りからの稀姓か。「さいしょ」は「最所」だそうだが、岡山以外ではまず使われない地域文字（四九ページ）を使った「穝所《さいしょ》」と漢字を用いた「税所《さいしょ》」とが混ざった表記かと思えてくる。「穝」と同様にJIS漢字にミスで落とされた例が佐賀にもある。先に述べた「うつぼ」である。

文字を用いる環境が、個々人の意識や知識を形成する。かつて山口大学で、名字は「黒木」が日本一多そうだと答えた女子学生は宮崎出身だった。また、「新井」（一〇八ページ）が多いとの意識は埼玉で見られた。生徒たちは多くの人と出会いながら世間を知って成長していく。ブラックモンブランというアイスは、佐賀ではコンビニでも置いてあるため、日本中にあると誰もが思い込んでいるそうだ。同じことが、姓の分布や気付かない方言漢字にいえる。

授業後、男女の先生が「唹分《おとなぶん》」は、川副町《かわそえまち》（濁らないそうだ。佐賀市に編入）でバス停にもなっていると教えに来てくださった。社会生活の中で必要性があれば自然に覚え、空気のような存在となる。「吉野ヶ里《よしのがり》」の「ヶ里」（ケ里）も、この地の特色ある地名型だ。「鐘ヶ江」など「ヶ江」という地名は姓にもしばしば見られた。「南里《なんり》」姓も地名にあった。地名、人名、方言そして漢字は、授業でも講演会でも、その打ち合わせでも打ち上げでも話題が尽きない。

早稲田大学にちなんで大隈記念館へ向かう。「隈板内閣」には「ワイハン」の読みが示されている。今では一般に音読みは厳しそうだ。日本史受験者はともかく、「隈」は、そもそも関東ではあまり出てこない字で、すでに触れたとおり早大生も「隈」「隅」「熊」などと書き間違える者がいる。県立図書館にも寄らせてもらった。今回は案内してくれる方のお蔭で、効率よく移動でき、とても助かる。展示品の雛人形は趣がある。江戸時代の雛人形は大火で焼けてしまったそうだが、別の地で昔見た江戸時代の雛人形は、頭が大きく恐かった。近代のそれは洗練されて上品で、こちらの人の顔立ちと似るところがある。松雪泰子さんも佐賀とのこと、小作りな方が目立ち、芸能人が輩出する福岡の隣に位置することを再認識する。話すことばのアクセントも福岡の大半は東京に近い型をもっていて、ドラマなどでも即戦力となりえた。

地名について詳しい方から、九州、沖縄にとくに多い「原」の「ハル・バル」という読みについて、朝鮮語「ポル」との関連をうかがう。下関を越えていくと「ハラ」となるのは、この母音が同化した結果とのことだ。田原坂《たばるざか》、東国原《ひがしこくばる》は有名だが、「笹原」駅も九州ではササバルとなる。上代のp音、ワタノハラの語などを絡めると歴史的・文献的な証明は困難であっても朝鮮半島に近い地だけに、ロマン溢れる話に聞こえた。

この地では、文書は公民館に置かれているが、文書館の設立と地方《じかた》文書の保存が、地元からの声により実現に向けて進んでいるそうだ。「おとなぶん」については「中世語」で村役のことで、新しい地名と言う。古代よりも事実関係も明確になる。長崎ではこのオトナにあたる役職は、「乙名」とも書かれた。

「しくつえ」は「鯔江」と書く、と気になっている地名も挙げてくださった。「しゅくち、朱口でボラだという」。海岸線だった地で、ボラが汽水に生息するとのこと、方言として記録に見つけたくなってくる。「鯔《シ》」(ぼら)が日本で変形した字で、漢字と衝突を起こした。日本では、その旁《つくり》が「留」の異体字「畄」と混淆《こんこう》し、「鰡」となった。中国でも「鰡」という字体は存在していたが、『康熙字典』などでは旁の「留」の字体が「留」へと微妙に変化している。

佐賀の「咾《おとな》」

漢字は字体がまず目に入り、面白味に満ちているが、やはり文字研究の醍醐味はそこにとどまらない。ことばとの関わり方にある。JIS漢字の出自を洗い直す調査を担当した際、その原典である『国土行政区画総覧』を「ガラ」と呼ばれた除去号まで含めて確認した。その調査結果としては、辞書にない国字や異体字について公表したが、それ以外の僻字《へきじ》や国訓の類についても整理できたので、公開していこう。「咾」は、下記に出現していたためJIS第2水準に採用されたものだった。

一九八三年八月除去の六四六号　二三五九ページ　咾分北《おとなぶんきた》

このほか、門司の関（狩谷《かりや》棭斎《えきさい》の詠む、文字の関）を越えて、他県にも出現していた。

一九七八年五月除去の五二〇号　二〇二五-二八ページ　咾喰《おばくら》

これは、「姥喰」だったものが、部首（偏）にいわば逆行同化が生じたとの可能性が考えられ、現にこの地を「姥喰《うばくら》」とする資料もある。萩市大字弥《や》富下《どみしも》に現存している。

この二つの地名が『国土行政区画総覧』に出現していたために、「咾」はJIS第2水準に採用されたのだった。

実は、地名にはもう一か所、だいぶ離れた北海道十勝の幕別町《まくべつちょう》で、この字が使われていた。アイヌ語で溢れる川を意味するという「イカンベツ」に、明治になって間もなく「咾別」という二字が当てられた。村の名で、その地で尋常小学校の名にもなっていた。世慣れた「おとな」や「おば」は、何かというと「いかん」と言う、と発想上の共通点が感じられる。十勝のその地への移民の出身地はなど気に掛かるが、おそらく偶然の一致なのだろう。

「咾分《おとなぶん》」の「咾」は戦国時代からの当地の用語のようで、代官役の上役のことだ。「咾」は町役、今の区長と説明するものもある。四部合戦状本『平家物語』には「老しき軍兵共」の「老」に「おとな」と傍訓（ふりがな）が振ってあった。「老名」などの表記も各地にあった。こうしたものが契機となって、佐賀では「咾」が役職名となっていたのだろう。口偏は「名」の下部から合字化されたものとも考えられる。県内には、福富町福富にも「咾搦《おとながらみ》」という地名が残る。

一般の「おとな」には、熟字訓の「大人」が定着し、「常用漢字表」でも付表に掲載された。「大人しい」は、小中学生のとき、「音無」という名を見ていたせいか違和感があったが、これが語源に沿った表記であった。二字を新たに一字に凝縮する造字の時代は、電子化の普及によって幕を閉じつつあるが、「おとな」には既存の文字を並べることが起こっている。先述の「因囚」「悲観的現実主義者」のように、日本人の文字によるニュアンスの表現は完了することはない。

この「咾」という字は、『大漢和辞典』では、『集韻』から「聲（声）也」と引き、「こえ」の意とする。先の三つの地域訓は、いずれも意味の上から国訓と位置づけうる。中国でもラーメンを「咾面（麺）」と記すこともあるなど新たな用法が生じている。日本でも中華料理店のメニューで見かける。ＪＩＳにこの字が採用された原因は、『国土行政区画総覧』所収の二つの地名のみにあった(ただしそれを記録したJIS漢字制定過程の資料『対応分析結果』では、そこでの出現度数が1とされている)。

日本らしい用法が一つの資料の中で衝突を来たし、さらに地名などで用法に広がりを呈していた。この字のJISコード化は、期せずしてそうしたすべてを入力可能なものとした。北海道では、この字を「いかん」と読める人が残っているのか。離れた地点同士で、会意の発想が似ている。山口の「おば」は先に触れたように「姥喰」で、これに近い「うば」は佐賀の人たちの読みに類推から見られた。

最終日、川副町に向かう。市町村合併を経てきちんと町名を残した。潮の満ち引きの大きい有明海に面した、海苔で有名な地だ。朝食でもそれはおいしかった。空港へ向かう途中に寄って、咾分で降ろしてもらう。佐賀空港への道沿いに位置するのが幸いした。

薄れゆく「咾」

「咾分」バス停近くの十字路にこの字が用いられていた。ところが、住所には別の「大字鹿江　字道久篭」と書かれている。デイサービスの施設に入ってみる。突然の来訪者にも六〇歳くらいの方が親切に対応してくださった。ご自身もここにやって来たときには「読みきらんかった」(読めなかった)そうだ。「口に老《ロウ》」と書く由来を知りたいと、この地で聞いて回ったが、知っている人がいなかったとのことだ。住所ではないから、先の交差点とバス停の名でしか見かけず、交差点を説明するときくらいしか使わないそうだ。

申し訳ないほど県庁の方が至れり尽くせりで、さらに役場の川副支所に案内していただいた。土地調査課の五〇代後半くらいの男性は、「有明海区区画漁業権漁場図」には載っていると示してくれる。「咾」は「くちろう」とつぶやき、リコーのワープロでだけは出た（変換できた）とお話しになる。子供のころから住所でなくなっていて、昭和三二年に別の地名となり、「地籍（地積か）図」には残っているそうだ。ただ、その地で父親はまだ地名として使っていて、宛先が「咾分」でも郵便物が届いている。それは郵便屋が覚えているからではと同僚の方が笑うと、もっとも（同じ名字が）うちしかないから、と笑う。

「鰡江」もすぐそばだ。その地図にあった「しくつえ」についても尋ねると、これも台帳のようなものにある小字だけでなく、所《ところ》としても残っていると言うが、その「しくつ」が何かは分からないとのこと。「鰡江」と「鰡江分」とで小字は地区が分かれているが同じもので、行政区でもあり、自治会もあるそうだ。「常用漢字になっていたら、みんな覚えとった」というようなこともおっしゃった。
佐賀城に連れて行っていただく。ゴシック体で「鯱の門」とある看板にふりがながない。し

ゃちのもん、だったかな、と県庁の男性。魔除け・火防《ぶ》せ（伏せ）のためで、銅製で青く錆《さ》びている。話にダジャレでオチを付けるガイドのおじいさんによると、佐賀藩は三六万石だが、貧乏で鍋島が質素倹約を宗《むね》としたためで、名古屋の「金鯱」はここでは通じない。天守閣もないが、よく復元されていた。ガイドはボランティアの井手さん、この姓も方言に基づくものであろう。「はじぇで蠟《ろう》を作る」のハジェは「櫨《はぜ》（枦）」のことで、この辺りでは姓や地名に見受けられる。東京ではみな読んでくれないと聞く。

　そこでは、「川元」と、東京などで多い「本」が「元」になっている姓も見た。鹿児島から来られた方だろうか。「古賀」氏も、江戸時代にすでにいた。土産物店では、副島種臣《たねおみ》の書が絵葉書になっている。「帰雲飛雨」、クルクルしている自由な書きぶりで、「虎（乕）」の中国での狂草を思い出す。飛行場に戻ると、佐賀だが「博多の女《ひと》」が置いてある。土産のお菓子の名だった。

沖縄の漢字

　沖縄県へ、家族旅行と学会の仕事で二年続けて冬に訪ねた。現地で、たまたま乗れたタクシーの運転士は「金城」さん、この方は翌日に拾えたタクシーでも運転席においでだった。沖縄返還による本土復帰の時には、道路が一夜にして逆になり大変だったそうだ。容貌も人柄もいかにも南方的で、柔和で穏やかで、薩摩より一層縄文的な感じが漂う。「やがて着きます」、あっという間に着いた。ここの「やがて」には古語の一つの意味が残る。この地には鉄道はないが、タクシーの運賃が安い。

中国への恭順を示した「守禮之邦」の額が描かれた弐千円札（二ではなく弐）はここではまだたくさん流通しており、自動販売機でも使える。その門が建つ首里城跡では、「玉陵《たまうどぅん》」「斎場御嶽《せーふぁーうたき》」など、読み仮名がひらがなであることが不思議なように感じられる琉球方言によるルビがいくつも施されている。掲示板ではカタカナで読みが示されたものもある。言語は日本語の方言であっても、かつては琉球王国という独立国として中国と日本との間で均衡を保った。漢字や仮名の伝来は鎌倉時代の仏教伝来の時とされ、漢字圏への編入は遅い。

読谷村は「たに」の読みが変化した「たん」、「ソン」も南国らしい音読みだ。「みね」は「峰」ではなく、「石嶺」「大嶺」と分水嶺の「レイ」という字で路線バスの先頭に表示されているのもエキゾチックだ。ヤンバルクイナは「山原」、イリオモテヤマネコは「西表」のもので、沖縄式の漢字の発音がそこに棲《す》む動物の名を通して本土でも覚えられている。

ガジュマルの樹が街中で太陽を浴びている。その原を意味する原名《はるなー》という地名「榕《よう》原《ばる》」の一字目は、JISの第2水準に「榕」となって入り込んだ。それは『国土行政区画総覧』の中で部首の木偏が禾偏に変化したもののようだった（岡山の穝とは逆）。同じく第2水準に採用された「汳」は、中国の「ベン・ヘン」（宋の都「汴京《べんけい》」（現開封《カイフォン》）の一字目の異体字（本字））とは関係なく、同じ資料に出現していた「汳田原《はんたばる》」から入ったものだった。この珍しい地名用の漢字は、当地で崖を意味する方言「ハンタ」（狩俣繁久「琉球語と地名研究の可能性」『平凡社日本歴史地名大系』五〇、月報など）を音義ともにそれらしい字面の字で表現したのだろう。

琉球王国の王族は、尚《しょう》氏と音読み一字で中国的だ。かつて士族たちも中国向けに唐名《からなー》も持った。この地で見かける姓は、前田ではなく「真栄田」、中曽根ではなく「仲宗根」と特徴がある。部屋の掃除をしてくれた方は「仲本」さん、ザ・ドリフターズの仲本工事も沖縄の姓だった。「儀間」「与那覇」「与那嶺」「喜屋武《きやん》」など大半は県内の地名から来たものだ。そして下の名前も「伊波《いは》　普猷《ふゆう》」「具志堅　用高《ようこう》」のように音読みが多い。なお、全国の高校生の平均身長でも本州のとくに東北とは数センチの差があり、南方らしく小柄な人が多い。

「東《あがり》」と振り仮名のある名札を付けたバスガイドさんは、「西《いり》」、日（太陽）の「入《い》り」の反対と話してくれた。「北」と書いて「にし」と読ませる民俗方位とともに印象的な読みだ。「残波《ざんぱ》」岬に着き美しい海を眺めた。一二月末だが温暖な気候のため、まだホテルの屋外プールに入れる。亜熱帯地域である。

沖縄平和祈念資料館、平和の礎《いしじ》と回る。沖縄は戦前、戦中と本土のために耐えてきたことが痛いほど分かる。今だってそうだ。石碑に刻まれた、地元で犠牲となった「仲村」「瑞慶覧《ずけらん》」「翠宮城」、そして「饒」「嵩」「銘」などの字が含まれた姓の数々にいたたまれなくなる。「ンカイ　ンガイ」などの名前も彫られていた。「カマルー小」の

「小」は地域訓でグヮーと読むか。「宮城仲宮城」は五字姓ではなく二名の夫婦の姓であろう。北海道の「蛯子」「蛯名」姓も目に入った。

今、基地が沖縄県の面積の一割ほどを占め、頭上に爆音が轟き、会話が聞こえなくなる。第二次大戦でアメリカ軍が上陸し激戦場となり、数名に一名の割合で尊い命が失われた。それでも沖縄の人たちはふだん笑顔を絶やさない。

看板などに「駐車場では御座いません」、「御協力!!」とあり、こちらの少し高めの明るい声が聞こえてきそうだ。本州でも帳簿には符丁が店ごとに発達していたが、ここでは、中国から伝来した独特の数字「蘇州碼《すうちうま》」が主に帳簿の記録に用いられた。与那国島では「カイダー文字」という素朴な象形文字も用いられた（最近研究されるようになった）。そこではほかにも家判《ヤーハン》なども見られ、漢字との関わりの有無、強弱など興味が尽きない。その先はもう台湾となる。

「覇」の地域略字

二度めの沖縄で宿を那覇市内に取ったのは、交通の便だけでなく、「那覇」について調べたいことがあったからだ。右に述べたように琉球王朝以来、本土の漢字とは種々の違いがあった。語としてみると地名「なは」（那覇）が沖縄の「なわ」と同源らしい。また琉球方言で那覇は「ナーファ」と発音されることなども興味深いが、この目で知りたかったのは漢字についてである。

「覇」には、月の暗い部分という不思議な意味ももつらしい（『大漢和辞典』の字訓索引上のことで、本文では別の説明となっている）といったことも面白いが、現地で確かめたかったのはその字体である。「那」の左の「二」が『康熙字典』（康熙帝の命により一七一六年に編纂された漢字字体の典拠として権威視された漢字辞書）にあるように右の縦線を貫くかどうか、「覇」の上部が旧字体の「雨」冠や「襾」となっているかといったことは現地に行かずとも想像できる。

かつて、読売新聞社社会部の記者が漢字の実態とその背景を必死に追いかけた記録がまとめられている。『日本語の現場』という一九七〇年代なかばに刊行されたシリーズだが、そこには日本語学（当時は国語学と呼ぶことが主流だった）とは無縁という記者たちの奮闘の軌跡がその時代の息吹とともに収められている。そこに、アメリカ軍統治下を経て日本復帰から間もない沖縄県の那覇では、「覇」の字体が独特に省略される現象が指摘されていた。「革」の部分を「关」のように書く略字「覊」である。漢和辞典にも国語辞典にも収められていない、沖縄でしか見られない地域限定の略字であった。こうした地域に顕著な漢字は方々に見つかった。

沖縄に滞在した四日間で、この字は数例を街中で強い日射しを受けている看板などに観察できた（**写真1・2**）。ほかに六〇歳くらいのタクシー運転士が領収書に乗車区間として書いた字に見つけた（**写真3**）。年配の方にだけ使用習慣が残っているようで、近年だいぶ減ってきている。地域社会の方言が若者に受け継がれず、地域で全国共通語

（標準語）が浸透しつつある現象を共通語化と呼ぶが、漢字にも「共通字化」が進展しているのである。

これが那覇特有の現象ではないことはここまでに明らかにしてきたとおりである。景観のうえでも、どこの地方都市も東京と見紛《みまが》うようになり、地方の田園風景も様変わりしつつあるが、それと同様に伝統的な方言、そして地域色豊かな地域文字がさほど注目されることもなく消滅に向かっているのである。ひとたび書けば地域文字も筆跡として残り、他者の目に入る可能性が生まれるのだが、その存在のユニークさ、いやその存在自体に気付かずに過ごす人は地元でも少なくない。

「覇」は、戦後、当用漢字に含まれなかったが、一九八一年に新たに常用漢字に採用され、種々の活字メディアや教育の場に採り入れられたことが、若者の地域略字離れに拍車をかけた。「潟」も同様であった。さらに、パソコンで容易に打ち出せるようになった各種のフォントが手書き文字に替わって街中の看板に進出している。日常生活でも、文字は書くより打つものと変わったことも、地域文字の衰微に追い打ちをかけた。

写真2　写真1

那覇市内にて

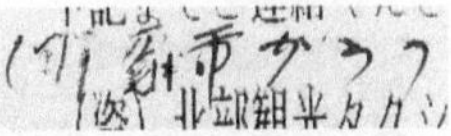
写真3 タクシーの領収書①

那覇市内では、「覇」のほかに「覇」にいくつもの字体が見いだせた。ホテル内や街頭に配置してある自動販売機には、「革」の部分の字体があやふやな字が手書きされている（写真1）。しょっちゅう記す字を、速く書けるように筆記者が自分で編み出した形だろう。また、六〇歳くらいの運転士は、領収書の狭いスペースに乗車区間として「覇」のように書き込んだが、その運転士に、「「なは」という字はどう書くのですか」と尋ねてみると、紙の裏に大きくゆっくりと書いてくれた（写真2）。それは先ほどと違う字体であった。一回目は欄が狭いこともあってか地域略字で書き、二回目は改まった気持ちできちんと書いた「よそ行き」の字であろう。ただ、うろ覚えのまま簡略化し書き癖となったかと推測される。誤字ともいえようがしのびなく、個人に特有の字体とみれば「個人文字」と位置付けることもできる。

　このように字体には、書きやすさを求めて変化する傾向がある。そしてそこには、省略しようと意図したものと、意図しなかったものとがある。

写真1　自動販売機

写真2　タクシーの領収書②

写真3　道路標識

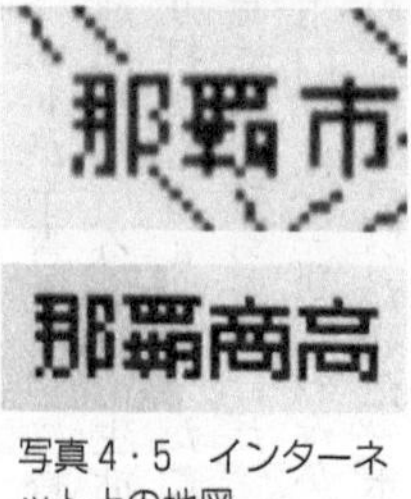

写真4・5　インターネット上の地図

【略字が生じる原因】

	書きやすくした字体	読みやすくした字体
意図的	タクシーの領収書① 看板類・自動販売機	道路標識
非意図的	タクシーの領収書②	地図のドット文字

一方、沖縄の眩《まばゆ》い太陽の下、路上に設置された道路標識には、「覇」のほかに「覇」という線の少ない字体も見られた（**写真3**）。これは、本書にすでに登場した旧日本道路公団が開発した書体で、高速道路であってもドライバーが瞬時に漢字を読み取れるようにと、込み入った線を間引いてデザインした位相書体であった。ここには利権など関わりがなかったと思いたい。事故を減らすための方策だった。

それらをデザインしていた方が亡くなり、現在ではヒラギノ角ゴという書体に置き換えられつつあり、そこに道路標識特有の略字はもはや見受けられない。また、インターネット上では、日本の隅々まで地図が即座に検索できるようになった。那覇の「覇」は、常用漢字の字体だと黒くつぶれるほど線が込み入っている。そのため、画素数の少ない表示画面では、ドット（点）の数の制約から、やはり点画の間引きされた文字が現れる。出張用にプリントアウトした那覇市内の地図では、そうしたドット文字がいくつか見られた（**写真4・5**）。

このように、「読みやすさ」を追求した字体にも、主に視認性を求めたものと、筆記素材の制約からやむなく産み出されたものとが共存している。つまり、「略字」と一口に言っても、それらが生じる原因には、少なくとも四つあったことになる。

那覇空港を発《た》った帰りの飛行機の中でも、「覇」の字が目に飛び込んできた。四日間ですっかり見慣れた「那覇」としてではなく、スポーツ新聞で「五輪連覇」の見出しが躍っていたのである。その「覇」は、一九八一年に常用漢字表に入る際に定められた字体にほかならない。那覇で人々の生活の中から生み出され、育まれてきた「覇」の異体字の将来を考えさせられた瞬間だった。

第八章 方言漢字のこれから

色の濃い部分…「谷」という字を「ヤ系」で読む地名が過半数の都道府県

ここまで、漢字のさまざまな地域差について観察したり考察したりし、気付きや推測を含めて記してきた。日本には地域に根ざした方言など豊かなことばだけでなく、漢字とそれにつながる種々の文化が今なお各地に残っていた。日本語使用者にとって共通の漢字を定めようとする漢字施策より広がりをもつ、地元の風土と生活に息づくものである。地域に住む人たちの必要によって生みだされ、習慣となって支えられてきた。

それらも学校教育による基礎的な漢字使用能力に支えられている。意図的に新たな表現として工夫されるものもあった。一方で、たとえば香港の活力を支える広東語に対する圧倒的な量の方言文字、「佢《コユ》（彼という意）」「冇《モウ》（無い）」「嚟《ライ》（来る）」「⿱𡗗卵《チュン》（卵）」などとは異なり、地元の人に地域性が自覚されていないものがあった。そのため他の地域の人には読むことができない状況も生じていた。

漢和辞典も情報社会の到来という現実を見据えて制定されたＪＩＳ漢字を採用しつづける中で、こうした現実に対処するようになってきた。漢字離れが進むといわれる今日、暗記型の漢字ブームに留《とど》まらず、現実のことばと漢字に意識を傾け、自分で調べていくようになるとよい。

あらゆる面に国際化の進む現在、文字も手書きから入力の時代へと移りつつある。そうした中で、ウィンドウズのパソコンもヴィスタ（二〇〇七年）以降、ＪＩＳ漢字の第3、第4水準の標準的な実装を行い、その使用をかなりの程度まで可能とした。ユビキタス社会に向け、機械などハードの面では地域性のある文字にもだいぶコードが与えられ、変換などによる入力・送受信・表示が行えるようになってきた。朝日新聞社は、戦後用いてきた表外漢字の拡張新字体をいわゆる康熙字典体のように戻したのだが、それでも「曽」は地名に、「辻」は姓に多いとして従来のままとした。「曽」は、札幌での名付けの裁判から最高裁判所での確定を経て、「戸籍法」の言う「常用平易な文字」として人名用漢字に採用され、常用漢字表にも追加された。

私たち自身が、常にどこかの空間で暮らしているのであり、その土地のローカルな個性を自然と身に付ける。そしてネットにつながり、情報発信が可能となった現在、文字による情報を他の地域の人々にも的確に伝えるためにはどうしたらよいだろう。それにはまず使用者が漢字の多様性に関する知識と自覚をもつことが必要である。それとともに、伝達上の最適さや効果を求めた各地の人々による地域の表現を自己の文化や他者の異文化として尊重し受け入れる心をもつことが大切である。

文字は、ことばを表記することで情報を蓄え、時空を超えてそれを伝達できる。日本では、文字にも言語外のニュアンスや情緒まで求める傾向が強い。人の心にきちんと届くことばのために、漢字の地域特性に対しても注意を払っていくことが重要である。

ここで、地域の漢字の今後を考えるために、最も顕著な特徴を示し、また人々の印象にも残りやすい地名というものにスポットを当ててみたい。

学校において国語の科目では学習しない漢字であっても、例えばかつて都道府県名クラスの地名であれば、地理教育やメディア接触などを伴う日常生活を通じて自然に身に付くものと期待されていた。実際に「阪」「茨」「栃」「鹿」などは、たいてい暮らしの中で覚えたであろう。それでも、地域によって必要度や接触・使用頻度に差があるため、それらの手書きに日々の文字環境が個人の使用字を形成する現象がうかがえる。郵便番号の七桁化によって、市町村名の記入を省略することが増えた反面、郵便番号から自動的に市町村名を表示するソフトも普通に装備されるようになった。

政府主導によるいわゆる平成の大合併は、財政支援の終了とともに収束してきたが、これが地元の暮らしや地名の文字に残したものは何だったのだろう。行政単位の数を減少させるこの合併により、一九九九年三月末の三二三二市町村は、二〇一二年一〇月一日現在、一七一九まで減少している。これに伴い、とくに村が減った。市町村の名も大きな変動を余儀なくされた。かつて存在しなかった新たな地名や、複数の地名から一字ずつとってくる方法による合成地名などが量産され、地勢や土地の歴史に合わない名称が次々と採用された。

そこで使われる漢字にも大きな変化が起こった。ことに注目されるのは、常用漢字の表外字や表外音訓を用いたその地域らしさを担った自治体名の出現と消滅、そして平仮名地名の急増である。主なものについてまず字種という観点から挙げてみる。

新規に市町村名に加わった漢字の一つに「匝」がある。千葉県「匝瑳《そうさ》市」であり、郡名としてはかねてより存在し、村名になったこともあったものの、今日では市名の情報流通上の重みと郡名の重みの間には雲泥の差がある。前述のとおり古代からの二字地名が市名となって復活したといえる。これによって初めてこの字を知る者が全国に多く、見かけない字だと驚きの声も聞かれる。近年これを逆手にとって、兵庫県の「宍粟《しそう》市」（二〇〇五年に郡名が市名となった。「宍」は「肉」の異体字で、「しし」は肉の古語）と組んで、町おこしのための観光のPRを推進していることは注目に値する。

岐阜県「飛騨市」も旧国名の復活であるが、地域の通称名としてはつとに広く知られていた。ただ、定められたとおりに字体まで正確に覚えられていたかというと、「單」が「単」と新字体に切り替わった戦後においては難しかったようだ。鹿児島県「奄美市」の「奄」も、奄美地方、奄美大島など広域地名や自然地名として知名度が全国的に高かった。テレビの天気予報の伝達力も見逃せない。地名としては読める人が大半だが、書くとなると現在、共通誤字とよべるほど誤字が多く手書きされる。下部が「電」の下部のようになるのは、二〇一〇年に常用漢字表に採用された「俺」の場合と同じく、漢字として学習する機会がなかったためである。

一方、九州では、いくつもの特色ある町名の漢字が姿を消した。熊本県「泗《し》水町《すいまち》」は、菊池市などと合併し新たな菊池市となり、「泗」という漢字（JISではなぜか第1水準には採用されずにいた）が町名から消滅した。合併協議会や議会は、こうした個性ある地名を簡単に廃止しようとする傾向があるが、一たび消し去れば復活させることは難しくなる。この「泗」は、前述のとおり三重県の四日市市でも地元を指して用いられているが、公的な自治体名としてではない。

熊本県では、「岱明町《たいめいまち》」が他の町とともに新たな玉名市となった。「岱」という字は東北などにあるものの小地名であり、町名としては国内から消えた。福岡県の「三潴町《みず(づ)まち》」も久留米市へ編入され、「潴」は「三潴郡」としてしか存続しなくなった。その郡も大木町が残るだけである。北は北海道では、「椴法華《とどほっけ》村」が函館市に組み込まれ、「椴」という字が自治体名から失われた。「栃」は、新潟県の「栃尾市」（栃尾の油揚げで有名）が長岡市となったため、自治体名としては栃木県「栃木市」だけに限られることになった。

徳島の「宍喰町《ししくいちょう》」は「海部町《かいふちょう》」（もとは「鞆奥町《ともおくちょう》」でもあった）とともに「海陽町《ちょう》」になり、「喰」の字が失われた。「留辺蘂町《るべしべちょう》」（蘂には略字も見られた）は「北見市」、山梨の「鰍沢町《かじかざわちょう》」は「富士川町《ちょう》」に、群馬の「笠懸町《まち》」は「大間々町《まち》」などと「みどり市」になり、福岡の「杷木町《はきまち》」は「朝倉市」、「犀川町《さいがわまち》」は「みやこ町《まち》」、佐賀の「脊《せ》振村《ふりむら》」は「神埼《かんざき》市」、「東脊振村《ひがしせふりそん》」は「吉野ヶ里町《ちょう》」、福岡の「碓井町《うすいまち》」は「嘉麻《かま》市」に変わり、それぞれ表外字が消えた。

異体字が各種存在する「厩」という字は、青森県に「三厩《みんまや》村」、岩手県に「千厩町《せんまやちょう》」として使われていたが、それぞれ「外ヶ浜町《まち》」と「一関市」となり、この字も字体に問題をはらんだまま自治体名から消滅した。これでは、競馬の世界だけの文字になりかねないが、そこでも「きゅう舎」という交ぜ書きが広まりつつある。千葉の「本埜《もとの》村」（二字目は「野」の異体字）も「印旛《いんば》村」とともに「印西市」となった（この「旛」も「印旛郡」だけとなった）。福島の「舘岩村《たていわむら》」は「南会津町《まち》」となり、「舘」は「飯舘《いいたて》村」だけになった。

拡張新字体による自治体名は、平成の大合併で生じた「南砺《なんと》市」の場合、すでにあった砺波市のおかげでJIS漢字の第1水準で対応できる。しかし、奈良の「葛城市」のように特定のフォントでなければ対応しきれないというものも現れた。要は好き嫌いを超えて、どちらでも受け入れる大様さや柔軟さを一人一人がもてるようになることだろう。「飛騨市」、「薩摩《さつま》川内《せんだい》市」なども、字体にさまざまな問題をかかえているが、今後、異体字セレクター（IVD・IVS）が必要とされたり実用化が進展したりしていくか注目される。かねてよりの「逗子市」を含めて地元では、画数の多いいわゆる康熙字典体ばかりを用いて暮らしているわけではない。

漢字の用法に関しても、さまざまな動きがあった。「厳」という字は、やはり九州に特色ある読みの町が佐賀県の「厳木町《きゅうらぎまち》」と長崎県「厳《いづ(ず)》原町《はらまち》」とあったが、それぞれ唐津市、対馬《つしま》市となり地域独特な読みがそろって消滅した。沖縄県の「東風平《こちんだ》町《ちょう》」の「東風平」という古語と難訓が含まれた文字列も「八重瀬町《やえせちょう》」となって消えていった。群馬の「六合《くに》村」も新たな「中之条町《まち》」に、「東祖谷山村《ひがしいややまそん》」「西祖谷山村《にしいややまそん》」は「三好《みよし》市」になり、佐賀らしい「副《そえ》」を含む「川副町《かわそえまち》」は「佐賀市」になった。なお、訓と音が連なった北海道「女満別町《めまんべっちょう》」は今は「大空町《ちょう》」である。

むろん自治体名として消滅したとは言っても、例えば佐賀県唐津市厳木町のように下位の行政地名や学校名などとしては残ったものがある。しかし、その漢字の全国的なメディアでの使用頻度は、「中城村《なかぐすくそん》で起きた土砂崩れ」（二〇〇六年六月）という報道に比して、厳木町地区で起きた児童ひき逃げ事件（二〇〇六年五月）では「唐津市で起きた事件」としか表示されないことがあったように確実に減少している。それに伴って、その字に対する認知度も全国で間違いなく下がっていくこととなるであろう。

二〇〇七年には、鹿児島県の「頴《え》娃《い》町《ちょう》」も「知覧町《ちょう》」「川辺《かわなべ》町《ちょう》」と合併し、「南九州市」となった。すでに福岡県の「頴田《かいた》町《まち》」が「飯塚市」となり、ここだけとなっていた「頴」の字もこの地だけの個性的な「娃」とともに、自治体名から姿を消した。さらに合併して市に昇格したため、そこだけが帰属していた「揖宿《いぶすき》郡」の「揖」も、同時に町を失った。この字は、「揖《い》保《ぼ》郡」「揖《い》斐《び》郡」「揖斐川町《ちょう》」でまだ残ってはいるが、「指宿《いぶすき》市」では「揖」をすでに「指」という簡単な字に書き替えていた。また、揖斐川町の「斐」の字も古代からの用字で、「甲《か》斐《い》市」も残っているが、「斐《ひ》川《かわ》町《ちょう》」での使用は合併で「出雲市」になったことで消えた（これに伴って「簸《ひ》川《かわ》郡」が同時に消滅した）。

ほかに福井の「遠敷《おにゅう》郡」、岩手の「稗貫《ひえぬき》郡」、群馬の「碓氷《うすい》郡」、静岡の「庵《い》原《はら》郡」（「由《ゆ》比《い》町」とともに）など、郡に残っていた漢字やその読みに個性のある地名も消えた。

岡山県の「柵原町《やなはらちょう》」は、合併により「美《み》咲町《さきちょう》」へと変わった。「咲」は、その当時、人名用漢字（現常用漢字）であり、昨今、日本中で名付けに非常に人気のあるもので、女子の可《か》憐《れん》な名前には適している、当たりのよい感覚的な固有名詞が地名にも求められてきた趨勢《すうせい》を象徴している。かろうじてローカルニュースでは「栅原西小の小学生がスクールバスに接触し軽傷」などと報道されたように残っている。その極みが仮名表記に見られる。栃木県「さくら市」、熊本県「あさぎり町《ちょう》」は和語のひらがな表記であり、茨城県「つくばみらい市」は、「つくば」（筑波）が和語由来とされるが、「みらい」（元は候補自治体の頭文字を並べたもので、漢語「未来」に掛ける）もひらがな表記となった（地域訓を含んでいた「谷和原村《やわらむら》」もここに帰属した）。

山梨県の「南アルプス市」は、和語と外来語からなる混種語の漢字・カタカナ表記である。交ぜ書き的な表記も、埼玉県「ふじみ野市」などに生じている。過去からの土地に結びついた名称と表記を改め、祖先がその地にある時代に与えてくれた情報を削《そ》ぎ取る現代の風潮を見いだすこともできる。兵庫県の「龍野市」は、合併に参加する他の地域の感情の配慮が加わり、「たつの市」となった。自治体名としては、マスメディアなどにおいて新字体の竜野市ではなく龍野市だとこだわっていた地名であった。

地名を書き表すために使われている漢字の中には、それ自体が地域の独自性を表すものがあった。それは地域独特な概念やことば、文化事象を表現しただけでなく、その漢字そのものが帯びた地域色であり、それらは、総体としての日本の漢字の多様性を生み出す一大拠点をなしていた。それは、各地を指し示す際に重要な識別の機能を発揮する。

仮に、日本中が東市、西市のように命名法が統一され、あるいは1番市、2番市、A市、B市のようにナンバリングや記号化がなされていくならば、効率化とは逆の混乱を来し、かえって県名を被《かぶ》せるなど駅名のような処置が求められることになっていく。

ことに小地名に使われている漢字は、自治体名など大地名の基盤となってきたものであり、地名漢字の源泉といえるものでもあった。昨今、上からは先に述べたとおり自治体名の変質と変容が進められてきた。そこには、古い地名の復活ではなく、フィーリングしか求めていない思い付きによる新奇な地名まで採用されている。そして、小地名もまた住居表示などによる行政の効率化にともなって廃止されつつある。

JIS第4水準にさえも収められていない地名の漢字は、小地名に実はまだ数多く存在しており、役場では個別に電算化のために外字作成に追われる一方で、普通の漢字に直すなど改変も加えられ続けている。JIS漢字に第3、第4水準の漢字を追加する任に当たっていたときに、地元自治体に地名の存在を確認したところ、役場ではJISにないのでその漢字を変更することに決定したと告げられたこともあった。過去に自分たちの住む土地に、自らが見いだした意味を示そうとした地名の漢字は、昨今の電算化、電子機器の普及によってその位置が確定し、認知を広げる効果をもつ反面、それらを外字として除外し、結果的に存在を否定する役割をも負った。

そこに住む人々も、一見効率がよく、格好のよさそうなものに更新することに抵抗を示さなくなると、かつての創意工夫に満ちた地名漢字の根は枯れてしまう。そういう状況に包まれつつある中で、埼玉県八潮市の土地の情報を一字に集約した「垳《がけ》」地区と周辺、そして全国の方々の地名への理解と地域社会の再結束を巻き起こした直近の努力は注目すべきことといえる。

私たちの祖先が生みだし育《はぐく》んできた地名の漢字は、インターネットなど電子情報の時代という環境の激変によって大きな曲がり角に来ている。地名に限らず地域の漢字には次々と逆風が吹き寄せ、共通字化が進んできたことは、ここまで繰り返し述べてきた。一方で地元では先人の多彩な営為を自覚的にとらえ、方言漢字を固有名詞に限らず根強く支持する姿も見られた。新しい地域の文字が生み出されることは続くだろうが、定着に向かうためには、地元に住む人々のそれを支える意識が必要となる。それらまで画一化し、数字やイメージだけの地名や文字とするか否かは、私たち自身が将来を見据え、見極める目をもって選択することである。

日本語の文字と表記は、要素や体系として、世界でも稀なほどの多様性をもつ。それに自由度の高い運用法が掛け合わされてきた。そして社会的、地域的な集団による違いまでがそこに立体的に掛け合わさっているのである。日本列島は、欧米や中国など広大な大陸から見れば小さな国土にすぎない。しかし日本の文字・表記の多様性は地域差にも見つけられた。豊富な選択肢を用いて読み書きするという大らかでありながらも細やかさも合わせもった文字生活は、各地の人々の表現に活力をも生み出してきたのである。

あとがき

地域に密着した漢字は、日本では戸籍や古『風土記』(元明天皇の詔による)が編まれた一三〇〇年ほど前から出現しており、消長を繰り返しながら地域の物事を書き記すために使われてきた。それは今なお脈々と息づいており、その地に暮らすすべての人々が当事者であるということに気付かれないでいることが惜しまれる。私が知って面白く感じたことによって人々の意識にもし刺激が与えられたならばと願う。漢字の現実を知れば、日本の漢字の地域による差は、各地を活《い》き活《い》きと表現していることに気付いていただけるであろう。

すべての自然言語は、もとは漢字などの文字とは無縁の口頭の世界にあった。それはもっともな認識である。しかし方言を含む地域社会のことばは、漢字が日本の文字として消化される中で文字化される機会を常にもちえたのである。奈良時代、七五五年にたてまつられた駿河国の丈部稲麻呂《はせつかべのいなまろ》という防人《さきもり》の歌(『万葉集』巻第二〇)は、父母の子を思う情と子の思慕が素直に詠まれている。「けとばぜ」は「言葉ぞ」の訛語《かご》だが、万葉仮名で「氣等婆是」と漢字だけによって伝えられた。こうしたものは今日にだってある。そして過去の漢字に再び命を与えたければ、他者にも伝わるように振り仮名を付けるとよい。それは観光素材にだって変わりうるだろう。

地域性豊かな漢字の表現は、今日では「常用漢字表」に代表される全国共通で標準的な漢字の表現力を基盤とするものである。そしてそれを支えているものだとも考えたい。地域独自の漢字であっても、使用者を増やしていき、やがては共通漢字へと移っていく可能性さえも秘めている。将来、地域性豊かな漢字はどうなるか。それを決めるのは私たち一人一人なのである。

柳田国男、柴田武、見坊豪紀《けんぼうひでとし》、鏡味完二ほかの先人たちが書かれた文章の中に、ときどき地域独特の漢字が紹介されていた。東京都で生まれ育った私には、まだ見ぬ地の漢字に思いを馳せた。都下に生を受け、区部を出て暮らしたことがないだけに、地方への憧れが消えることはない。幼い頃に祖父母や両親に連れられて出かけた周辺の山河、田舎の富山などあちこちの旅行先で遊んだ自然の中のわずかな記憶は、今でも原体験としてときどき思い出す。生活空間を異にする人々のことばや文字はもちろんのこと、自然、食事、服装、さらには背丈、顔立ち、化粧法などにまで特色が感じられる。

話した声は夢幻のように消えていくが、文字はその分身として永遠に残りうるものである。私は文字そのものへの関心が強いことは間違いないが、それは突き詰めていけば、実は文字を使う「人」への関心なのだと思っている。四半世紀以上も前に書いた学部の卒業論文では、中国の宋《そう》代華南の地域文字と、壮《チワン》族の文字とベトナムの京《キン》族の文字である字喃《チュノム》との文献による比較をテーマに据えた。これも、漢字に融合した異質な地域の文字への興味が選ばせたものだった。

都内以外の出生・生育地という意味での田舎をもたない私の住む地は、江戸時代には庄屋と農家を除いて雑木林であった。関東大震災後、昭和に入って各地からやってきた人たちが暮らすようになった。従って地域としての特徴が薄くなっている。むしろ無色な中で各地への憧れが、相対化を促したのかもしれない。

同時にいくつものことを調べたりまとめたりするのは、互いに思わぬ点同士が関連を示すこともあり、楽しい。しかし、資料の山を一つ一つ崩して処理するのは時間と体力と気力の勝負となる。図書を読むだけでは足りない。現地を歩いたり、人に尋ねたりする。ＷＥＢなどのお陰で便利なことが増えたが、その分やらなくては、見ておかなくてはいけないものも増えた。昔よりも何事も細かくなってきた。緻密《ちみつ》さが求められるのはどの分野もそうだろうし、研究だけのことではないが、細部に常にとらわれすぎると、またつまらないことも多い。

その場所ごとに出逢う人たちは、土地のことばや訛《なま》りを生活の中で自然に用いて暮らしていた。そして文字も用いている。「京都の地名」『ペン字』（二〇〇四年春号）、『日本の漢字』（岩波新書　二〇〇六年）や「地名を表す漢字」『月刊言語』三五－八（二〇〇六年）に、紀行にもならないが旅情めいたものを込めて地域での文字や人、自然との関わりを残しておこうと記したのが確か最初だった（本書にも加筆の上、一部を載せた）。

それ以前から、京都や群馬、福島などを訪れる中で、不精者ながら自身のために、文字に直接は関係しなそうな点まで含めて見聞し、去来したものごとをメモや写真に記録するようになっていた。

その頃から、マスメディアもこうした漢字の地域差に関心を寄せて扱ってくれるようになった。『読売新聞』二〇〇六年九月一、五、六、七日付「新日本語の現場」では「彅《なぎ》」「谷《たに・や》」「笂《うつぼ》」「杁《いり》」「椥《なぎ》」「袰《ほろ》」などの字を、『東京新聞』二〇〇六年一二月六日付では「彅」「𣲽《どんど》」などについてまとめてくれた。そして『朝日新聞』二〇〇七年四月一六日付では、小著『国字の位相と展開』に関して「地域文字」に焦点を当てて記事にしてくださった。簡単な地図まで付いたその紹介は、意外にも多くの方々が目を留めて、気付かないことだったと感想を聞かせてくださった。同社は「観字紀行」というＷＥＢでの連載も始めていて、ときどき協力させてもらっていたが、こうした目は多いほど良いと思う。

しかし、地域社会の中で育まれてきた伝統ある文化が各地で薄まっていくことは危惧《きぐ》される。東京一極集中に代表されるような画一化は、一見統一感のある均質な文字文化の定着を示すものである。しかし私は、多様性から生まれる活力は言語にはもちろん、漢字にも実は存在していると考え、観察を始め、今に至るまでずっと続けている。方言の多様性を受容できるようになった心のゆとりを、漢字の地域差にも当てはめていけるような柔軟な姿勢を皆にもってもらえるならば、著者として幸いである。

これまでに小著『国字の位相と展開』『日本の漢字』や『訓読みのはなし』などに紹介したり、文献を現地で目にしたりした地域文字であっても、この小さな一冊には盛り込めなかったものは数多い。少しでも活字にし還元しようと中公新書のメールマガジンでもささやかな連載を始めた。また私は、もちろん日本中を隈《くま》無く回ったわけではない。物心がついてから行っていない土地はまだ数知れずある。各地に残る膨大な地方《じかた》文書などにも、まだ見ぬ字が眠っていそうだ。『角川日本地名大辞典』などの「小字一覧」の類を繰り返し通覧し、のべ数百万件に達する小地名に触れながら、机上にありながらその地を探訪する気持ちになることがしばしばあった。

　この本では、第二章からエリアごとに分けて記述したが、都道府県別・地区別に見れば凸凹があり濃淡もある。私の所のこれがなんで載っていないのかと思われる方もおいでだろう。日本の各地に住む読者の皆さんには、ぜひ地域に息づくユニークな文字にも目を向けていただき、そうした身近な存在と動態に関心を寄せ、その実感、状況、伝承など教えていただければ幸いである。そうでなくても、どこかに記録を残していただければと願っている。

　本書には、三省堂のホームページで二〇〇七年一一月から、多くの方々にお世話になりながら続けている「漢字の現在」と名付けた連載を元にした記述が多く含まれている。毎日のさまざまな物事を対象とした研究はもちろん教育や種々の仕事、そしてご交誼《こうぎ》を通じて多くの方々から教えていただきながら、どうにか原稿をまとめることができた。

　本書を上梓することを早くから快諾してくださった三省堂に深く感謝申し上げたい。

また、ここには博報「ことばと文化・教育」研究助成などの研究成果も一部含んでいる。

本書刊行のために、多くの方々の手を煩わせた。ことに角川学芸出版の唐沢満弥子さんを始めとする方々には、遅れがちな原稿を辛抱強くお待ちくださり、労をいとわず面倒な編集に当たってくださったことに、心より感謝している。

文献調査とともにぜひもっと多くの土地を訪問し、新たな地域の文字と出逢える旅を続けていきたいと思っている。そして、まだ見ぬ人たちにお話を伺える日を楽しみにしている。

二〇一三年一月

晁谷にて　笹原 宏之　識す

文庫版あとがき

二〇一三年に小著『方言漢字』を上梓《じょうし》してから七年の歳月が流れました。その間に、日本だけでも様々なことがあり、年号も平成から令和に変わっています。

出版不況といわれて久しい中で上梓した一冊の単行本でしたが、幸いにもたくさんの読者の方々に恵まれ、刷りを重ねました。この刊行を機に、ＮＨＫ、民放を問わずテレビ、ラジオの番組で何度も本書の内容を取り上げてくださり、著者として放送局に赴き解説もしました。

活字メディアでも、新聞や雑誌、書籍などの取材を繰り返し受けて、記事にはたくさんの反響を頂きました。方言学の辞典にも項目が設けられ、執筆しました。そしてインターネット上でも、博報堂をはじめ何度も記事にしてもらい、古巣の国立国語研究所にも方言漢字に関する文章と写真を寄せたりしました。

このように図らずもたくさんの番組や記事で扱っていただいたお蔭で、これまで正面から取り沙汰《ざた》されなかった方言漢字が、多くの人の目にとまって話題となり、新たな展開へとつながっていきました。ひとえに漢字が意外にも地域差を持っているという事実が与えたインパクトによるものです。

こうしたメディアの助力もあって、従来はほとんど一部のアカデミズムの中で個々別々にしか知られていなかった知識が、広く一般へと広まったのです。そして各地の方言漢字に関する情報をメールや手紙などで教えて下さる方も相次ぐようになり、東京にいては知りえないことがさらに次々と分かってきました。

調査目的での遠出は時間などの関係でできなくなってきましたが、講演や出張、旅行で足を伸ばすたびに、その地で何か地域らしさを持った文字が待っていてくれます。各地に風土や文化、ことばに合わせて工夫を加えてきた漢字があるのです。地元に赴いて、生え抜きの方々にインタビューをしても、ハッとするような文字の生きた姿に出会えます。

JIS漢字の僻字《へきじ》を「巡礼」するような人が出るのでは、と期待を込めて語っていたのが、JIS漢字の改訂や策定に当たっていた二〇年ほど前のことでした。かつては科学研究費の課題に採択されて調査研究をしていても、どこか寂しいものがあったのは事実です。

それが近頃ネット上では、次々と現地調査や文献調査の成果が報告されるようになりました。淡い期待しかしていなかった方言漢字を使う地を聖地のようにして巡る人たちも増えています。今や全国の幽霊文字とされた字を含む地名を踏破する人まで現れてくれています。また、古文献を熱心に探索する人たちも出てきてくれました。

日本語学会や生まれたばかりの日本漢字学会の大会や学会誌、東京外国語大学での研究会などのほか文字や言語の学界で、方言漢字に関する講演、発表や刊行が相次ぐようになりました。方言研究はつとに盛んで、漢字研究もやっと根付きましたが、それを複合した調査研究が実施されるようになったのです。先輩後輩を問わず研究仲間ばかりではなく、早稲田大学、東京大学の学部や大学院などで講義を受講してくれた学生たちもその一翼を担ってくれています。

私が國語《こくご》問題協議會《もんだいきょうぎかい》で講演した時の記録を、たまたま上司に紹介されてお読みになり、地元の地名「垳《がけ》」が方言漢字であることに気付かれた埼玉県八潮市の昼間良次さんの尽力によって、地元で「方言漢字サミット」が開催されるようになりました。発表者も次第に裾野《すその》を広げ、市民、職業研究者の隔てなくそれぞれが調べたことを自由に述べ、互いに議論を交わす場まで形成されました。私はそこで顧問という役目を拝命し、運営に微力を尽くしています。

各地で実際に使っている漢字について教えて下さる人たちに、漢字の専門家はほとんどいません。しかし地名、魚名、古文書、地理、歴史について詳しいといった方々が各地においでです。方言漢字にとっては、プロもアマチュアも区別はありません。熱意と少しの眼力があれば、どなたでも見出《みいだ》して研究ができるのです。

中国からも、方言字の研究者が情報提供をしてくれるようになりました。中国では、方言字研究は漢字学、方言学の両面から割合と盛んに行われていました。

このように人々を引き寄せる魅力をもった方言漢字は、一つずつ別々にある物事を、次々とつなげてくれます。私は、偉大な業績を残した先達に導かれながら調査研究をし、得られた事実とその魅力の一端を紹介する者にすぎません。それ自体の面白さが使ってきた人、見つめる人によって新たな循環を生み出し、輪を広げ続けてくれるのです。今般の文庫化に当たって、その後のこうした進展を本文に若干書き加えることができました。初版では、ページ数を抑えるために、段落をまとめるなどの圧縮をかけたのですが、これもできるだけ解消しました。今回も竹内祐子さんに大変お世話になりました。

方言漢字というとよほど特殊な文字と感じられがちですが、実は大抵の文字は、方言漢字としての性質つまり方言漢字性をもっています。その性質には濃淡があるので、気付かれにくいだけです。方言漢字性が薄ければ薄いほど、全国共通の漢字としか認識されなくなるのです。「木」、これはまず標準的な字と皆が認識するでしょう。

しかし「谷」は、その用法や読み方に方言漢字性を明確に帯びていることは本文に述べたとおりです。「橳《ぬで》」となると、群馬の名字や地名にあるあの字だ、と気付く人が一定数いるでしょう。名字なので、他県にお住まいの方もいますが、珍しい字だし元はあちらなんだろうと見当が付くこともあるようで、これを方言漢字と呼ぶことに異論は出ないようです。ここではその字が日本製（いわゆる国字）かどうかという出自は問題としていません。

「砧《きぬた》」くらいになると、その字の認知度には個人差があります。世田谷区の住民ならばたいていはなじみ深い当たり前の字でしょう。また漢詩文に通じた人ならば、「藁砧《こうちん》」、「砧杵《ちんしょ》」などでよく見る字だと思うでしょう。世田谷から離れるほど、この地名の認知度は下がっていきます。日本の大字《おおあざ》以上の延べ数十万件の地名でこの字を使うところはそこしかないのですから。そして絹を打つための道具としての役目をほぼ終えて、この名が多くの人に忘れられて久しいのです。学部で中国文学・中国語学を専攻した私としても残念なことですが、漢詩文が一般の人の日常生活から縁遠くなっています。こうして現在、日本で方言漢字性が十分備わったこの字について、漢文などにあるから方言漢字でない、というのは、次元の異なるものを基準に据えたり比較したりして判断をしてしまっているわけです。

　そして漢字ばかりではありません。たとえば現在見受けられる変体仮名にだって、個々の字形や文字列に着目すれば、各地の暮らしに合わせた使用頻度や使用比率に地域性が見出せることは贅言《ぜいげん》を要さないでしょう。方言文字、方言表記となりうるのです。さらに応用すれば、本書でも少し触れている方言絵文字なども見出せるはずです。

　日本語にさまざまな地域言語である表現力豊かな方言があるのは常識です。しかし、使ってきた文字に地域性があることは意外だと感じる人がまだたくさんいます。とくに漢字は一点一画とめはねまでもカッチリと決められていて全国一律であるはずだと頑《かたく》なに信じられてしまっているためでしょう。方言漢字が全国に存在していて、自分自身もその使い手の一人であるという事実が全員の常識となる日が早く来るように願っています。

一人でなしうることは結構大きく、みな個性があるので集まれば関心の方向が広がり、考察も多彩となります。たくさんの目は大きな結果を生むのです。それらを一種の集合知として結集し、そこから方言学、言語地理学、比較文字学などの研究方法と成果もしっかりと採り入れつつ調査と分析を皆で楽しみながら進めていきたいものです。

現在は新型コロナウィルスの蔓延《まんえん》で、実地に出て自由に駆け回ることが難しくなっています。図書館の利用にも制限があるようです。そういうときは、部屋で手元にある紙類を改めて眺めてみましょう。アンテナ次第でそれは価値ある資料となり、見過ごしていた方言漢字が顔を出すことでしょう。また、WEB上の情報も増えつつあります。上手に検索をすれば、思わぬ資料が価値ある文献として無数に眠っていたことに気付くでしょう。やがてその地に立てることを夢想しながら、今この時にできることをやっておきましょう。

やがては、AIが方言漢字を見つけて、まとめてくれる日が来るかもしれません。すでに技術的にはある程度まではできるのでしょう。しかしAIに適切に収集させ分類させて体系的、論理的に記述させるために覚えさせる基幹となる情報は、今、私たちが実証的な態度を守って築き上げていくより他はありません。私もさらに踏み込んだ調査研究を進めています。

方言漢字が祖先や私たちの暮らしとともに存在してきたという尊い事実に目を向けて、地元の方々の理解と、研究者や旅行者、いや志のある人全員による観察と考察が一層広がっていくことを願っています。このさらに一回り小さくなった一冊が、そのためのきっかけやヒントになることがあれば幸いです。

二〇二〇年七月

於晁谷北阪　笹原　宏之　識す

主要文献

今尾　恵介『生まれる地名、消える地名』　実業之日本社　二〇〇五
上田　初彦「幅《はば》、羽場《はば》、そして掵《はば》」『秋田歴史論考集』1　秋田文化出版社　一九八四
エツコ・オバタ・ライマン『日本人の作った漢字—国字の諸問題』　南雲堂　一九九〇
太田　亮『姓氏家系大辞典』　国民社　一九四二-一九四四
鏡味　明克『地名が語る日本語』　南雲堂　一九八五
鏡味　完二・鏡味　明克『地名の語源』　角川書店　一九七七
金坂　清則「地名成立探求の大切さ」『地理』48-9　二〇〇三
川崎　大十『「さつま」の姓氏』　高城書房　二〇〇〇
菊地勝之助『宮城県地名考』　宝文堂　一九七〇
金田一春彦『日本語の特質』　ＮＨＫブックス　一九九一
草野　正一『長崎県の小字地名総覧』一九九九
見坊　豪紀『ことばのくずかご』　筑摩書房　一九七九
佐久間　英『お名前風土記』　読売新聞社　一九七一
笹原　宏之「地名表記漢字の方言資料としての可能性—「畦」「畔」の訓「あぜ」「ぼた」「くね」「くろ」「はぜ」「むろ」の歴史と分布—」『日本語の文字・表記—研究会報告論集—』　凡人社　二〇〇二
笹原　宏之『日本の漢字』　岩波書店　二〇〇六
笹原　宏之「地名を表す漢字」『月刊言語』35-8　大修館書店　二〇〇六

笹原　宏之「日本製漢字「蛯」の出現とその背景」『訓点語と訓点資料』118　二〇〇七
笹原　宏之『国字の位相と展開』　三省堂　二〇〇七
篠崎　晃一『出身地《イナカ》がわかる方言』幻冬舎文庫　二〇一一
篠田　統『すしの本』　岩波書店　二〇〇二
柴田　武『生きている方言』筑摩書房　一九六五
柴田　武『現代日本語』　朝日新聞社　一九七六
柴田　武『方言論』平凡社　一九八八
芝野　耕司編『増補改訂JIS漢字字典』日本規格協会　二〇〇二（一九九七初版も参照）
杉本つとむ『異体字とは何か』桜楓社　一九七八
高田　智和「行政用漢字の文字同定」『漢字字体史研究』　勉誠出版　二〇一二
田中　章夫『揺れ動くニホン語』　東京堂出版　二〇〇七
千葉　謙悟『中国語における東西言語文化交流』　三省堂　二〇一〇
當山日出夫「地名用字の今むかし―京都の祇園はどう書くか―」『日本語学』25‐14　二〇〇六
中田　祝夫「日本の漢字」『日本語の世界』4　中央公論社　一九八二
丹羽　基二『姓氏の語源』　角川書店　一九八一
飛田　良文監修・菅原　義三編『国字の字典』　東京堂出版　一九九〇
日高貢一郎「方言によるネーミング」『日本語学』24‐12　二〇〇五
藤原与一先生古稀御健寿祝賀論集刊行委員会編『方言学論叢』　三省堂　一九八一
札埜　和男『大阪弁看板考』　葉文館出版　一九九九
三浦　勝男『鎌倉の地名由来辞典』東京堂出版　二〇〇五

三矢　重松『国語の新研究』中文館書店　一九三二
三保　忠夫『古文書の国語学的研究』吉川弘文館　二〇〇四
森岡　浩『全国名字大辞典』東京堂出版　二〇一一
森田　誠一『原典による近世農政語彙集』塙書房　一九六五
矢島　玄亮「国字考略」（『図書館学研究報告』6）一九七三
柳田　国男『地名の研究』古今書院　一九三六
柳田　国男「峠に關する二三の考察」（『定本柳田国男集』2　筑摩書房　一九一〇　一九六八
山田　秀三『関東地名物語―谷（ヤ）谷戸（ヤト）谷津（ヤツ）谷地（ヤチ）の研究』一九九八
再版　草風館
吉川　雅之『香港におけるリテラシーの変遷と変異に関する社会言語学的研究』二〇〇七
吉田　東伍『増補大日本地名辞書』冨山房　一九六九－一九七一
ほか、『日本方言大辞典』（小学館）、『全国方言辞典』（東京堂出版）、『地方別方言語源辞典』（同）、『現代日本語方言大辞典』（明治書院）、『角川日本地名大辞典』、『角川日本姓氏歴史人物大辞典』、『日本歴史地名大系』（平凡社）、『ハローページ』、『タウンページ』、『家系研究』（家系研究協議会）など参照。

本書は、二〇一三年に弊社より刊行された『方言漢字』（角川選書）に加筆し、文庫化したものです。

方《ほう》言《げん》漢《かん》字《じ》

笹原《ささはら》宏之《ひろゆき》

令和2年 8月25日　初版発行
令和6年 12月15日　5版発行

発行者●山下直久

発行●株式会社KADOKAWA
〒102-8177　東京都千代田区富士見2-13-3
電話　0570-002-301（ナビダイヤル）

角川文庫 22308

印刷所●株式会社KADOKAWA
製本所●株式会社KADOKAWA

表紙画●和田三造

●お問い合わせ
https://www.kadokawa.co.jp/（「お問い合わせ」へお進みください）
※内容によっては、お答えできない場合があります。
※サポートは日本国内のみとさせていただきます。
※Japanese text only

ISBN 978-4-04-400605-1　C0181

角川文庫発刊に際して

角川源義

第二次世界大戦の敗北は、軍事力の敗北であった以上に、私たちの若い文化力の敗退であった。私たちの文化が戦争に対して如何に無力であり、単なるあだ花に過ぎなかったかを、私たちは身を以て体験し痛感した。西洋近代文化の摂取にとって、明治以後八十年の歳月は決して短かすぎたとは言えない。にもかかわらず、近代文化の伝統を確立し、自由な批判と柔軟な良識に富む文化層として自らを形成することに私たちは失敗して来た。そしてこれは、各層への文化の普及滲透を任務とする出版人の責任でもあった。

一九四五年以来、私たちは再び振出しに戻り、第一歩から踏み出すことを余儀なくされた。これは大きな不幸ではあるが、反面、これまでの混沌・未熟・歪曲の中にあった我が国の文化に秩序と確たる基礎を齎らすためには絶好の機会でもある。角川書店は、このような祖国の文化的危機にあたり、微力をも顧みず再建の礎石たるべき抱負と決意とをもって出発したが、ここに創立以来の念願を果すべく角川文庫を発刊する。これまで刊行されたあらゆる全集叢書文庫類の長所と短所とを検討し、古今東西の不朽の典籍を、良心的編集のもとに、廉価に、そして書架にふさわしい美本として、多くのひとびとに提供しようとする。しかし私たちは徒らに百科全書的な知識のジレッタントを作ることを目的とせず、あくまで祖国の文化に秩序と再建への道を示し、この文庫を角川書店の栄ある事業として、今後永久に継続発展せしめ、学芸と教養との殿堂として大成せんことを期したい。多くの読書子の愛情ある忠言と支持とによって、この希望と抱負とを完遂せしめられんことを願う。

一九四九年五月三日

角川ソフィア文庫ベストセラー

訓読みのはなし
漢字文化と日本語
笹原宏之

言語の差異や摩擦を和語表現の多様性へと転じた訓読みは、英語や洋数字、絵文字までも日本語の中に取り入れた。時代の波に晒されながら変容してきたユニークな例を辿り、独自で奥深い日本語の世界に迫る。

ホンモノの日本語
金田一春彦

普通の会話でもヨーロッパ言語三〜四ヵ国語分にも相当するという日本語の奥深さや魅力を、言語学の第一人者が他言語と比較しながら丁寧に紹介。日本語ならではの美しい表現も身につく目から鱗の日本語講義！

美しい日本語
金田一春彦

日本人らしい表現や心を動かす日本語、間違いやすい言葉、「が」と「は」は何が違うのか、相手にわかりやすく説明するための六つのコツなどを、具体的なアドバイスを交えつつ紹介。日本語力がアップする！

気持ちをあらわす「基礎日本語辞典」
森田良行

「驚く」「びっくりする」「かわいそう」「気の毒」など、普段よく使う言葉の中から心の動きを表すものを厳選。日本人特有の視点や相手との距離感を分析し、使い分けの基準を鮮やかに示した、読んで楽しむ辞書。

違いをあらわす「基礎日本語辞典」
森田良行

「すこぶる」「大いに」「大変」「なんら」など、普段使っている言葉の中から微妙な状態や程度をあらわすものを厳選。その言葉のおおもとの意味や使い方、差異を徹底的に分析し、解説した画期的な日本語入門。

角川ソフィア文庫ベストセラー

日本語質問箱
森田良行

なぜ「水を沸かす」といわず、「湯を沸かす」というの？　何気なく使っている言葉の疑問や、一字違うだけで意味や言い回しが変わる日本語の不思議をやさしく解き明かす。よりよい日本語表現が身に付く本。

中国故事
飯塚朗

「流石」「杜撰」「五十歩百歩」などの日常語から、「帰りなん、いざ」「燕雀いずくんぞ鴻鵠の志を知らんや」などの名言・格言まで、113語を解説。味わい深い名文で最高の人生訓を学ぶ、故事成語入門。

日本語教室Q&A
佐竹秀雄

「あわや優勝」はなぜおかしい？「晩ごはん」「夕ごはん」ではなく、なぜ「夜ごはん」というの？　敬語や慣用句をはじめ、ちょっと気になることばの疑問を即座に解決。面白くてためになる日本語教室！

漢文脈と近代日本
齋藤希史

漢文は言文一致以降、衰えたのか、日本文化の基盤として生き続けているのか――。古い文体としてではなく、現代に活かす古典の知恵だけでもない、「もう一つのことばの世界」として漢文脈を捉え直す。

悪文
伝わる文章の作法

編著／岩淵悦太郎

わずかな違いのせいで、文章は読み手に届かないばかりか、誤解や行き違いをひきおこしてしまう。すらりと頭に入らない悪文の、わかりにくさの要因はどこにあるのか？　伝わる作文法が身につく異色文章読本。

角川ソフィア文庫ベストセラー

文章予測
読解力の鍛え方
石黒　圭

文章の読解力を伸ばすにはどうすればよいか？　答えは「予測」にあった！　幅広いジャンルの秀逸な文章で「予測」の技術を学べば、誰でも「読み上手」になれる。作文にも役立つ画期的な「文章術」入門書。

辞書から消えたことわざ
時田昌瑞

著者は『岩波ことわざ辞典』等を著した斯界の第一人者。世間で使われなくなったことわざを惜しみ、「名品」200本余を、言葉の成り立ち、使われた文芸作品、時代背景などの蘊蓄を記しながら解説する。

論語
ビギナーズ・クラシックス　中国の古典
加地伸行

孔子が残した言葉には、いつの時代にも共通する「人としての生きかた」の基本理念が凝縮され、現代人にも多くの知恵と勇気を与えてくれる。はじめて中国古典にふれる人に最適。中学生から読める論語入門！

老子・荘子
ビギナーズ・クラシックス　中国の古典
野村茂夫

老荘思想は、儒教と並ぶもう一つの中国思想。「上善は水のごとし」「大器晩成」「胡蝶の夢」など、人生を豊かにする親しみやすい言葉と、ユーモアに満ちた寓話を楽しみながら、無為自然に生きる知恵を学ぶ。

韓非子
ビギナーズ・クラシックス　中国の古典
西川靖二

「矛盾」「株を守る」などのエピソードを用いて法家の思想を説いた韓非。冷静ですぐれた政治思想と鋭い人間分析、君主の君主による君主のための支配を理想とする君主論は、現代のリーダーたちにも魅力たっぷり。

角川ソフィア文庫ベストセラー

陶淵明

ビギナーズ・クラシックス　中国の古典

釜谷武志

自然と酒を愛し、日常生活の喜びや苦しみをこまやかに描く一方、「死」に対して揺れ動く自分の心を詠んだ田園詩人。「帰去来辞」や「桃花源記」ほかひとつ一つの詩を丁寧に味わい、詩人の心にふれる。

李白

ビギナーズ・クラシックス　中国の古典

筧久美子

大酒を飲みながら月を愛で、鳥と遊び、自由きままに旅を続けた李白。あけっぴろげで痛快な詩は、音読すれば耳にも心地よく、多くの民衆に愛されてきた。豪快奔放に生きた詩仙・李白の、浪漫の世界に遊ぶ。

杜甫

ビギナーズ・クラシックス　中国の古典

黒川洋一

若くから各地を放浪し、現実社会を見つめ続けた杜甫。日本人に愛され、文学にも大きな影響を与え続けた「詩聖」の詩から、「兵庫行」「石壕吏」などの長編を主にたどり、情熱と繊細さに溢れた真の魅力に迫る。

孫子・三十六計

ビギナーズ・クラシックス　中国の古典

湯浅邦弘

中国最高の兵法書『孫子』と、その要点となる三六通りの戦術をまとめた『三十六計』。語り継がれてきた名言は、ビジネスや対人関係の手引として、実際の社会や人生に役立つこと必至。古典の英知を知る書。

易経

ビギナーズ・クラシックス　中国の古典

三浦國雄

陽と陰の二つの記号で六四通りの配列を作る易は、「主体的に読み解き未来を予測する思索的な道具」として活用されてきた。中国三〇〇〇年の知恵『易経』をコンパクトにまとめ、訳と語釈、占例をつけた決定版。

角川ソフィア文庫ベストセラー

唐詩選
ビギナーズ・クラシックス 中国の古典

深澤一幸

漢詩の入門書として最も親しまれてきた『唐詩選』。李白・杜甫・王維・白居易をはじめ、朗読するだけで風景が浮かんでくる感動的な詩の世界を楽しむ。初心者にもやさしい解説とすらすら読めるふりがな付き。

史記
ビギナーズ・クラシックス 中国の古典

福島正

司馬遷が書いた全一三〇巻におよぶ中国最初の正史が一冊でわかる入門書。「鴻門の会」「四面楚歌」で有名な項羽と劉邦の戦いや、悲劇的な英雄の生涯など、強烈な個性をもった人物たちの名場面を精選して収録。

蒙求
ビギナーズ・クラシックス 中国の古典

今鷹眞

「蛍火以照書」から「蛍の光、窓の雪」の歌が生まれ、「漱石枕流」は夏目漱石のペンネームの由来になった。礼節や忠義など不変の教養逸話も多く、日本でも多く読まれた子供向け歴史故実書から三一編を厳選。

白楽天
ビギナーズ・クラシックス 中国の古典

下定雅弘

日本文化に大きな影響を及ぼした白楽天。炭売り老人への憐憫や左遷地で見た雪景色を詠んだ代表作ほか、家族、四季の風物、酒、音楽などを題材とした情愛濃やかな詩を味わう。大詩人の詩と生涯を知る入門書。

十八史略
ビギナーズ・クラシックス 中国の古典

竹内弘行

中国の太古から南宋末までを簡潔に記した歴史書から、注目の人間ドラマをピックアップ。伝説あり、暴君あり、国を揺るがす美女の登場あり。日本人が好んで読んできた中国史の大筋が、わかった気になる入門書!

角川ソフィア文庫ベストセラー

春秋左氏伝
ビギナーズ・クラシックス 中国の古典
安本 博

古代魯国史『春秋』の注釈書ながら、巧みな文章で人々を魅了し続けてきた『左氏伝』。「力のみで人を治めることはできない」「一端発した言葉に責任を持つ」など、生き方の指南本としても読める！

詩経・楚辞
ビギナーズ・クラシックス 中国の古典
牧角悦子

結婚して子供をたくさん産むことが最大の幸福であった古代の人々が、その喜びや悲しみをうたい、神々への祈りの歌として長く愛読してきた『詩経』と『楚辞』。中国最古の詩集を楽しむ一番やさしい入門書。

菜根譚
ビギナーズ・クラシックス 中国の古典
湯浅邦弘

「一歩を譲る」「人にやさしく己に厳しく」など、人づきあいの極意、治世に応じた生き方、人間の器の磨き方を明快に説く、処世訓の最高傑作。わかりやすい現代語訳と解説で楽しむ、初心者にやさしい入門書。

孟子
ビギナーズ・クラシックス 中国の古典
佐野大介

論語とともに四書に数えられる儒教の必読書。人の上に立つ者ほど徳を身につけなければならないとする王道主義の教えと、「五十歩百歩」「私淑」などの故事成語の宝庫をやさしい現代語訳と解説で楽しむ入門書。

大学・中庸
ビギナーズ・クラシックス 中国の古典
矢羽野隆男

国家の指導者を目指す者たちの教訓書である『大学』。人間の本性とは何かを論じ、誠実を尽くせと説く『中庸』。わかりやすい現代語訳と丁寧な解説で、今の時代に生きる中国思想の教えを学ぶ、格好の入門書。

角川ソフィア文庫ベストセラー

ビギナーズ・クラシックス 中国の古典
貞観政要
湯浅邦弘

中国四千年の歴史上、最も安定した唐の時代「貞観の治」を成した名君が、上司と部下の関係や、組織運営の妙を説く。現代のビジネスリーダーにも愛読者の多い、中国の叡智を記した名著の、最も易しい入門書！

ビギナーズ・クラシックス 中国の古典
呻吟語
湯浅邦弘

皇帝は求心力を失い、官僚は腐敗、世が混乱した明代末期。朱子学と陽明学をおさめた呂新吾が30年かけて綴った人生を諭す言葉。「過ちを認める勇気」「冷静沈着の大切さ」など、現代にも役立つ思想を説く。

定本 言語にとって美とはなにか（I、II）
吉本隆明

記紀・万葉集をはじめ、鷗外・漱石・折口信夫・サルトルなどの小説作品、詩歌、戯曲、俗謡など膨大な作品を引用して詳細に解説。表現された言語を「指示表出」と「自己表出」の関連でとらえる独創的な言語論。

改訂新版 心的現象論序説
吉本隆明

心がひきおこすさまざまな現象に、適切な理解線をみつけだし、なんとかして統一的に、心の動きをつかまえたい——。言語から共同幻想、そして心的世界へ。著者の根本的思想性と力量とを具体的に示す代表作。

論語と算盤
渋沢栄一

孔子の教えに従って、道徳に基づく商売をする——。日本実業界の父・渋沢栄一が、後進の企業家を育成するために経営哲学を語った談話集。金儲けと社会貢献の均衡を図る、品格ある経営人のためのバイブル。